El lenguaje por señas simplificado

Edgar D. Lawrence

Diseños gráficos/Mike Johnson

Gospel Publishing House
Springfield, Missouri
02-0300

Gospel Publishing House
Springfield, Missouri 65802-1894
Impreso en los Estados Unidos de América

Catalogado en la Biblioteca del Congreso en Datos de Publicación
Lawrence, Edgar D.
El lenguaje por señas simplificado
Bibliografía: p. 22
Incluye un índice.
1. Lenguaje por señas. 1. Título.
HV2474.L38 1979 419 79-10417
ISBN 0-88243300-8

Springfield, Missouri 65802-1894
Impreso en los Estados Unidos de América

Dedicado en memoria de
Alan Terpening
1952-1974

Se le recuerda
con afecto como director
del Living Signs Choir
(Central Bible College)
como intérprete, amigo,
y un cristiano
cuya plena dedicación
al ministerio a los sordos
dejó una impresión
duradera en aquellos
que lo conocieron.

Agradecimiento

A los muchos que hicieron posible este libro se les debe un profundo agradecimiento y reconocimiento. A Jacob Trout, Eldon Post y Jeanne Manning, por haber ofrecido aliento y consejos profesionales; a Edward y Charlotte Graham, quienes leyeron las pruebas de las lecciones originales que componen este libro; a Mike Johnson por haberse encargado de los diseños artísticos; a Richard Slaton, quien sirvió como artista productor; a la Junta Administrativa y alumnos de Central Bible College, cuya ayuda hizo posible la impresión del libro; a Jack Green, amigo de muchos años, quien proveyó el dibujo de Alan Terpening; a David J. Johnston y Wayne Warner, ambos de la Gospel Publishing House, quienes guiaron la obra a través de todo el proceso de producción.

Es obvio que un libro de esta naturaleza representa horas interminables de trabajo - horas que fueron tomadas de las actividades normales de mi familia. Es por eso que le expreso profunda gratitud a mi esposa Delna y a mis hijos Jim, Starla, Paul y Rhonda.

La presente revisión hace necesario un agradecimiento especial a Marty y Jody Feldy, sin cuyas muchas horas de trabajo se hubiera tenido que postergar esta revisión. Gracias en especial también a Janet y Fred Gravatt, quienes sugirieron otra señas más; éstas han sido incorporadas en el texto, Gracias, además, a los muchos alumnos que han hecho uso de este libro y han dado sugerencias tocante al trabajo de arte, por lo que ha resultado un libro de inmensa utilidad.

EDGAR D. LAWRENCE

Contenido

INTRODUCCION

La producción de esta traducción al castellano de este libro ha sido de mucho interés para mí por algunos años. Lo único que siento es que no lo haya hecho mucho antes para el beneficio de los sordos del mundo hispanohablante.

Esto no se ha logrado sin que haya habido mucha investigación y sin haber consultado a aquellos que están en contacto directo con los diferentes países de habla hispana en Centro y Sur América, como también los hispanos aquí en los Estados Unidos.

Estamos del todo conscientes de que las señas norteamericanas no siempre se adaptan a la cultura hispánica. Reconocemos también que un buen número de países, en su esfuerzo por desarrollar un vocabulario de señas, están usando señas norteamericanas con la palabra española correspondiente. En este libro no se ha intentado desarrollar señas españolas o sugerir que se usen únicamente las señas norteamericanas. Los países que deseen desarrollar señas usando estas señas como base para sus propios países recibirán mucha ayuda de este libro. Es mi esperanza que cada país desarrollará un vocabulario de señas más amplio con el que los sordos de esos países podrán comunicarse mejor los unos con los otros y finalmente con los otros sordos del mundo.

Como saben todos los que trabajan con los sordos, las señas no son universales, aunque sí existen muchas similaridades en las señas por todo el mundo. Algunas señas norteamericanas que representan ciertos gestos no son aceptables en la cultura hispánica. Donde lo hayamos notado, hemos omitido o cambiado las señas. Generalmente los sordos no expresan los articulos ingleses "the", "a" y "an" y por lo tanto un asterisco (*) aparece junto a aquellas palabras que indican que normalmente no se expresan con una seña dada. Las palabras "un, una, uno and unas" se deletrean con los dedos. Creo que por lo general los sordos las omitirán. Sólo será entendida en el contexto de la oración. Si les estamos enseñando a los niños y queremos que aprendan los artículos o el género de palabra en particular, dichos artículos se pueden deletrear con los dedos.

Los tiempos (pasado y futuro) se expresan oralmente y por señas en la lengua norteamericana. Está claro que no es así en la lengua española, pues el tiempo verbal se comunica dentro del verbo mismo. Sin una seña concreta, la persona sorda no sabría si estamos hablando de un evento en el futuro o algo que ocurrió en el pasado; por eso el signo gráfico para la seña

norteamericana que equivale a "will" o "shall" aparece ante la forma verbal en esta edición. Cuando se vio que había que enfatizar el "pasado", el signo gráfico para la seña norteamericana que indica el pasado precede al verbo.

Las señas para los pasajes bíblicos y coros religiosos son excelentes para adquirir la fluidez de las señas, la suavidad de expresión y la belleza en la forma.

En los Estados Unidos hacia principios de los años 1970, se adoptó una filosofía de Comunicación Total en toda la nación en las escuelas residenciales. Más tarde se vio la tendencia a "agrupar" a los niños sordos dentro de las aulas regulares, junto con los demás niños. Se ha desarrollado una gran variedad de "sistemas" de señas, mayormente para mejorar las habilidades linguisticas de los sordos. A medida que se va desarrollando el lenguaje de los sordos de habla hispana, hay que recordar siempre que el propósito de todo esto es ayudar a los sordos a que tomen su debido lugar en la cultura en que viven.

El propósito de las señas que se dan dentro del contexto es mayormente ayudar a la persona a que aprenda señas que puedan recordar mejor por medio de este método.

Esta edición en castellano es el resultado directo de los consejos ofrecidos por el Reverendo Samuel Balius, compañero en la obra, amigo y ministro. También el doctor Harold Carpenter, colega y misionero, el Reverendo Loren Triplett, Director de la División de Misiones Foráneas de las Asambleas de Dios, el Reverendo William Eastlake, el Reverendo Thomas Sanders y el personal de la Gospel Publishing House han sido de gran ayuda en esta producción.

Un buen número de traductores han ayudado para que este libro sea aceptado en los países de Centro y Sur América, como también en los Estados Unidos. Un agradecimiento especial a Madeleine Pereira y Esther Huerta, del Departamento de Escuela Dominical; a Russel Douglas y Charles Martínez de Central Bible College. Barbara Strickland, misionera a Latinoamérica, y otros colegas invirtieron innumerables horas ayudando en la traducción correcta y las señas.

David Robb, Jody Green, Eugene Kaufman, Cherry Uhler, Anita Story, estudiantes de Central Bible College, aportaron muchas horas de ayuda y aliento.

Como ha sido el caso en todas las publicaciones de este autor, ninguna hubiera sido posible sin la habilidad, destreza y conocimientos tecnológicos en computación de Marty Feldy. Se le aprecia profundamente su inefable dedicación y apoyo en todo sentido.

Edgar D. Lawrence

Junio, 1990

Nota: Instrucciones para la adaptación de este libro en países de habla hispana: ver página 10.

INSTRUCCIONES PARA ADAPTACIONES

En el básico lenguaje de señas americana (A.S.L.) los sordos usan el dedo índice haciendo una señal desde la boca hacia fuera para todas las formas del verbo "ser y estar" de esta manera:

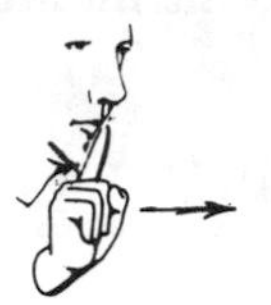

Una adaptación de lo que podría ser "E" usando la misma señal arriba señala todas las formas de ser estar.

de esta manera: estar 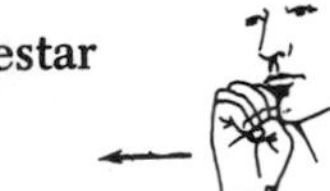 soy, somos, sois, son 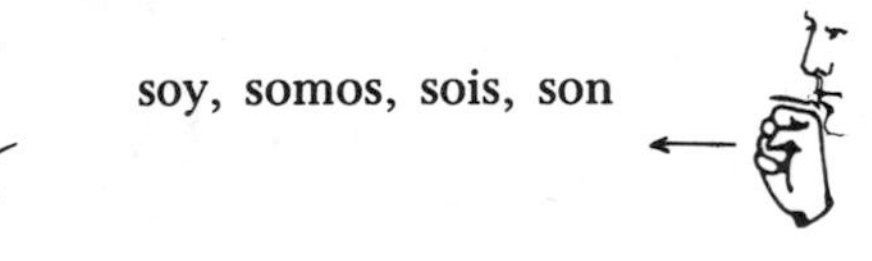

Puesto que el tiempo pasado en el inglés de señas es *was* 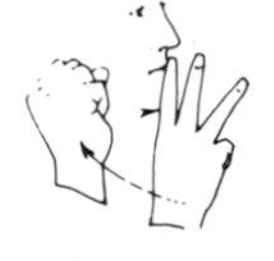

(era, fue, estaba) y *were*  (estábamos, fuimos, éramos)

como está ilustrado en este libro se podría indicar el "tiempo pasado"

usando solo  El tiempo futuro podría ser indicado usando 

La seña para la palabra "me"  podría ser replazada por

"yo" ya que en español sería "me". (Sordos usan también una señal para la letra "A", moviendo la mano hacia el pecho apuntando con el pulgar.)

Nosotros 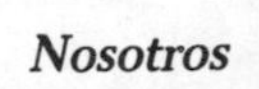 y *nos*  podrían ser remplazados por el dedo índice tocando el pecho derecho y cruzando al lado izquierdo del pecho. (Así está hecho por el que usa A.S.L.)

Muchas señales mostradas en este libro son representadas por iniciales y las palabras hispanas frecuentemente empiezan con la misma letra, por ejemplo, Suecia, Dinamarca, Finlandia y así por el estilo.

Ocasionalmente yo he cambiado las letras del alfabeto del manual a las letras correctas hispánicas, por ejemplo, los Estados Unidos lo he cambiado a "E" y "U" en vez de "U" y "S" como sería en inglés.

Algunas veces la letra sugerida bajo de la palabra en inglés sería mejor cambiada a una letra del manual hispánica, entonces yo hice eso, aunque la ilustración aún puede ensēnar la forma americana, por ejemplo, lección 24, frase 8, la palabra *high*, "alta", podría ser hecha

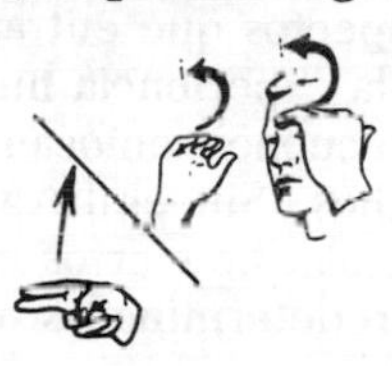

de la forma en que se hace la "A". También la palabra en inglés, *holy*, "santo", es hecha con una "H" + la señal de *limpio.*

Yo creo que esta explicación hará la adaptación en español mucho más fácil para todo aquel que use este libro.

La base ideológica para la

Comunicación Total

David M. Denton, Ph. D., Superintendente de la Escuela de Maryland para Sordos y ganador del Premio Dan Cloud en Liderazgo

Introducción

La educación debe preocuparse por la esencia misma de la existencia, por el ser, el saber, el vivir y el hacer. Así que una filosofía educacional debe abarcar todos los aspectos que entran en el desarrollo del individuo y toda la gama de la experiencia humana. Las filosofías educacionales con demasiada frecuencia enfocan en los métodos de instrucción y el curso de estudios. Sin embargo, la vida es más que ser instruido de cierta forma, usando ciertos métodos de instrucción y en ciertas áreas de interés predeterminadas.

Es mi parecer que una filosofía educacional habría de preocuparse por las metas de gran alcance que la sociedad ha fijado para sus miembros; es decir, ser sensibles ante las necesidades de los demás, tener un sentido de responsabilidad servicial en torno a estas necesidades, poseer una conciencia intelectual de las alternativas y poder reaccionar o actuar como se debe. Es mi parecer que una filosofía educacional debe descansar sobre fundamentos morales y espirituales; fundamentos que trascienden las diferencias religiosas o étnicas y hacen posible una existencia humana dirigida con propósito y significado.

Para que sea válida, una filosofía educacional debe estar basada en la comprensión del proceso de aprendizaje. De igual importancia es darse cuenta de que la mayor parte del aprendizaje se produce mediante la interacción con otras personas y que dicha interacción es posible sólo bajo condiciones en que las personas pueden comunicarse con entendimiento. Esto es de tremenda importancia cuando se trata de personas con impedimentos en la comunicación.

La Comunicación Total-Los padres y el niño

Durante siglo y medio la educación formal de muchos niños sordos se ha iniciado a los cinco o seis años, al ingresar en un programa educativo, pero sin la ventaja de esos cinco o seis años de aprendizaje acumulativo que por naturaleza forman parte del niño que oye, el cual participa como miembro activo de una institución social dentro de un ambiente que el niño comprende y en el cual actúa. El nino sordo ha estado **dentro del ambiente, pero no ha formado parte del mismo.** Su relación al ambiente no es comprendida, y aún más importante, su relación con los otros miembros del ambiente no es comprendida. Como resultado, claro está, el niño no puede tener un verdadero sentido de identidad. Piaget, el célebre sicólogo de niños y etimólogo, ha dicho: "Es posible aprender sólo cuando hay asimilación activa . . . El saber no es una copia de la realidad. Conocer un objeto, saber un evento, no es simplemente mirarlo y forjarse una imagen mental del mismo. Conocer un objeto es actuar sobre el mismo. Saber es modificar, transformar el objeto y entender el proceso de esta tranformación, y como resultado, entender la manera en que está construido el objeto. Una operación es, pues, la esencia del conocimiento; es una acción interiorizada que modifica el objeto de dicho Conocimiento." Lleve esto en mente, pues se aludirá a ello más tarde al tratar el proceso lingüístico.

Mientras tanto, consideremos al niño sordo y su relación con sus padres y otros miembros de la familia. La importancia de lo que ha dicho Piaget queda de manifiesto cuando consideramos la débil relación entre el pequeño niño sordo y los demas miembros de su mundo social y cultural.

Sólo es posible estar consciente de la existencia propia en función a los demás. Así que la identidad se mide en función al papel que desempeña entre los que viven dentro de su ambiente inmediato. De ahí que el papel del niño dentro de la familia sea de suma importancia. Este papel surge y se desarrolla desde la infancia y al principio está basado en la relación del niño con su madre y su padre. No podemos esperar que el niño sordo postergue **su desarrollo como persona** hasta que haya cumplido la edad escolar o aun preescolar, y haya aprendido a comunicarse. La verdad es que su personalidad reflejará su esterilidad, su vacuidad, la incertidumbre y la superficialidad de sus relaciones con los padres, con quienes no puede comunicarse. Es común encontrar jóvenes sordos, de edad universitaria, quienes se han criado dentro de un hogar pero sin la comprensión de los puntos de vista sociales, culturales, religiosos, políticos de sus propias familias, y las actitudes que las caracterizan. Bajo tales condiciones o circunstancias, el niño sordo es dejado relativamente a desarrollar su autoconcepto y personalidad dentro de un vacío en lo que toca a las influencias sociales, culturales, orales y escriturales. A los niños sordos no se les debe abandonar a que vayan a la deriva en un mar de opciones inciertas.

La calidad de interacción entre un niño y sus padres está basada en el nivel y calidad de comunicación que existe entre ellos. El niño sordo tiene derecho a una relación de comprensión y confianza con sus padres y los miembros de la familia **en todos los niveles de su desarrollo . . .** no sólo cuando haya adquirido las herramientas para la comunicación.

Si sólo la comunicación oral fuera suficiente para desarrollar la clase de relación entre el niño sordo y el padre, esencial para el desarrollo sico-social normal, entonces esta discusión sería innecesaria. De igual manera, si sólo la comunicación oral entre padres e hijos sordos fuera suficiente para llevar al niño sordo a ser competente en la lengua, entonces no habría necesidad para esta presentación sobre algo que llamamos Comunicación Total. Si se limita la comunicación entre el padre y el niño sordo a los medios orales solamente, no sólo se restringe el desarrollo lingüistico sino que obra como negación del **derecho de ser** del niño. Insistimos, pues, en que el niño se encamina a la autorrealización sólo cuando puede funcionar con un sentido de valor propio y como un miembro contribuyente y participante de la vida familiar. Así que la Comunicación Total obra como una **afirmación del** *derecho de ser* **del niño.** Esas actitudes, esos sentimientos y conceptos tan fundamentales los puede expresar la madre de un niño sordo usando **señas** que acompañen las palabras habladas. Puesto que estas señas no solamente son gráficamente dramáticas y lo suficientemente grandes para que el niño las pueda ver sin dificultad, sino también **a base de conceptos** proveen el recurso para que inicialmente haya interacción lingüistica entre el padre y el hijo. El niño sordo tiene el derecho de participar de los cuentos y versos infantiles acostumbrados antes de acostarse, y las oraciones de que disfrutan otros niños. Este derecho sólo se puede realizar a través de un sistema de Comunicación Total, manual, oral y auditivo. Para los padres de un niño sordo que activamente emplean un sistema de Comunicación Total dentro del hogar, se pueden alcanzar dos metas de importancia crítica.

En primer lugar, se puede desarrollar entre padre e hijo una relación de verdadera aceptación y comprensión, la cual fomentará el óptimo desarrollo sico-social. Segundo, a través de una introducción temprana a un sistema de símbolos estables, el niño sordo podrá desarrollarse lingüisticamente a base de poder tener interacción con otros miembros de la familia. Aquí la calidad del lenguaje **que se genera automáticamente** entra en juego.

La Comunicación Total-El proceso lingüístico

Durante demasiados años la educación de los sordos ha vertido mucha energía en la **enseñanza del lenguaje.** Se han adelantado varios métodos que realzan la enseñanza del lenguaje. Varios métodos pedagógicos tales como el "Fitzgerald Key", el de "Wings Symbols" y el "Barry Five Slate Method" han sido desarrollados y usados para ayudar a los niños sordos a ver **más claramente la estructura de la lengua.** Ahí, quizás, estribe una gran parte del problema. **Ver la estructura de la lengua** no es tan importante como **sentir la estructura de la lengua.** Así que la lengua es un proceso interiorizado. Esto, creo yo, es lo que estaba diciendo Piaget, según las palabras que hemos citado. Ya para la edad de seis años, el niño oyente de inteligencia normal conoce prácticamente todas las estructuras gramaticales esenciales de su lengua. Todos estos conocimientos lingüisticos se adquieren sin la enseñanza formal o la estructuración o la programación. El ingrediente secreto es la "comunicación funcional". Los niños aprenden a entender y usar la lengua para servirse a sí mismos a medida que operan en el ambiente socio-cultural que les rodea. Ya vamos entendiendo el hecho de que el niño sordo aprende la lengua bajo las mismas condiciones y según la misma secuencia de desarrollo que el niño oyente. En breve, el niño sordo debe ser libre para obrar reciprocamente y experimentar con un sistema fidedigno de símbolos, descubrir por sí mismo cómo funciona y seguir expandiéndolo a través del uso. Así que el desarrollo lingüístico ocurre a base de lo que podríamos llamar un "modelo de interacción" tanto para el niño sordo como para el que oye. En pocas palabras, el modelo de interacción significaría que el lenguaje se desarrolla **naturalmente** del **diálogo significativo.**

Una vez que el niño ha adquirido un símbolo que puede usar, entonces comienza a generar el lenguaje por medio de la experimentación. Puesto que la lengua se va expandiendo por sí sola, a través del uso, luego puede seguir el enriquecimiento dondequiera que el niño esté—en casa, en la escuela, en el dormitorio o en el patio de recreo. Es esencial, claro está, que los adultos en cada uno de estos ambientes vuelvan a reflejar hacia el niño el lenguaje que necesita usar.

En respuesta a lo que se ha pedido varias veces, se ofrecen las siguientes afirmaciones sobre la base ideológica de la Comunicación Total, tal como se usa en la Escuela de Maryland para Sordos. Los primeros tres párrafos han sido sacados de la Declaración de Normas para la Comunicación Total de la Escuela. A estos párrafos les sigue información de fondo y una definición de lo que es Comunicación Total.

La idea de la Comunicación Total tiene como base la convicción de que los niños sordos podrán desarrollar habilidades lingüísticas si se les proporciona la oportunidad de participar recíprocamente con todas las personas que le rodean, y si se les da un sistema de símbolos que pueden usar libremente para la comunicación y la experimentación lingüística. Este sistema de símbolos para los niños sordos es la Lengua de los Signos. Por supuesto que siempre se usa simultáneamente con la lengua hablada; así que los signos refuerzan la lectura del habla y la lectura del habla refuerza los signos, lo cual resulta en una mejor comunicación. En un ambiente que fomenta la autoexpresión libre y franca, y la plena participación de todas las personas involucradas, los niños sordos, a través de la interacción, la experimentación y el método de tanteos, no solamente se desarrollan sino que se **enriquecen.**

Una de las experiencias lingüísticas más ricas de que disfruta cada niño es la oportunidad de aprender escuchando las conversaciones de los que les rodean. Sin esta oportunidad "escuchadora" el desarrollo lingüístico de los niños queda gravemente restringido. Los niños sordos escuchan observando. Así que una de las experiencias lingüísticas más enriquecedoras para los niños sordos es observar la conversación de las personas que le rodean. Es de suma urgencia que a nuestros niños sordos les proporcionemos una oportunidad de "escuchar".

La Comunicación Total es la norma en la Escuela de Maryland para Sordos, y lo ha sido por varios años. Esta norma fue establecida, no por tener una norma en sí, ni por tener una base ideálógica, sino por el bien de los niños que se han matriculado allí. Esta norma significa que se espera que cada miembro del personal hable en señas mientras habla, no solamente al dirigirse directamente al niño sino en cada momento, cada vez que el niño se halle presente.

Fondo y definición del concepto de Comunicación Total

La relativa novedad de la filosofla educacional de la Comunicación Total ha recibido amplio reconocimiento y aceptación desde que fue originalmente introducida en la profesión en 1968. A medida que la Comunicación Total se ha ido extendiendo por los Estados Unidos y hacia unos cuantos países más, ha habido muchos malentendidos en cuanto a su significado. La profesión en su totalidad en este momento no ha llegado a una definición de lo que es Comunicación Total. Ya que esta filosofia educacional, tal como se va poniendo en práctica en escuelas y clases para niños sordos, fue desarrollada en la Escuela de Maryland para Sordos, parece justo que se ofrezca la definición que propone dicha Escuela.

Definición del concepto de Comunicación Total

La Comunicación Total es un sistema de comunicación manual, auditivo y oral, el cual reconoce la legitimidad del lenguaje de señas como un refuerzo esencial y visual para los aspectos orales y auditivos de la comunicación para personas sordas. La Comunicación Total toma en cuenta el hecho de que el desarrollo lingüístico prosigue de manera consecutiva, comenzando con lo más primitivo o simple y progresando hasta el uso de sistemas de símbolos mś complejos y sofisticados, integrando todas las modalidades sensoriales.

Cada niño es libre para aprender y desenvolverse según sus necesidades y capacidades únicas.

La Comunicación Total implica que el niño sordo de nacimiento debe ser introducido desde una temprana edad a un sistema de símbolos confiable, receptivo-expresivo, el cual él es libre para manipular por sí mismo y del que puede sustraer significado en el curso de la interacción ilimitada con otras personas.

La Comunicación Total incluye toda la gama de las modalidades lingüísticas: gestos ideados por el niño, el lenguaje de las señas, el habla, la lectura del habla, la ortografía digital, la lectura y la escritura. La Comunicación Total incorpora el desarrollo de cualquier residuo auditivo para el aumento del habla y las habilidades de leer el habla a través del uso sostenido de ayudas auditivas individuales y/o un sistema de amplificación grupal de alta fidelidad.

Trasfondo

Para el beneficio de aquellos que desconocen la génesis y desarrollo de la Comunicación Total, ofrecemos algunos datos de fondo. Esta información tiene que ver mayormente con el cómo y el por qué de la Comunicación Total, puesto que se ha adelantado ya una definición.

1. La Comunicación Total nació al fallar el método oral tradicional de enseñanza en la educación norteamericana para los sordos. La re-

ciente historia de la educación norteamericana para los sordos revela el uso extensivo del método oral no solamente en colegios privados y en clases sino también en las escuelas públicas residenciales para los sordos. Aunque algunas escuelas, especialmente las escuelas públicas residenciales, mantuvieron una actitud un tanto permisiva hacia el uso del lenguaje de los signos entre los alumnos mayores, el lenguaje de los signos no fue nunca integrado sistemáticamente en el programa de enseñanza hasta la llegada de la Comunicación Total. El fracaso relativo de la educación norteamericana para los sordos fue puesto en clara perspectiva por el Informe de Babbidge de 1965, conducido por el Ministerio de Salud, Educación y Bienestar de los Estados Unidos.

2. Se ha demorado el progreso de la educación para los sordos a causa de la controversia histórica oral-manual. La presencia de esta controversia, aunque esta basada en mitos, ha hecho que tanto los padres como los profesionales sientan que deben escoger entre educar a los niños para que signen o educarlos para que hablen. La Comunicación Total reconoce el valor y legitimidad del lenguaje de los signos como un refuerzo visual de los aspectos auditivos y orales de la comunicación, eliminando así esta controversia vacía y sin sentido. Esta cuestión ha llegado a ser ahora mayormente . . . total o menos.

3. La Comunicación Total es más bien un punto de vista filosófico que un método. A través de la comunicación libre y sin restricciones, las barreras de aislamiento entre padre e hijo, "los que oyen" y "los sordos", han sido reducidas. Surge un clima de comprensión y aceptación de las realidades de la sordera. A medida que el niño y su familia aprenden a comprenderse mutuamente, disminuyen las frustraciones y ansiedades, y crecen los sentimientos de bienestar y aceptación, de modo que el niño queda libre para interactar y aprender a ser un miembro feliz, letrado y comunicador en su sociedad. Debido a esta influencia humanizadora de la Comunicación Total, no solamente sobre los niños sino también sobre los padres y los profesionales, hemos visto crecer como nunca antes los vínculos de confianza entre el niño sordo, los padres y los profesionales. Este punto quedó dramáticamente ilustrado por lo que afirmó un niño de cinco años cuyos padres acababan de aprender el lenguaje de las señas cuando dijo: "Mamá y papá son sordos ahora."

4. La clave para el éxito académico final es la oportunidad para una temprana educación. La Comunicación Total, al proporcionarle al nño un sistema de símbolos fidedigno, el cual está libre para manipular por sí mismo, provee no solamente la palanca para el desarrollo lingüístico, sino también la clave para una comprensión del mundo social y cultural del niño; así se estimula y se engrandece el temprano desarrollo intelectual. Este principio también reconoce el papel de importancia crítica de los padres y demás familia en la educación del niño, sobre todo al nivel preescolar. Han fracasado

los intentos tradicionales de superponer el lenguaje formal sobre los niños sordos que todavía no se han comunicado. Estos intentos tradicionales no han reconocido la secuencia natural en los niveles de desarrollo lingüístico y la jerarquía de modos de comunicación involucrados en este proceso de desarrollo. (Se llama la atención al Fundamento de la Comunicación.)

5. Nuestra experiencia nos ha mostrado que es posible presentar la información en señas y hablada simultáneamente, con sumo respeto a la sintaxis de la lengua. Las señas altamente visuales y dramáticas, cuando se presentan sintácticamente, proveen un refuerzo para los aspectos orales y auditivos de la comunicación. Los estudios del doctor Moore sugieren que al añadir cada dimensión de la comunicación se agrega un incremento de inteligibilidad para el observador sordo (el sonido solamente, el sonido más la lectura del habla, más el deletreo digital, y el sonido más la lectura del habla más las señas.

A base de nuestra experiencia con la Comunicación Total, estamos preparados para hacer las siguientes afirmaciones:

1. Las señas son los medios más fáciles para hacer que los sordos de nacimiento más jóvenes se comuniquen en el sentido exacto de la palabra, o sea expresar sus propias ideas. Cuando esto acontece, vemos cambios positivos en el comportamiento y un mejoramiento en las relaciones interpersonales. El niño sordo se une a su familia como miembro que participa plenamente.

2. Las señas refuerzan la lectura del habla y el oír cuando el adulto (el maestro, el padre, el guardián) hace señas y habla simultáneamente y el niño usa la amplificación adecuada a sus necesidades. Para el niño que no puede beneficiarse de la amplificación (que son muy pocos), las señas refuerzan la lectura del habla. El habla para este niño se debe desarrollar puramente en una base cinestética. Sin embargo, el desarrollo lingüístico no esta unido a su progreso en el habla. Cuando el habla y las señas se practican simultáneamente, es más probable que ocurra la estructura sintáctica aceptable. Esta es generalmente la manera en que la persona oyente aprende a asociar las señas con las palabras. La combinación del habla y las señas provee un modelo sintáctico para que el niño sordo lo imite, tanto visual como auditivamente. Cuando un adulto sordo usa el habla con las señas, organiza concientemente su sistema de señas sintácticamente. Por consiguiente, las personas sordas mejoran sus habilidades orales y las personas oyentes mejoran sus habilidades manuales. El resultado es una mejor comunicación en ambos lados.

3. El oír (Alta Amplificación) refuerza las destrezas orales y auditivas (el habla y la lectura del habla) para muchos niños sordos cuando el equipo es de tal calidad que se remedia el impedimento. El éxito en esta crea depende de la realimentación o el grado en que el niño es capaz de oír su voz y la de los demás.

4. El deletreo digital refuerza la lectura y la escritura. El deletreo digital requiere un nivel similar de madurez y fondo de experiencia lingüística como la lectura y la redacción. No consideramos más práctico empezar al niño sordo de nivel preescolar con el deletreo digital, así como no lo consideramos en el caso del niño oyente con el desarrollo de la lectura y la redacción. Las señas proveen la "moneda de intercambio" para la transmisión de ideas y para la producción de la sintaxis a una temprana edad.

Estamos empezando a ver cambios dramáticos en nuestros alumnos más adelantados de edades 9, 10 y 11. La mayoría de estos alumnos ya han tenido dos o tres años de un programa de Comunicación Total. Por tradición, los niveles de comprensión de lectura de este grupo han sido como de segundo grado y hemos tenido que conformarnos con incrementos de medio grado o un aumento de ,5 por año. En este grupo de unos 40 alumnos, estamos viendo que muchos más niños alcanzan un nivel de comprensión de lectura superior a 2,5 grados. Casi dos tercios o el 61 por ciento de este grupo calificaron a más de 2,5 grados en la comprensión de lectura en los resultados del examen administrado en mayo de 1971. Estos alumnos fueron evaluados con los exámenes de lectura Gates MacGinite. Aun más interesante, quizá, sea el haber observado que el 40 por ciento de este grupo recibió calificaciones de 3,0 o más, mientras que el 23 por ciento recibió calificaciones de 3,5 o más y el 10 por ciento recibió más de 4,0.

El aumento de septiembre, 1970 a mayo de 1971 también es alentador. Casi la mitad en este grupo, o el 43 por ciento, tuvieron una ganancia de por lo menos un grado. Esto es mucho más alto de lo que habíamos anticipado. Una gran parte de este crecimiento lo atribuimos a . . una mejor comunicación en todos lados . . . un intercambio de ideas, etc., pero aun más fundamentalmente, a las señales que sirven de bloques de desarrollo con que el niño sordo de nacimiento puede construir su propia base lingüística.

Estamos viendo que el conocimiento de las señales se extiende hacia el habla y la lectura del habla, como también a la sintaxis. Un incidente reciente en el aula ilustra la influencia positiva de la comunicación manual en la producción del habla de niños profundamente sordos. Hace poco al visitar una clase de niños de primaria, se me acercó una niña de siete años y me dijo que quería hacerme un poema. La maestra le dijo que hiciera el poema, pero que no olvidara el sonido final de una de las palabras. La niña se sonrió e indicó que trataría de no olvidar ese sonido. Se dio vuelta hacia mí y con señas y habla al mismo tiempo dijo: "Amamos nuestra bandera" (al comunicar la palabra bandera con señas terminó con un gracioso movimiento de su mano derecha formando el sonido final. Este acto pareció suplir el control tanto visual como cinestético para la producción de sus propios sonidos, y pudo así producir un buen sonido final), "con sus bellos colores." Mientras la niña pronunciaba y daba señas de la consonante final, su dedo pulgar se movía de arriba a abajo desde sus labios, formando así manualmente el alfabeto. Otra vez, al poder usar sus manos podía recibir la realimentación necesaria para ayudarle a producir aquel difícil sonido. Claro que no hay que pasar por alto el hecho de que esta niña recitó todo este poema usando la Comunicación Total y con pleno entendimiento del poema mismo.

Al considerar las afirmaciones ya hechas, tenga en mente que la clave para esta clase de programa es el diálogo no estructurado, accidental, muy personalizado y de ahí pertinente entre niño y adulto y entre niño y niño.

La Comunicación Total-la dimensión espiritual

Si logramos captar del todo la filosofía de la Comunicación Total, entonces debemos reconocer que todas las dimensiones de la existencia del niño sordo deben ser consideradas—incluyendo la dimensión espiritual. Estoy muy preocupado por algo que considero una de las áreas más descuidadas en la vida de tantos de nuestros ciudadanos sordos, tanto niños como adultos. A veces parece que nosotros como profesionales nos enfrascamos tanto en otras dimensiones de la existencia de la persona sorda que le damos muy poca importancia al desarrollo espiritual o religioso, o lo olvidamos por completo. Se toma más y no menos esfuerzo para suplir las necesidades espirituales de los niños y los adultos sordos que para las personas que oyen. Esto se relaciona, claro está, al problema de la comunicación. Esos conceptos y principios espirituales, morales y religiosos, fundamentales pero no tan importantes, se deben introducir temprano en la vida del niño sordo, y esto, claro está, se ha de hacer de manera que sea comprensible y útil para el niño mismo. La pertinencia y la participación personal en la esfera espiritual es tan importante como el factor académico. Aquí es fundamental, claro está, el hecho evidente de que la familia debe ser capaz de proveer una participación personal y espiritual para el miembro sordo de la familia. Quizá esto debe ser parte del aconsejamiento de los padres mientras el niño todavía está joven.

Antes de seguir adelante, permítame identificar lo que yo considero ser tres problemás en los servicios y programas religiosos existentes para las personas sordas. Estos problemás tienen que ver con lo que podríamos denominar Cantidad, Calidad y Estilo. El primero y más obvio es la cantidad de programás religiosos para los sordos. El problema es que poquisimás iglesias a nivel local y nacional proveen un programa de participación religiosa para las personas sordas. Se necesita, claro, un nuevo nivel de sensibilidad y responsabilidad de parte de los grupos religiosos organizados para que se integren plenamente a las personas sordas como miembros activos y responsivos de la congregación. El segundo problema tiene que ver con la calidad de muchos servicios religiosos existentes para los sordos. La inmensa mayor la sigue institucionalizando a los adoradores sordos separándolos en un grupo especial, o proporcionando oportunidades de participación en solamente una parte de la experiencia total de la adoración. Con demásiada frecuencia la membresía de la iglesia local sólo está consciente de la interacción física. Es casi como si a la persona sorda no se le considerara como si fuera una persona. Quizá tengamos que ser sacudidos hasta darnos cuenta de que las personas sordas no solamente pueden beneficiarse de la adoración, sino que también tienen algo que ofrecer.

El tercer problema tiene que ver con el estilo o patrón de los programás típicos de la iglesia para los sordos. Tienden a seguir el patrón de participación pasiva o como espectadores, en vez de una plena participación personal. Alguien que traduce el sermón para el beneficio de los sordos es mejor que nada, ¿pero es suficiente para conducir a los miembros sordos a una plena comunión espiritual? Otra característica de los programás tradicionales es que tienden a agrupar a los sordos de todas las edades y a tratarlos como si fueran un solo grupo con una sola necesidad. Las iglesias deben comenzar a ministrar a las personas sordas de todas las edades, desde la guarderia en adelante. Todo lo que la iglesia le proporciona a la membresía en general también se les debe proporcionar a las personas sordas. Considerar los conceptos de educación y rehabilitación sin tomar en cuanta la dimensión espiritual equivale a negar una de las verdades fundamentales de la experiencia humana. Acaso parezca extraño que yo, como educador, me encuentre ante ustedes habándoles del desarrollo espiritual de las personas sordas. Quizá sea extrario, pero yo siento intensamente que si no buscamos el liderazgo entre nosotros primero, entonces, ¿entre quiénes lo buscamos? Si se me preguntara cuál sea mi mayor preocupación para el futuro, tendría que responder que es la creciente insensibilidad ante la necesidad de nutrir la vida espiritual de nuestros hijos y la aparente negativa de nuestras instituciones sociales a proveer a los niños un sistema de valores morales y espirituales lo suficientes como para sostenerlos durante los momentos de crisis personal y para prepararlos para servir a otras personas. No estoy hablando de los aspectos doctrinales ni teológicos de la religión, sino de reconocer que la gente sorda sí tiene alma.

La Comunicación Total-La obligación de la Escuela

Cuando la Escuela de Maryland para los Sordos abrazó la filosofía de la Comunicación Total hace cuatro años, también abrazó toda una serie de nuevas responsabilidades.

La primera responsabilidad fue reconocer que la Escuela no podía operar en aislamiento y que, por necesidad, debe involucrarse primero con los niños que se han matriculado, y segundo, con la comunidad sorda entre los adultos. Esto está basado en la creencia de que la educación no debe ni puede existir aparte del hogar y la comunidad, no importa lo excelente que sea el programa educacional establecido. Casi se podría decir que la Escuela es una extensión de la familia y la comunidad. Durante los últimos tres años, la Escuela de Maryland para Sordos ha establecido y mantenido Clases en Comunicación para los Padres por todo el estádo de Maryland. Durante el semestre de la primavera de 1972, la Escuela apoyó directamente doce de esas clases y participó en algunas más. Durante este período de tres años, el personal de la Escuela ha manejado más de 100.000 millas, **de noche**

y sin pago, para conducir estas clases. Que esto sirva de evidencia del nivel y calidad del fantástico personal y su dedicación. Los padres han respondido con muchísimo entusiasmo. Hasta la fecha no hemos encontrado ninguna resistencia organizada al programa de Comunicación Total de parte de los padres en ninguna parte del estado.

Cuando la Escuela adoptó el programa de Comunicación Total, nos enteramos de que las habilidades de comunicación de nuestro personal eran muy variadas, y había una necesidad obvia de ayudar a todos los adultos en el ambiente del niño sordo a que llegaran a ser mejores comunicadores. En la mayoría de los casos era asunto de usar mejores señas. Hemos establecido y mantenido clases de señas para maestros, guardianes, enfermeras y aun amas de casa. Esas clases, claro está, se ofrecen además de las clases de comunicación para los padres en diferentes partes del estado. La Escuela ha contratado a un coordinador de la comunicación para administrar estos programas. Puesto que creemos firmemente en los aspectos orales y auditivos de la Comunicación Total, le hemos dado énfasis también al desarrollo del habla y al residuo auditivo como parte del programa de Comunicación Total. Se han añadido dos patólogos del habla más para proveer un entrenamiento más específico e intensivo en el desarrollo del habla y la parte auditiva. Con la apertura del nuevo Edificio Académico este otoño, cada salón de clase estará equipado con un sistema de amplificación de alta calidad. Aunque la mayoría de los alumnos de la Escuela de Maryland para Sordos han perdido el oido de manera severa o profunda, el 80 por ciento adquieren amplificación individual a medida que seguimos adelante con el sistema de Comunicación Total. Aunque se le ha dado énfasis a la amplificación individual y de grupo en la Escuela de Maryland para Sordos por muchos años, se sigue el esfuerzo continuo para interpretar e implementar este aspecto de la Comunicación Total. El entrenamiento práctico en el uso y cuidado de los audífonos y los sistemas de amplificación en grupo es una parte esencial de nuestro programa para maestros, guardianes y padres.

A medida que los padres de nuestros niños aprenden a hablar por señas, vienen a nosotros con muchas historias nuevas, interesantes y emocionantes. Con frecuencia oímos de tales padres exclamaciones como: "Hemos visto un cambio tan grande en Jaimito" o "Las cosas van mucho mejor en casa ahora" o "No tenía idea de que mi niño supiera esas cosas" o "Jaimito se ha integrado a la familia." Es maravilloso oír estás cosas, y es de mucha satisfacción ver el placer tan obvio en el rostro de un padre cuando se expresa de esa manera. Pero todo el pensamiento de la Comunicación Total se resume en está frase que repiten con frecuencia los niños sordos cuyos padres han aprendido el sitema de señas: "Mamá y papá ahora son sordos."

REFERENCIAS

1. H.D. Babbidge, **Education of the Deaf** ("La educación de los sordos".) Un informe al Secretario de Salud, Educación y Bienestar por un Comité de Asesoramiento sobre la educación de los sordos.

Departamento de Salud, Educación y Bienestar de los E.E.U.U., Washington, D.C. 1964.

2. Donald F. Moores, Ph.D., **An Evaluation of Programs for Hearing Impaired Children ("Una evaluación de programás para niños con impedimentos del oído"), Proyecto número 332189. Universidad de Minnesota.**

3. **Denton, D.M. "To the Profession" ("A la profesión") Proceedings of the Teacher Institute** ("Anales del Instituto para Maestros") Publicado por la Escuela de Maryland para Sordos, Washington, D.C. 1969. páginas 2,3.

4. **Communication Symposium** ("Simposio en comunicación"), Escuela de Maryland para Sordos, Frederick, Maryland, 13 de marzo de 1970.

5. Denton, D.M. "Educational Crisis" ("Crisis educacionales") Ponencia presentada ante el Congreso Trípode, Memphis, Tennessee, abril de 1971. Reimpresión en el **Maryland Bulletin** ("Boletín de Maryland"), Volumen XCII, Número uno, octubre de 1971.

6. Denton, D.M. "The Spiritual Dimension" ("La dimensión espiritual") Ponencia presentada ante la Reunión Bienal de los Obreros de Rehabilitación Progresiva Entre los Adultos Sordos, Inc., Washington, D.C., 10 de abril de 1972. Impreso en el **Maryland Bulletin** ("Boletín de Maryland"), XCII, Número seis, abril deí 1972.

7. Denton, D. M., "Current Circumstances in Rehabilitation of the Deaf." ("Circunstancias actuales en la rehabilitación de los sordos") Ponencia presentada ante el Congreso de Directores de Estado para la Rehabilitación Vocacional, Little Rock, Arkansas. Febrero de 1972.

8. Kent, Margaret 5., "Are Signs Legitimate?" ("¿Son legítimos los signos?") **American Annals of the Deaf** ("Anales americanos de los sordos"), septiembre de 1970, páginas 497-8.

9. Kent, Margaret 5., "Language Growth and Development of the Deaf Child" ("Crecimiento y desarrollo lingüístico del niño sordo".) Ponencia presentada ante el Taller de Trabajo, Escuela Carver para Sordos, Annapolis, Maryland, 19 de marzo de 1971.

10. Kent, Margaret 5., "Total Communication at Maryland School for the Deaf" ("Comunicación Total en la Escuela de Maryland para Sordos".) **The Deaf American** ("El americano sordo"), Volumen 23, Número cinco, enero de 1971.

11. **Proceedings of the Teacher Institute** ("Anales del Instituto para Maestros".) Escuela de Maryland para Sordos, octubre de 1969.

Instrucciones y A

PARA LAS INSTRUCCIONES EN SIMBOLOS

sted tiene alguna pregunta con respecto a los diagra- o los símbolos usados a través del libro, las siguientes rucciones probablemente podrán responderla.

1. La palabras deletreadas con regularidad no tienen señales; sin embargo, palabras tales como "el", "la", "eso", etc., pueden ser deletreadas casi tan fácilmente como hacer la señal ya que son cortas.

2. Letras entre comillas significan movimientos de las manos; por ejemplo, Derecha "D" → derecha.

3. Símbolos sobre una palabra dan la dirección en la cual la señal de ir y cuál mano debe ser usada. Ejemplo: DEI derecha en izquierda.

4. Las palabras en azul son sinónimos que tienen la misma señal de comunicación. Ejemplo:

trabajo.
labor
obra

5. Las explicaciones en letras pequeñas son ayudas o claves para recordar la seña; por ejemplo, "Luz se prende" se usa para la palabra "comprender".

comprendes
encender una luz

INSTRUCCIONES Y AYUDAS

DSC	Mano derecha sobre el cuerpo
I → D	Izquierda a derecha
F → C	Frente hacia el cuerpo
F → D	Frente al cuerpo hacia la derecha
F → I	Frente al cuerpo hacia la izquierda
DR	En dirección al relój
CR	En dirección contra el relój
DPEI	Mano derecha por encima de izquierda
DEI	Mano derecha en la izquierda
IED	Mano izquierda en la derecha
DSI	Mano derecha sobre la izquierda
ISD	Mano izquierda sobre la derecha
HC	Hacia el cuerpo
LC	Lejos de cuerpo
I → C	Desde la izquierda hacia el cuerpo
D → C	Desde la derecha hacia el cuerpo
D I	Mano derecha hacia la mano izquierda
DDI	Mano derecha debabo de la izquierda
→ D	Hacia la derecha
→ I	Hacia la izquierda
DI	Mano derecha cruzando la izquierda
1X	Acción una sóla vez
2X	Repita la acción dos veces
AM	Acción desde la muñeca
AC	Acción desde el codo
AMA	Ambas manos hacen la acción
AMD	SOLO la mano derecha hace la acción
AA	Acciones alternadas
MD	Mueva los dedos
D	Mano derecha

AYUDAS PARA APRENDER SEÑAS

1. Basicamente las señas se hacen comodamente. Las señas exageradas se ven feas.

2. Deletrear con las manos NO es "escribir en el aire". La mano debe estar en una posición cómoda hacia el lado derecho de la boca para que los labios y las manos puedan ser vistas con claridad.

3. Algunas señas se hacen desde la muñeca, otras desde el codo y otras desde los hombros. hombros.

4. Las señas que tienen que ver con conceptos de la mente o la cabeza se hacen desde ese área del cuerpo. Las emociones vienen del corazón; así que, vienen de esa área del cuerpo.

5. Las señas objetivas: tú, yo, ellos, aquellos, etc., son todas hechas con el dedo índice.

6. Las señas posesivas tales como tuyo, mío, del, etc., son todas hechas con la palma de la mano abierta.

REGLAS BASICAS PARA LAS SEÑAS

1. Las señas son hechas de izquierda a derecha cuando ambas manos hacen la acción.

2. Cuando las acciones son hechas con una sóla mano, es la mano derecha la que hace la acción.

3. La mano derecha es la mano prominente al hacer la acción.

Algunas personas zurdas prefieren aprender las señas con la mano derecha. Si no, la persona zurda puede hacer las señas opuesta a la persona derecha.

Abecedario

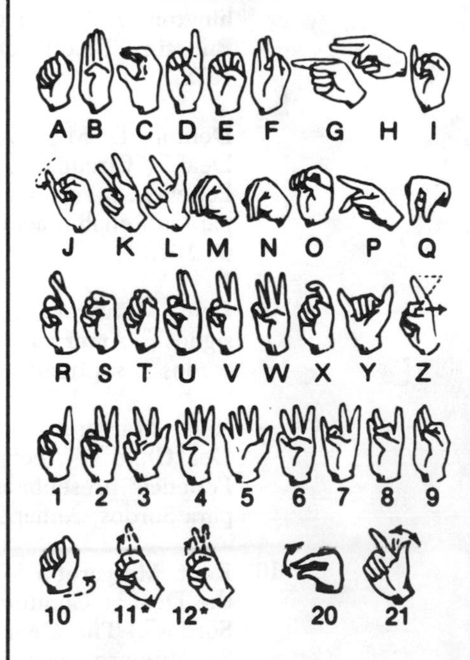

Instrucciones adicionales para señalar números se encuentran en la página 216.

*Palma hacia el cuerpo.

2X
AMA
1. ¡Hola!
como saludo
¡Adiós!
2. ¿Cómo
está
usted?
tú
3. ¡Yo
estoy
muy bien!
4. Gracias
5. Usted
es
bienvenido.
DEI
2X
DSC
DSC
6 Perdóneme
Excuseme
7. Estoy
apenado.
lo siento
8. Por favor.
gustar
apreciar
previlegiado
9. ¿Es
usted
sordo?
10. ¿Es
usted
tú
oyente?
DAR
11. ¿Qué
hora
es?
12. Hoy
ahora + día
es
lunes.

DAR | DAR

13. Mañana es martes.

14. Ayer fue miércoles;

DAR | DAR | DAR

jueves; viernes; sábado; domingo.

15. Ven conmigo.

AMA

16. Es mi libro.
mío

17. Es mío.
mí

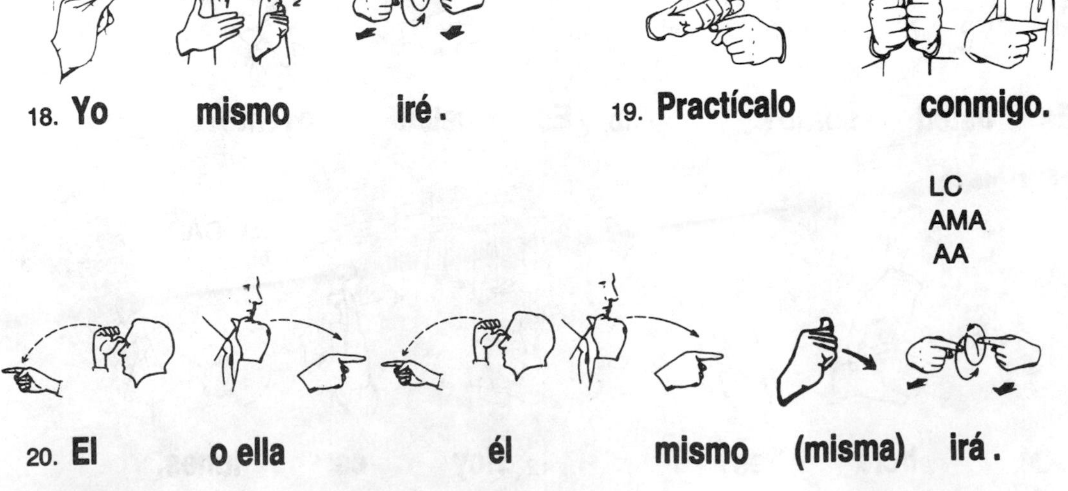

18. Yo mismo iré.

19. Practícalo conmigo.

20. El o ella él mismo (misma) irá.

Indice

Ejercicio de palabras

cara masa mal sal van lea lean mamá cabra papá nena fatal cama rama
las rata bata bate talar cube abada van vas aca acal

AMA
DPEI

AMA

1. **Ellos** **están** **confundidos.**
mezclar

2. **Yo** **no**

LC
AMA
AA

DR

iré.

3. **Yo** **no** **lo** **creo.**
haciendo un círculo
en la cabeza

4. **¿Me**

HC

2X

comprendes ?
encender una luz

5. **¿Quiere**
desea
ahnela

algo?

LC
AMA
AA

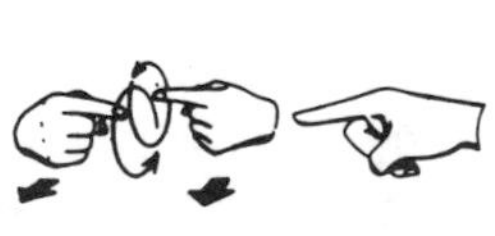

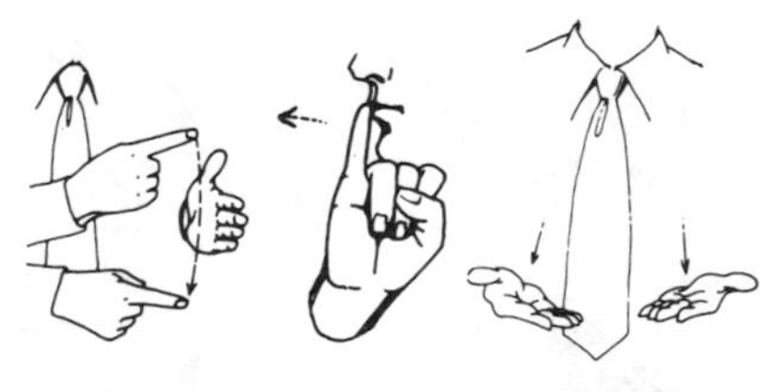

6. **¿Fue usted?**
Fuistes

7. **¿Qué** **es** **esto?**
ahora
aquí

8. **El** **estaba**

F → D

LC
AMA
AA

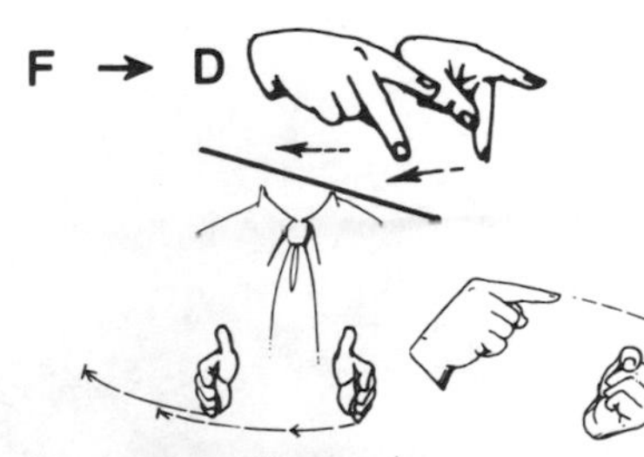

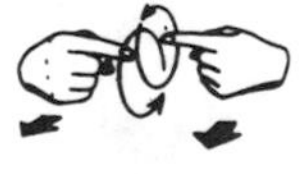

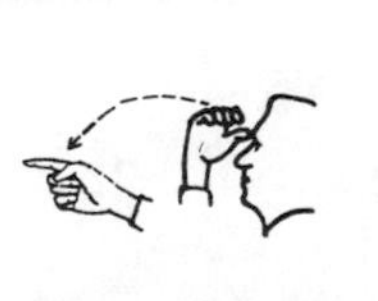

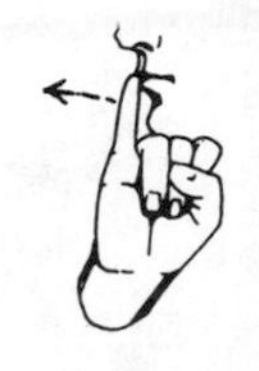

planificando a **a** **ir.**
preparar

9. **El** **es**

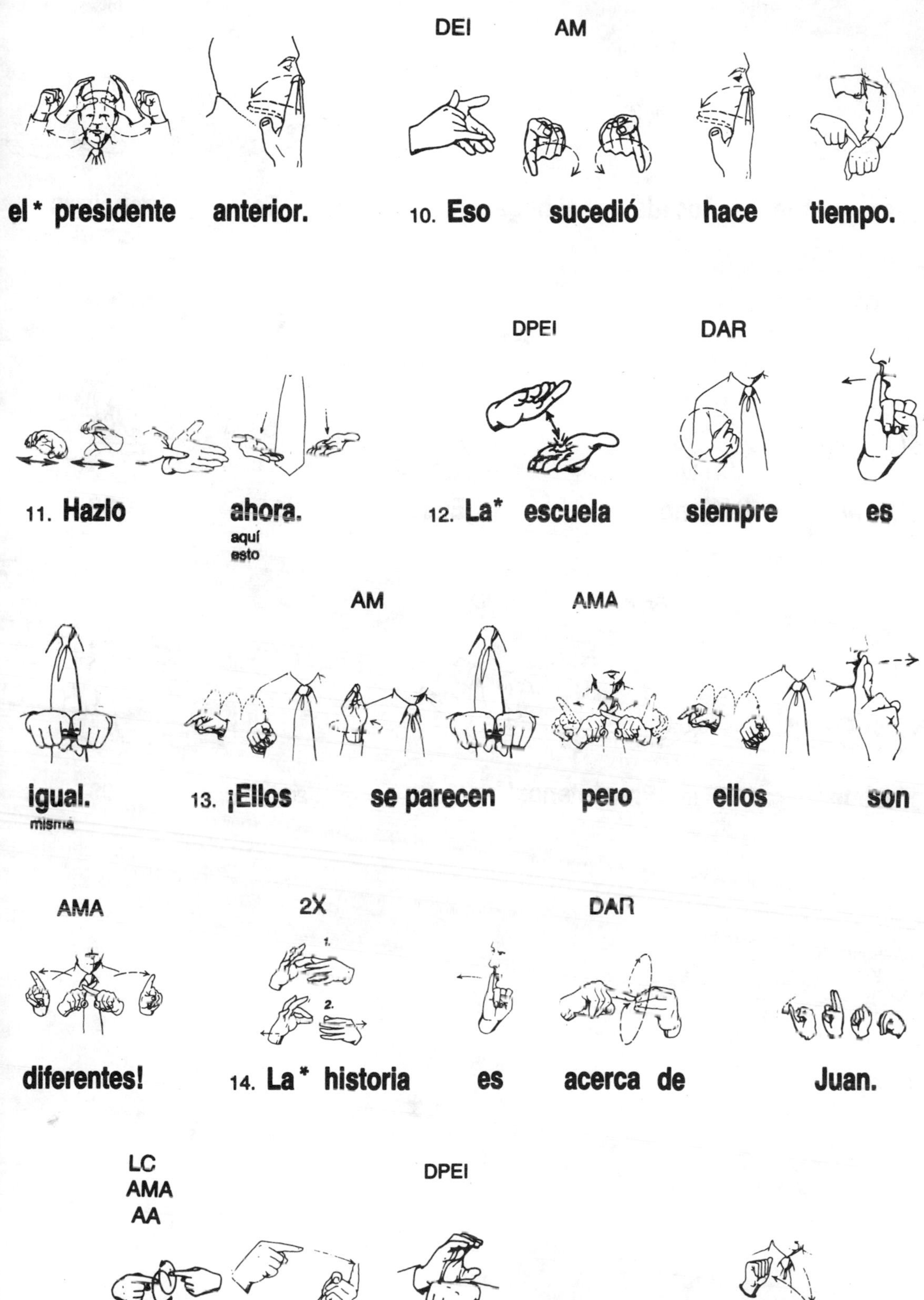
DEI AM
el * presidente anterior. 10. Eso sucedió hace tiempo.
DPEI DAR
11. Hazlo ahora.
aquí
esto
12. La* escuela siempre es
AM AMA
igual.
misma
13. ¡Ellos se parecen pero ellos son
AMA 2X DAR
1.
2.
diferentes! 14. La * historia es acerca de Juan.
LC
AMA
AA
DPEI
15. El * fue a la iglesia. 16. Llama a

F → D

HC

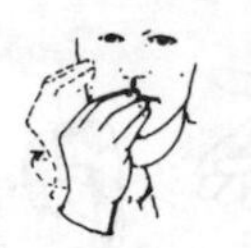
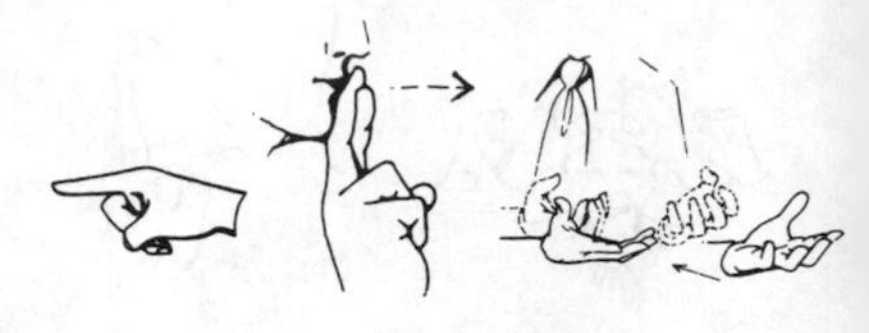

los * niños desde el hogar. 17. Te preocuran

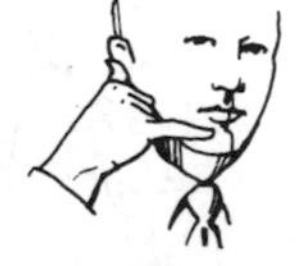
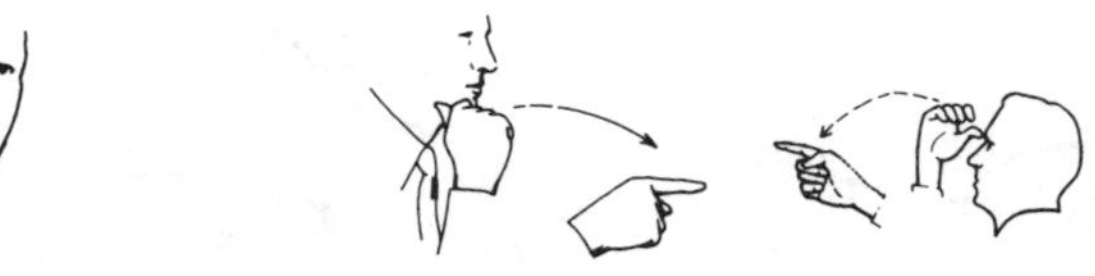

al * teléfono. 18. Ella lo llamó

AMA AMD

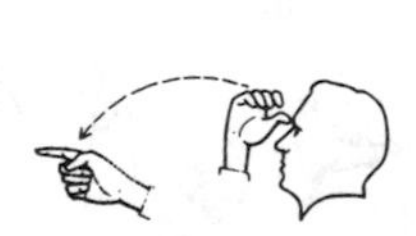

"Jaime". 19. ¡Preséntanos! 20. El es

torpe.

Indice

Ejercicio de palabras

mamá mano mío mía mi mar mal toma loma cama rama mal masa amaro
amar aman ambar macal macana macao tamal loma mata mala

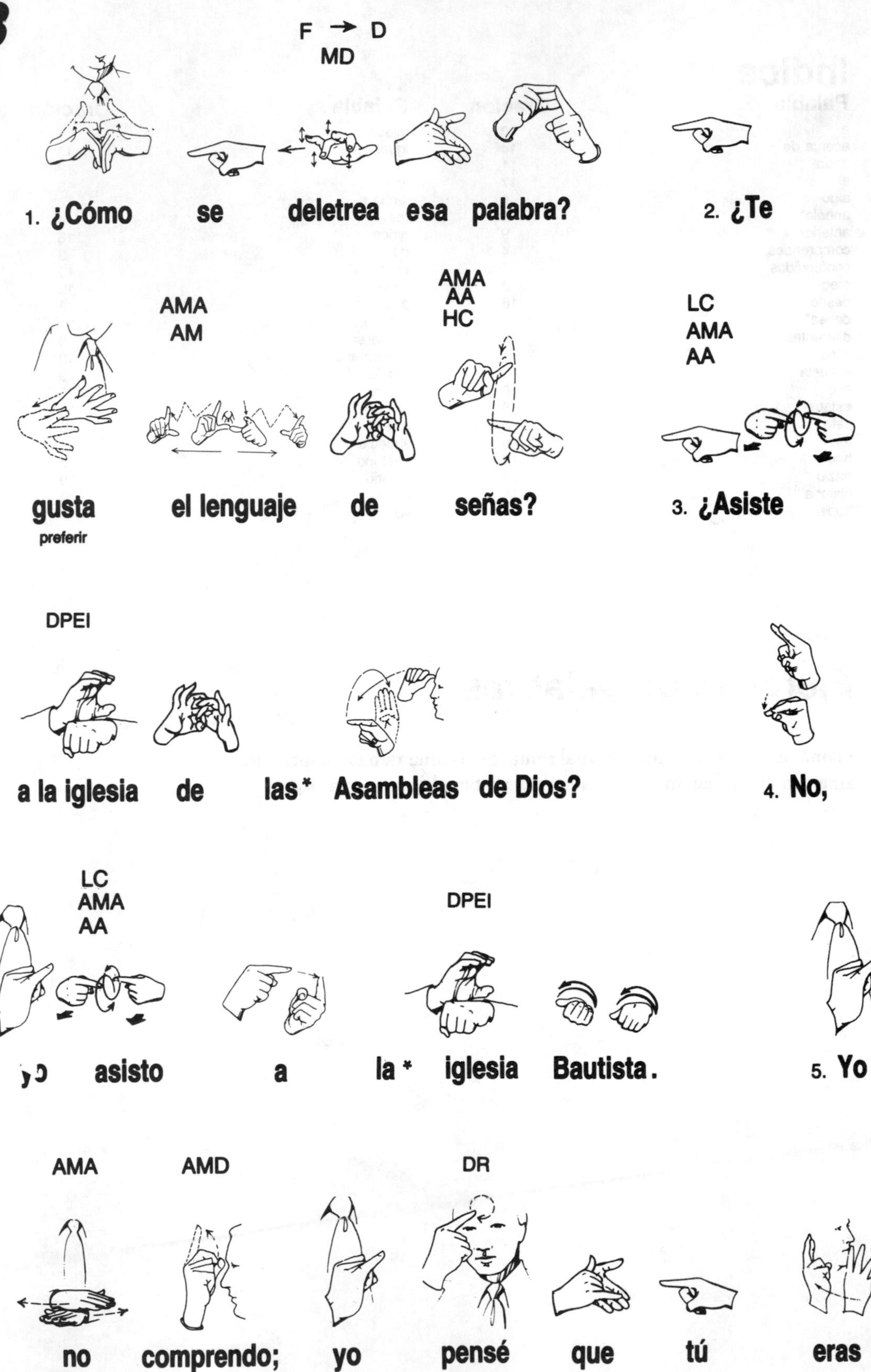
F → D
MD
1. ¿Cómo se deletrea esa palabra?
2. ¿Te
AMA
AM
AMA
AA
HC
gusta el lenguaje de señas?
preferir
LC
AMA
AA
3. ¿Asiste
DPEI
a la iglesia de las* Asambleas de Dios?
4. No,
LC
AMA
AA
DPEI
yo asisto a la* iglesia Bautista.
5. Yo
AMA
AMD
DR
no comprendo; yo pensé que tú eras

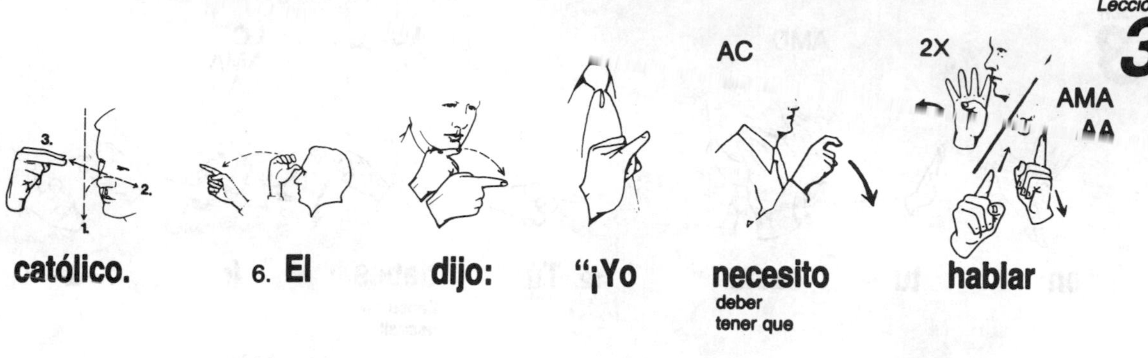

católico. 6. **El** **dijo:** **"¡Yo** **necesito** **hablar**

deber
tener que

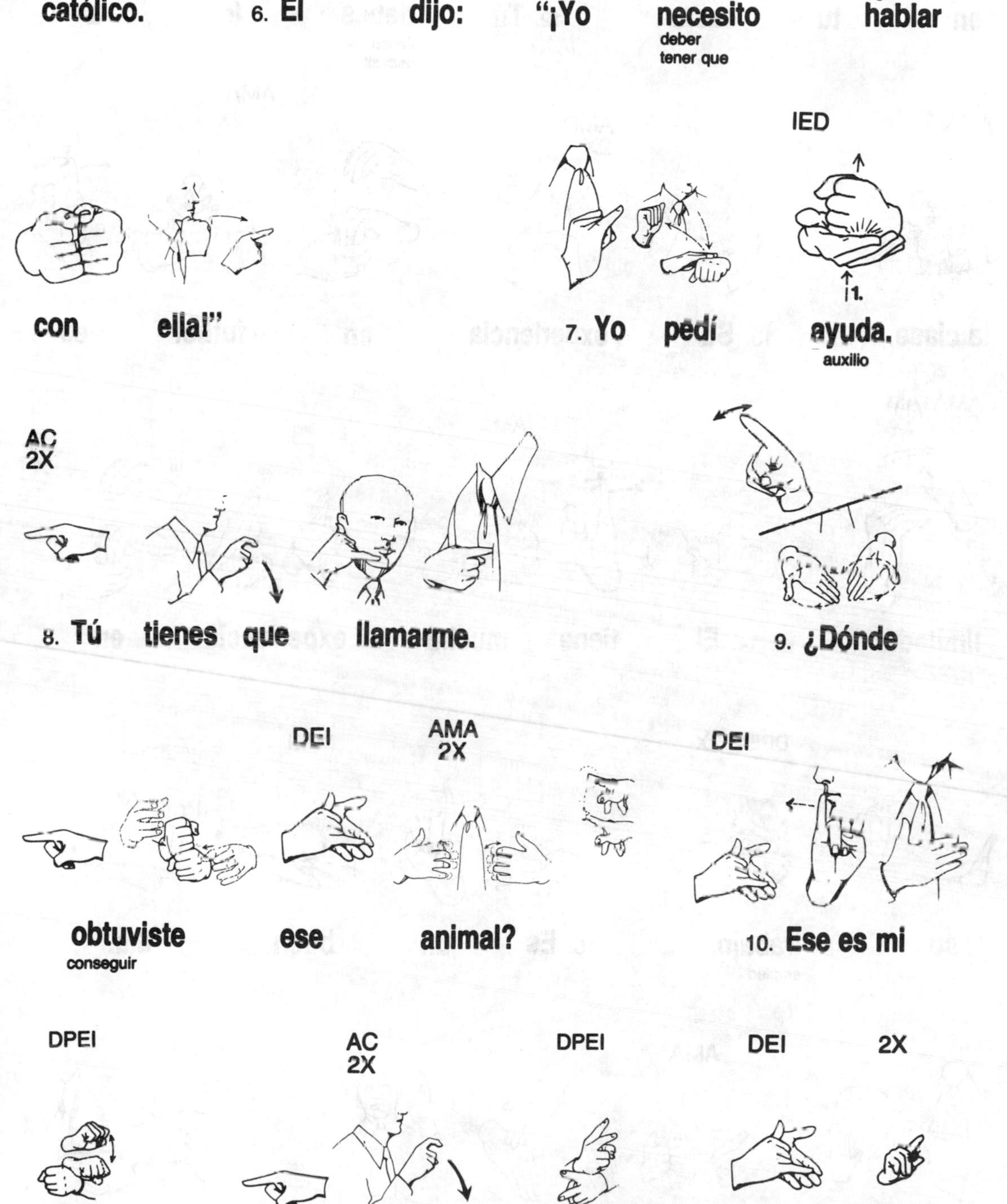

con **ella!"** 7. **Yo** **pedí** **ayuda.**

auxilio

8. **Tú** **tienes que** **llamarme.** 9. **¿Dónde**

obtuviste **ese** **animal?** 10. **Ese es mi**

conseguir

trabajo. 11. **Tú debes de** **mantener** **ese** **perro**

labor
obra

guardar

chasquear
suene los dedos

Lección
3
AMD
AC
2X
LC
AMA
AA
en tu casa. 12. Tú debes ir a
tienes que
necesitas
AMA
AMD
2X
AMA
2X
la clase. 13. Su experiencia en fútbol es
AMA AM
DSI
AMA
limitada. 14. El tiene mucha experiencia en
DPEI 2X
DPEI
su trabajo. 15. Es un buen día.
empleo
AMA
16. Te veré al medio día. 17. Cuéntame
decir
hablar

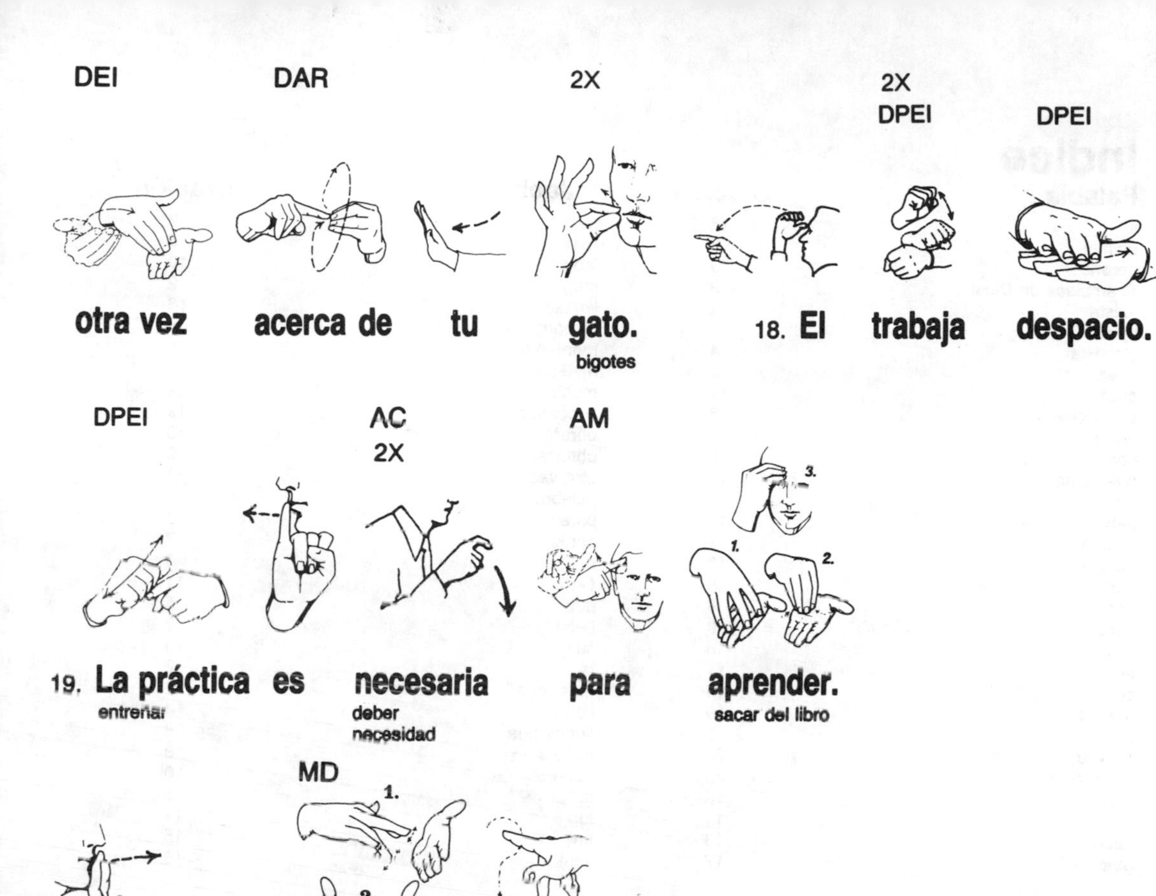
DEI
DAR
2X
2X
DPEI
DPEI
otra vez
acerca de
tu
gato.
bigotes
18. El
trabaja
despacio.
DPEI
AC
2X
AM
3.
1.
2.
19. La práctica
entrenar
es
necesaria
deber
necesidad
para
aprender.
sacar del libro
MD
1.
2.
3.
20. ¿Eres tú
estudiante?
1. estudiar 2. 3. persona terminal

Lección
3

Indice

Palabia	Oración	Palabia	Oración
al	16	gusta	2
animal	9	hablar	6
aprender	19	labor*	10
Asambleas de Dios	3	lenguaje	2
asiste	3	limitada	13
ayuda	7	llamarme	8
Bautista	4	mantener	11
buen	15	medio día	16
casa	11	mucha	14
católico	5	necesaria	19
clase	12	obra*	10
con	6	obtuviste	9
cuéntame	17	otra vez	17
de	2	palabra	1
debes	11	para	19
deletrea	1	pedí	7
despacio	18	pensé	5
día	15	perro	11
dijo	6	que	5
dónde	9	señas	2
ella	6	su	13
en	11	te	2
en	14	tener que*	6
entrenar*	19	tiene	14
eras	5	tienes que	8
eres tú	20	trabaja	18
estudiante	20	trabajo	10
experiencia	13	tú	5
experiencia	14	tu	11
fútbol	13	un	15
gato	17	veré	16

Ejercicio de palabras

calle mella llama llame malla mallar mallo taller tallo talleta talla tallar valla vallado vallar valle vallejo galleta

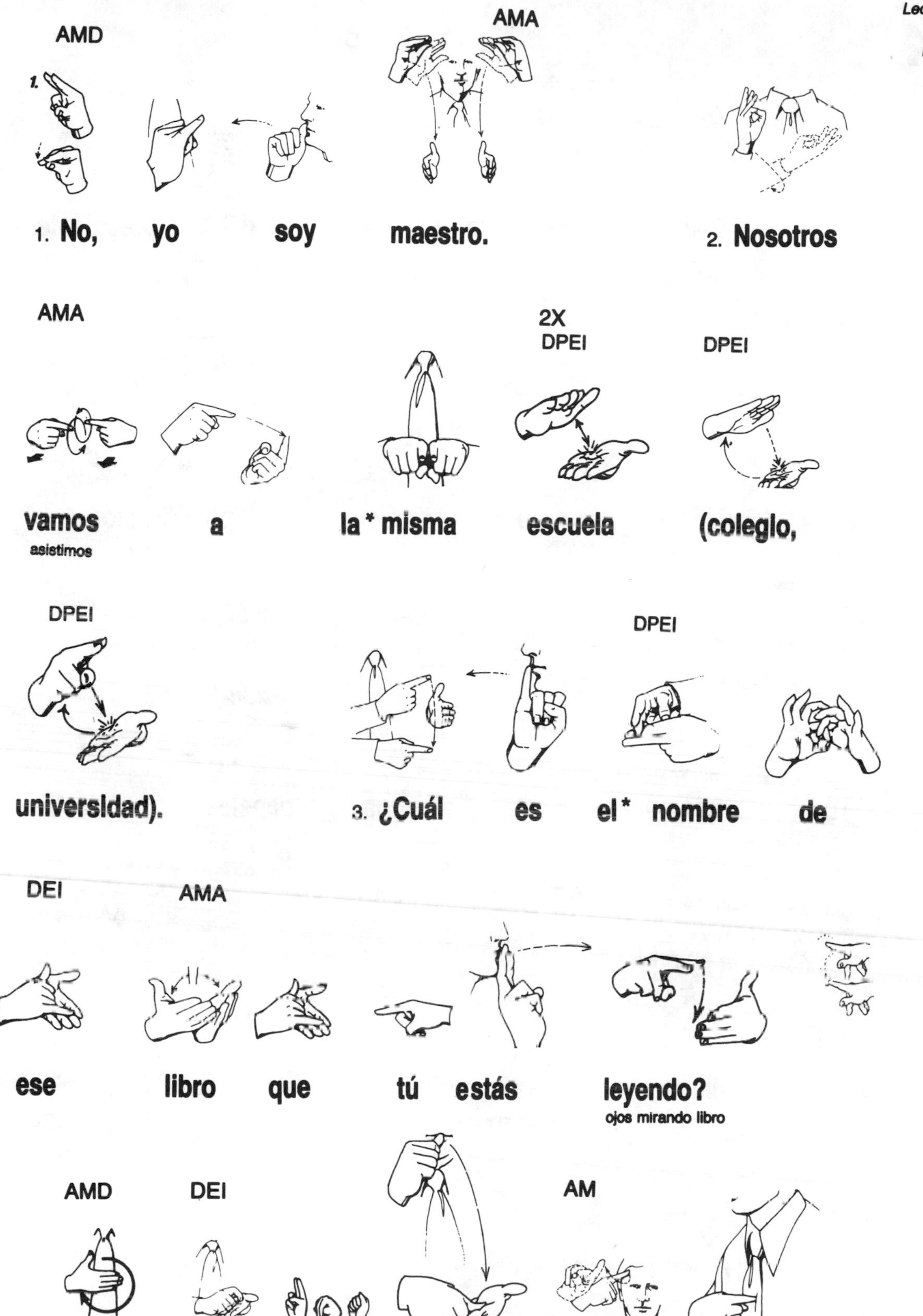
AMD
1.
AMA
1. No, yo soy maestro.
2. Nosotros
AMA
2X
DPEI
DPEI
vamos
asistimos
a
la * misma
escuela
(colegio,
DPEI
DPEI
universidad).
3. ¿Cuál
es
el * nombre
de
DEI
AMA
ese
libro
que
tú
estás
leyendo?
ojos mirando libro
AMD
DEI
AM

4. **Por favor** **escribe** **una** **carta** **por** **mí.**
gustar
para disfrutar

DEI
5. Ella es la* secretaria del * presidente.
DPEI
F → D
6. La* lección mostró buena planificación.
ejemplo
I → D
DEI
DPEI
2X
7. Tú traeme algunos papeles. 8. El
DEI
2X
DAR
AMA
AA
me llama frecuentemente acerca de sus problemas.
otra vez, otra vez
tribulaciones
IED
1.
9. Todos nosotros te agradecemos tu ayuda.

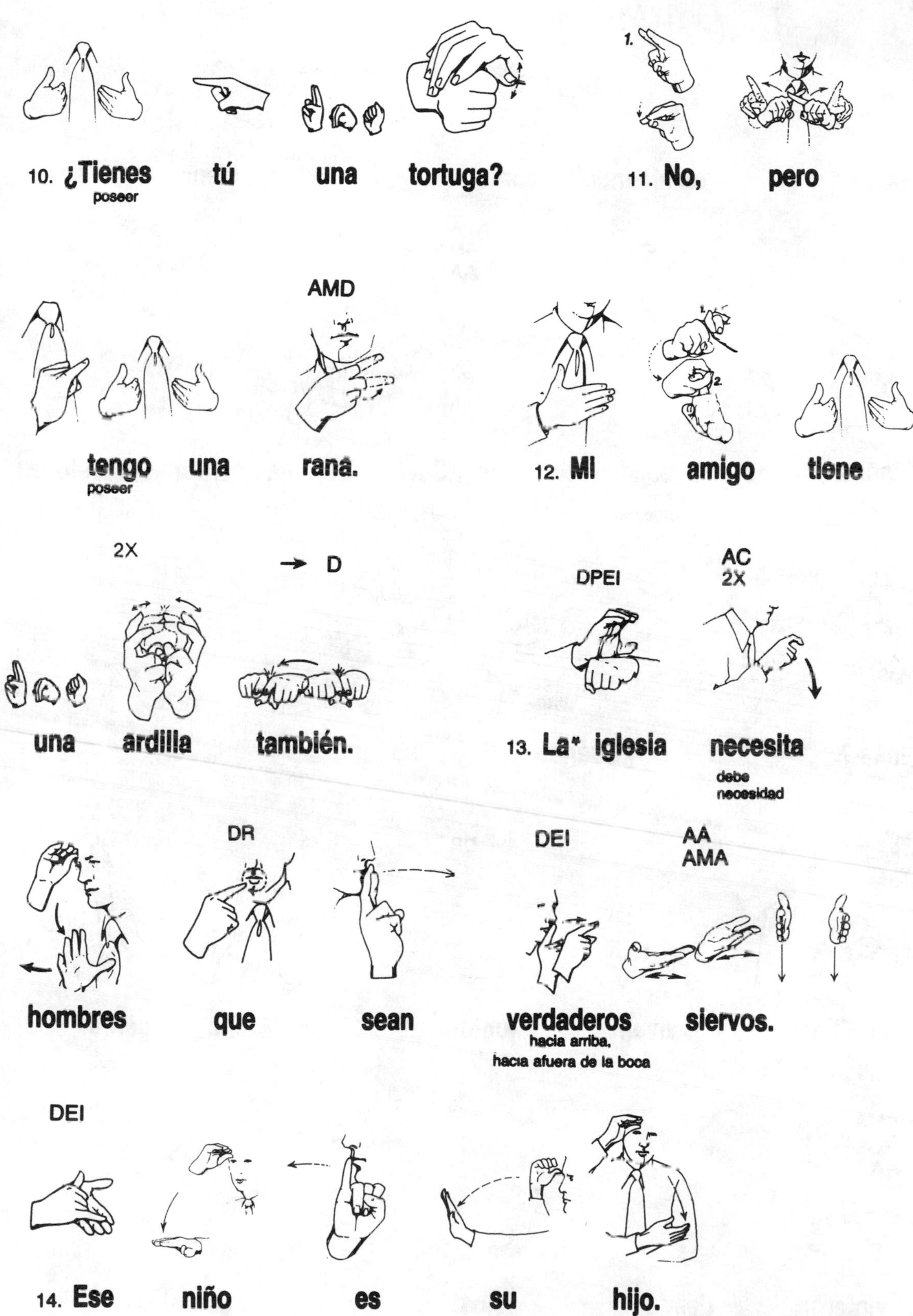
ISD
10. ¿Tienes
poseer
tú
una
tortuga?
1.
11. No,
pero
AMD
tengo
poseer
una
rana.
12. Mi
amigo
tiene
2X
→ D
una
ardilla
también.
DPEI
AC
2X
13. La* iglesia
necesita
debe
necesidad
DR
DEI
AA
AMA
hombres
que
sean
verdaderos
hacia arriba,
hacia afuera de la boca
siervos.
DEI
14. Ese
niño
es
su
hijo.

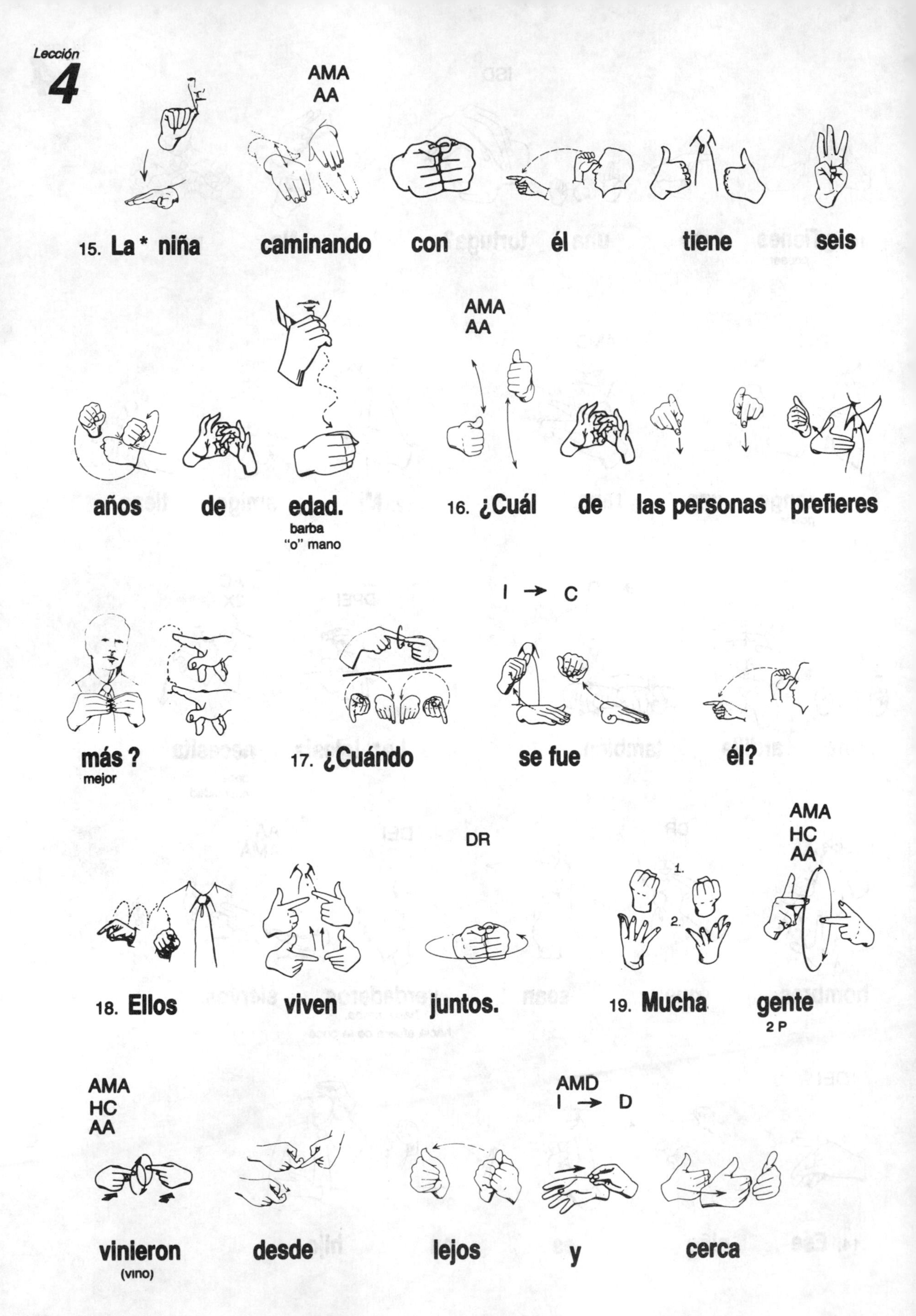
Lección
4
AMA
AA
15. La * niña
caminando
con
él
tiene
seis
AMA
AA
años
de
edad.
barba
"o" mano
16. ¿Cuál
de
las personas
prefieres
I → C
más ?
mejor
17. ¿Cuándo
se fue
él?
DR
AMA
HC
AA
1.
2.
18. Ellos
viven
juntos.
19. Mucha
gente
2 P
AMA
HC
AA
AMD
I → D
vinieron
(vino)
desde
lejos
y
cerca

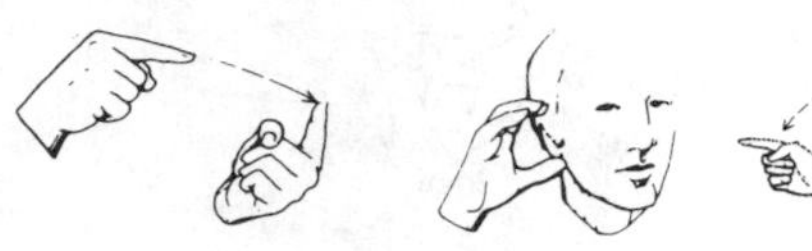

para

escucharlo.

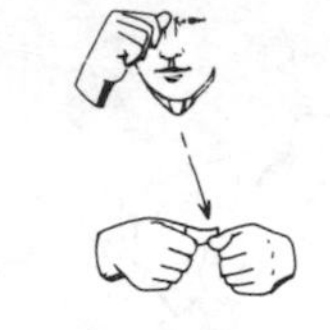

20. **¿Te acordaste**
recordaste

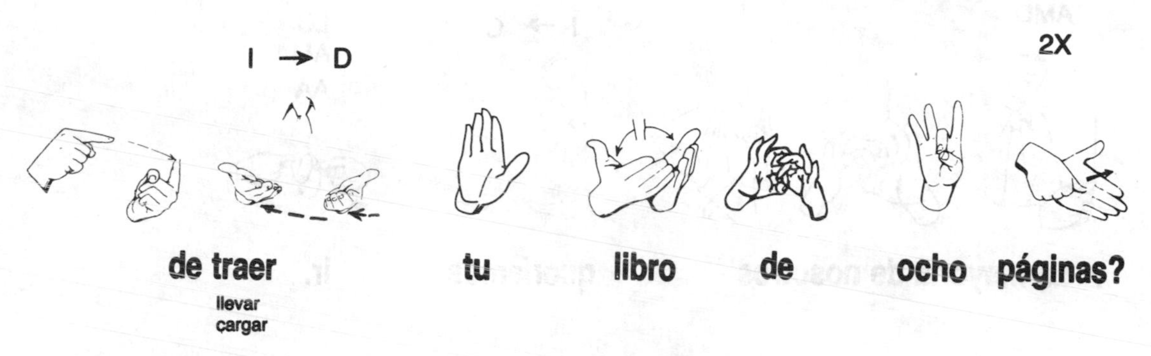

de traer **tu** **libro** **de** **ocho** **páginas?**

llevar
cargar

Indice

Ejercicio de palabras

boa boato coa coalición toa toalla toallero toar roa roano moabita moaré toast soasar coactivo coatí coaita

AMA DPEI

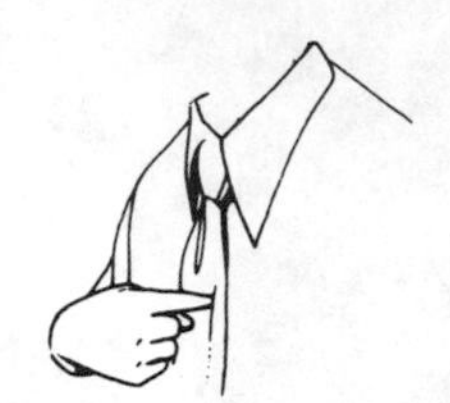

1. **¿Por qué no me llamaste?**

AMD I → C LC AMA AA

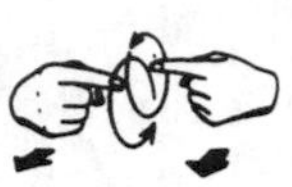

2. **La mayoría de nosotros queríamos ir.**

DR LC AMA AA → D

3. **Nosotros siempre vamos a la escuela dominical.**
un piano vertical

DR DPEI

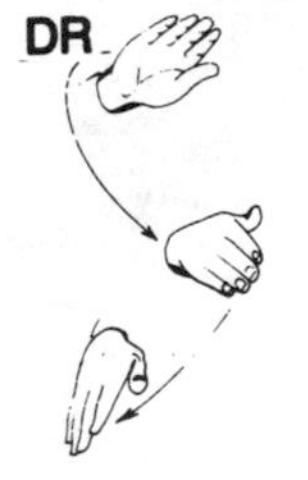

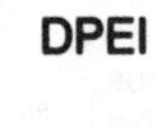

4. **Nosotros nunca faltamos al * servicio de la iglesia.**
ausentes reunión congregarse

AMD DEI

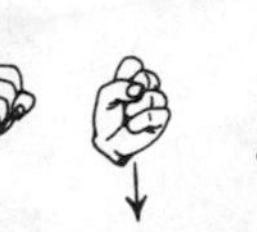

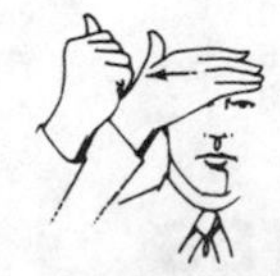

5. **¿Cómo pudistes tú olvidar eso?**
poder borrar de la mente

2X
6. ¿Sabías que
conocimiento
él
es
judío?
cabras
DR
D → C
AMA
AA
DPEI
MD
7. Yo
pensé
que
él
había venido
de
Alemania.
2X
DDI
D
8. El
está
corriendo
ligero.
rápido
inmediatamente
9. ¿Tienes tú
poseer
DEI
2X
DEI
dinero?
10. ¿Compraste
dinero que se paga
tú
el libro
AM
AMA
AC
AMA
de lenguaje
de señas?

DEI

11. ¡Yo te dije que no compraras ambos
decir contar — dinero que se paga — pareja

libros! 12. ¿Qué edad tienes?

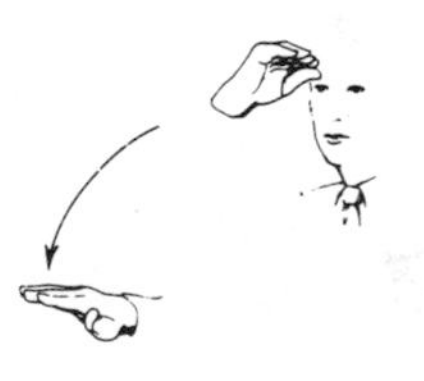

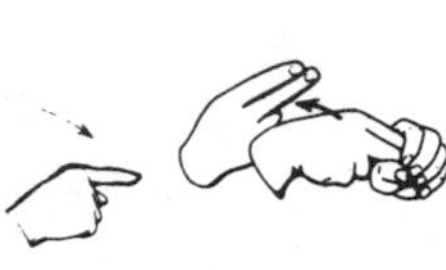

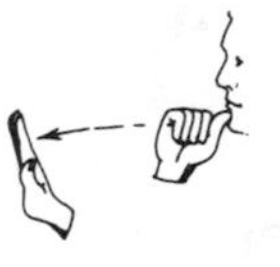

13. ¡Ayer fue domingo! 14. El * es un
Y pasado

AM DEI

niño malo. 15. Ella dejó su trabajo
abandonó — labor

F → D

como secretaria.

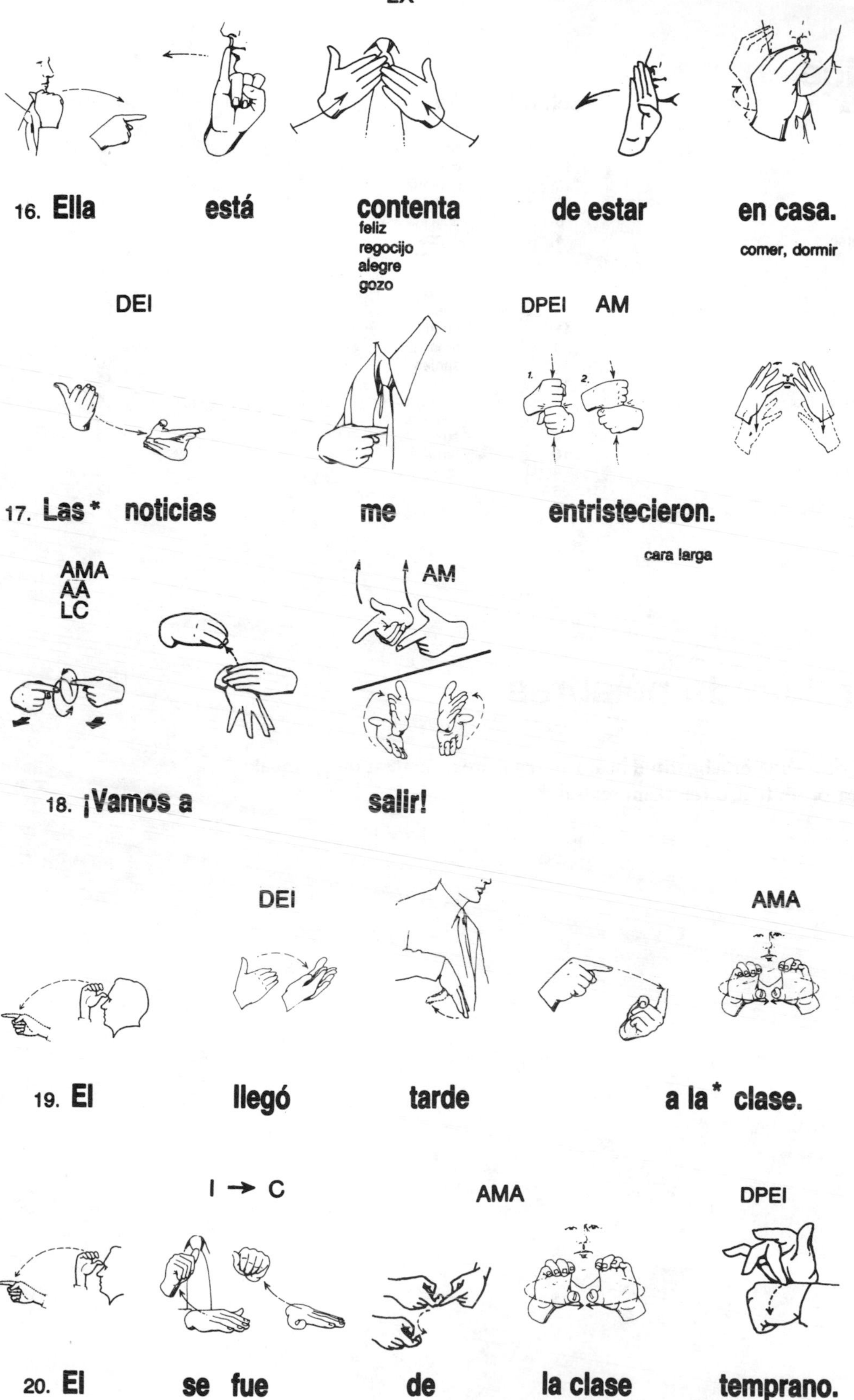

16. **Ella está contenta de estar en casa.**

feliz, regocijo, alegre, gozo — comer, dormir

17. **Las* noticias me entristecieron.**

cara larga

18. **¡Vamos a salir!**

19. **El llegó tarde a la* clase.**

20. **El se fue de la clase temprano.**

"C"

Indice

Palabia	Oración	Palabia	Oración
abandonó*	15	llamaste	1
Alemania	7	llegó	19
ambos	11	malo	14
como	15	mayoría	2
compraras	11	niño	14
compraste	10	noticias	17
congregarse*	4	nunca	4
contenta	16	olvidar	5
corriendo	8	pareja*	11
de	7	por qué	1
dejó	15	qué	12
dije	11	queríamos	2
dinero	9	regocijo*	16
edad	12	sabías	6
entristecieron	17	salir	18
escuela dominical	3	servicio	4
estar	16	siempre	3
faltamos	4	su	15
feliz*	16	tarde	19
inmediatamente*	8	temprano	20
judío	6	tienes	12
ligero	8	venido	7

Ejercicio de palabras

cereal beata beatería beatitud beato marea mareaje matear meaja meato meauca peaje teatro tea team teatral

F → D

   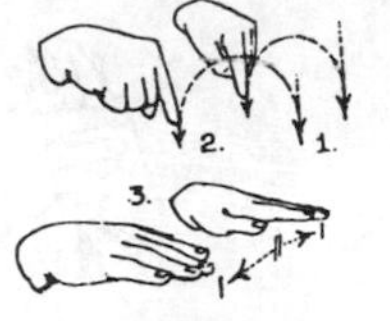

1. Deja el * libro sobre la * mesa.
4 patas y encima

2X DR

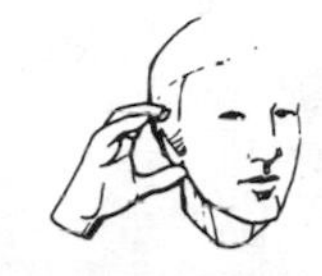  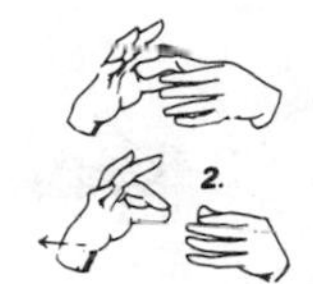 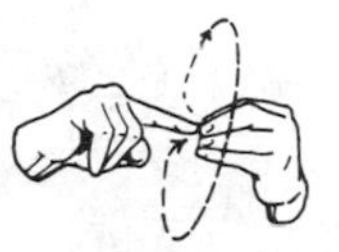 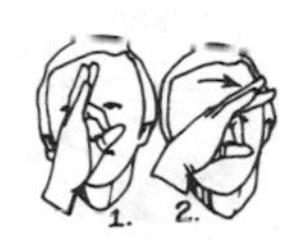

2. ¿Escuchaste tú la * historia acerca de la * zorra

 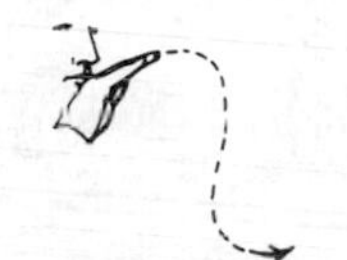  

y el * elefante?
nariz de elefante

3. Por favor,

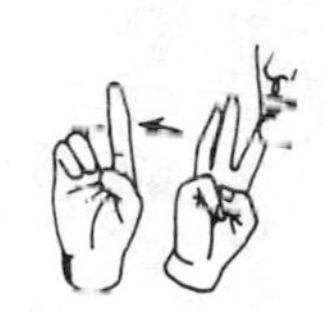     

¿podrías tú terminar ese trabajo.
labor

DEI D → I

 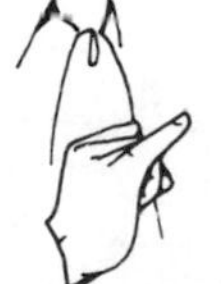     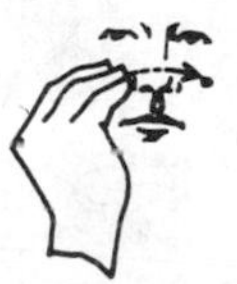

4. ¡Yo terminé de hacer eso!
hizo

5. Las * flores

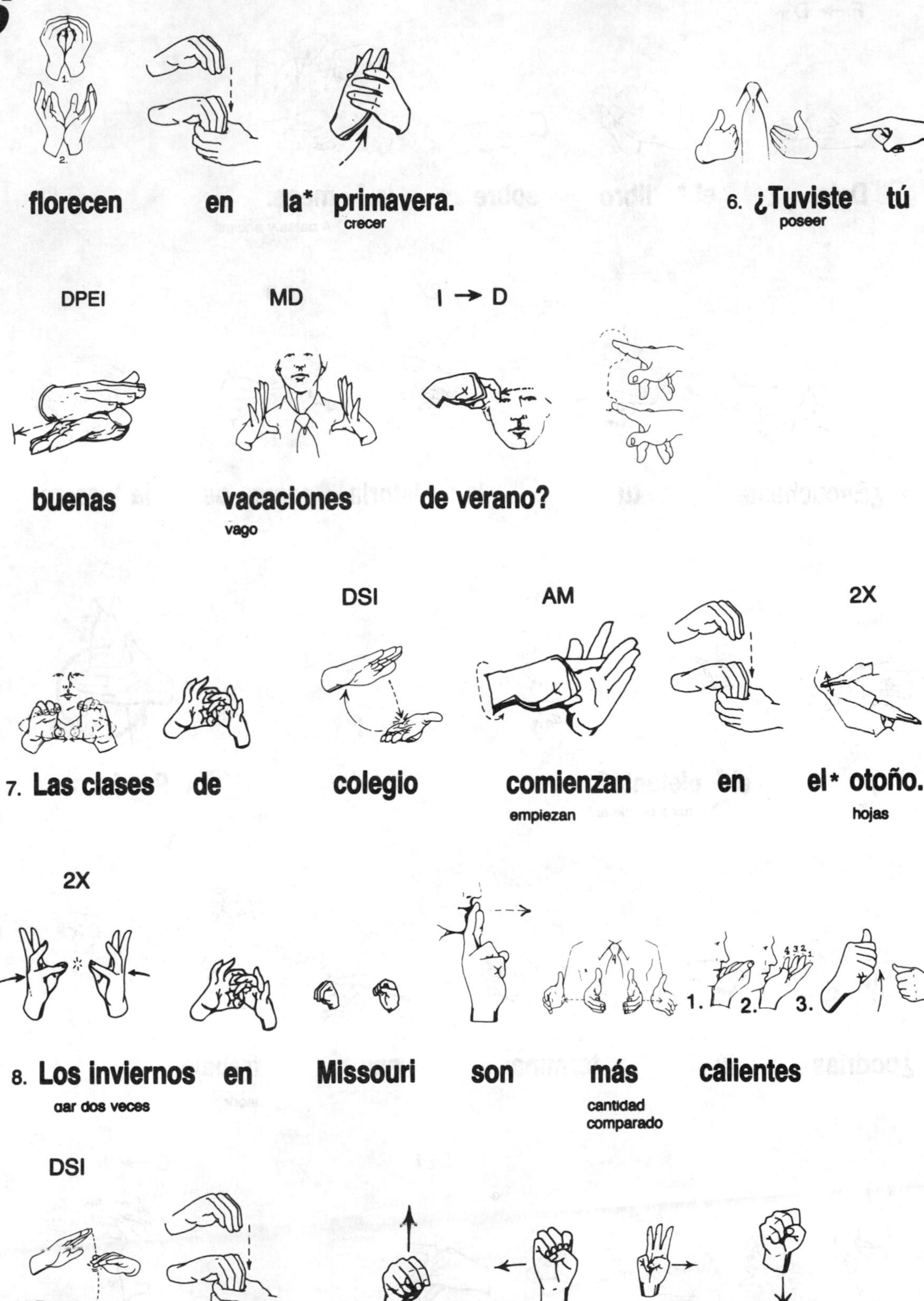
1.
2.
florecen en la* primavera.
crecer
6. ¿Tuviste tú
poseer
DPEI
MD
I → D
buenas vacaciones de verano?
vago
DSI
AM
2X
7. Las clases de colegio comienzan en el* otoño.
empiezan
hojas
2X
1. 2. 3.
8. Los inviernos en Missouri son más calientes
dar dos veces
cantidad
comparado
DSI
que en el* norte (este, oeste, sur).
igual que los puntos del compás

I → D

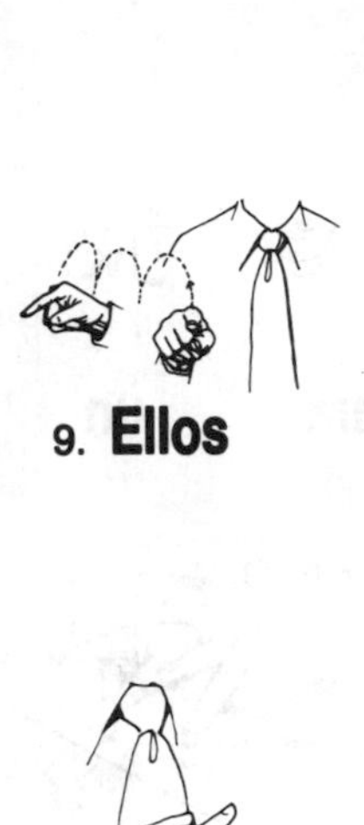  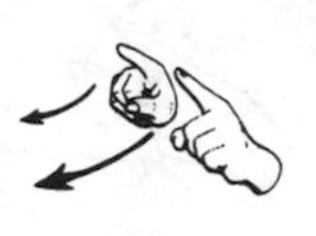 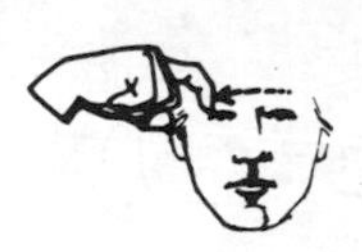

9. **Ellos se casaron durante el * verano.**

mientras
según

 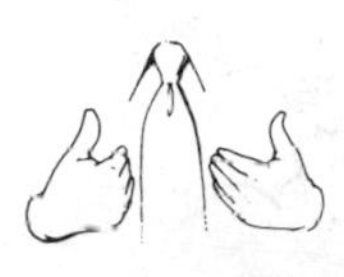   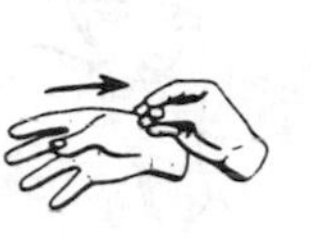  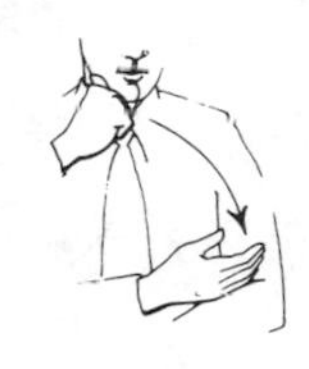

10. **Yo tengo un hijo y una hija.**

poseer — masculino + bebé — femenino + bebé

 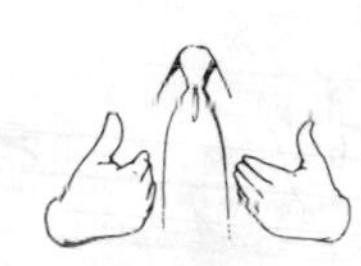  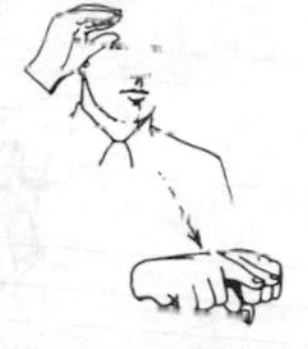 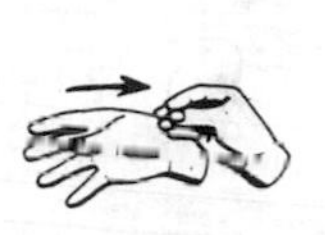  

11. **Yo tengo tres hermanos y una hermana.**

poseer — masculino + igual — femenino + igual

  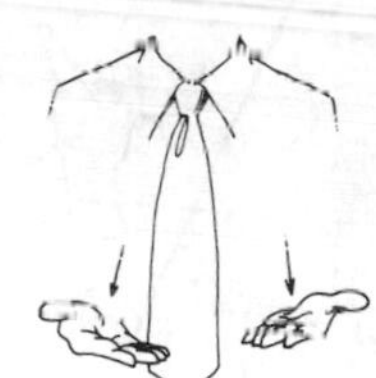   

12. **Ellos son ahora marido y mujer.**

esto — masculino + casado — femenino + casado

D
2X

AMA
AA

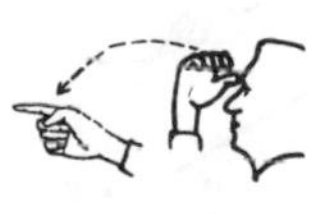 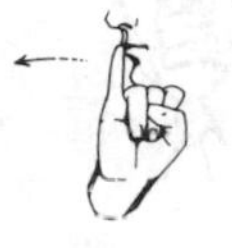  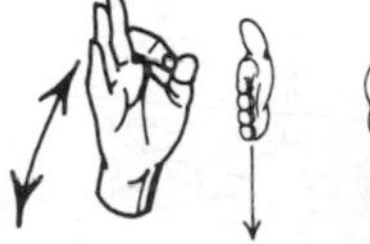   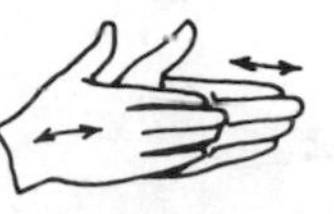 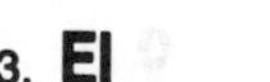

13. **El es predicador metodista.**

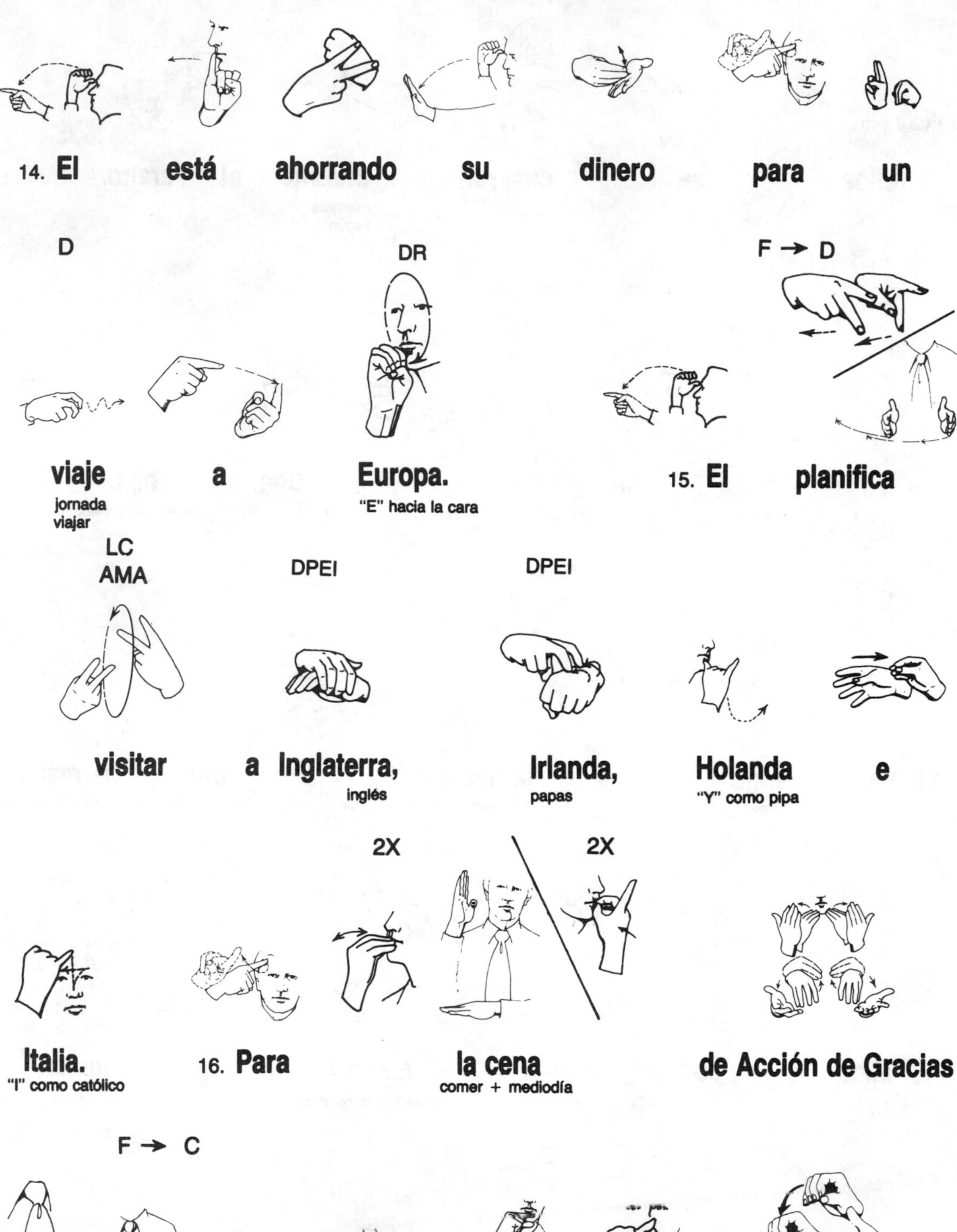

14. **El está ahorrando su dinero para un viaje a Europa.**
jornada viajar — "E" hacia la cara

15. **El planifica visitar a Inglaterra, Irlanda, Holanda e Italia.**
inglés — papas — "Y" como pipa — "I" como católico

16. **Para la cena de Acción de Gracias yo quiero tener pavo, pollo o**
comer + mediodía — poseer — ave pájaro

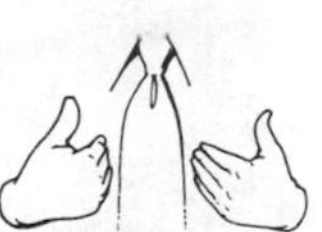

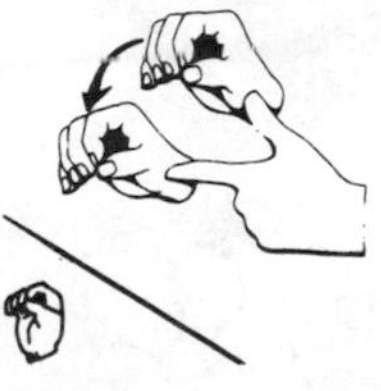

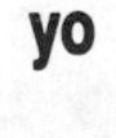

pato.
17. Me encontraré contigo a la hora
2X
de comida.
18. Yo sé que era o estaba
DR
por aquí.
AMA
19. ¿Por qué tú no le pides
a él que lo repase?
mirar hacia atrás
20. Por favor guarda
AMA
AA
2X
tu libro de ciencia y las revistas.
vaciar tubos de ensayo

Indice

Palabia	Oración	Palabia	Oración
Acción de Gracia	16	mujer	12
ahorrando	14	norte	8
aquí	18	o	16
ave*	16	oeste	8
casaron	9	otoño	7
cena	16	pájaro*	16
ciencia	20	pato	16
comida	17	pavo	16
contigo	17	pides	19
crecer*	5	podrías	3
durante	9	pollo	16
elefante	2	por	18
encontraré	17	predicador	13
era	18	primavera	5
este	8	que	8
Europa	14	repase	19
florecen	5	revistas	20
flores	5	sé	18
guarda	20	se (4)	9
hacer	4	según*	9
hermana	11	sobre	1
hija	10	sur	8
Holanda	15	tener	16
hora	17	terminar	3
Inglaterra	15	terminé	4
inglés*	15	tres	11
inviernos	8	tuviste	6
Irlanda	15	un	10
Italia	15	vacaciones	6
marido	12	vago*	6
más	8	verano	6
mesa	1	viaje	14
metodista	13	visitar	15
Missouri	8	zorra	2

Ejercicio de palabras

Ana ababa tan canas dan pan pana rana cayan callan matan mata planta casan casa raya Danny lavan jasta lana

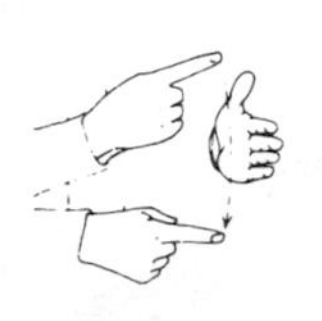

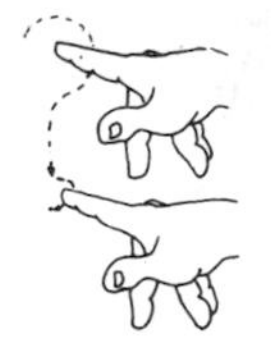
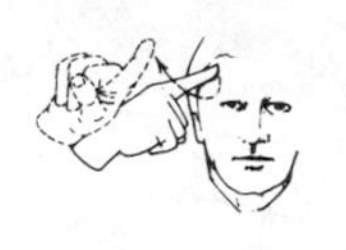

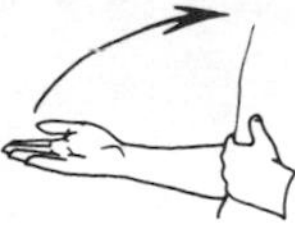

1. ¿Qué comiste tú?

2. Para el desayuno
comer + mañana

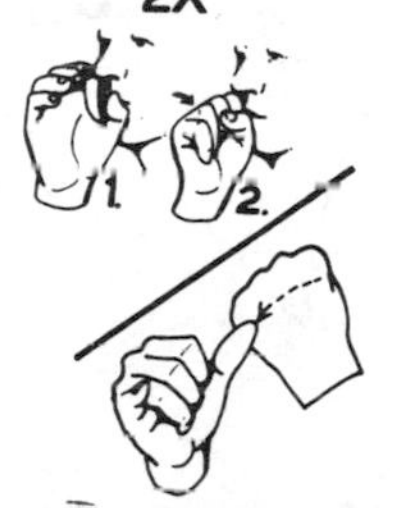

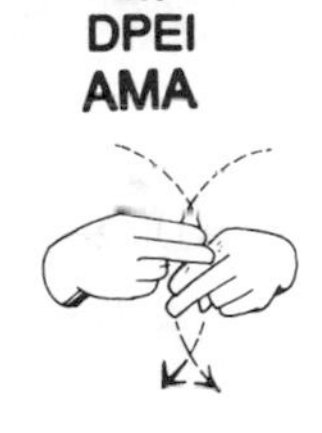

nosotros comimos naranja, tostadas, huevos

tostadas: tenedor en rebanada de pan

huevos: romper huevos sobre envase

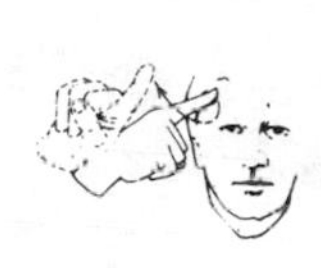
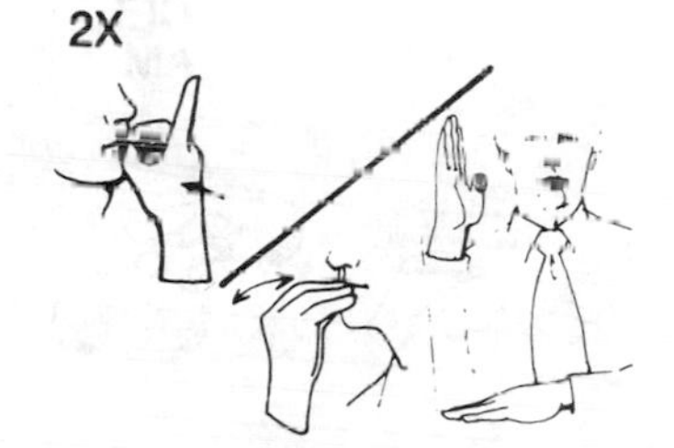

y café.

3. Para el almuerzo
comer + mediodía

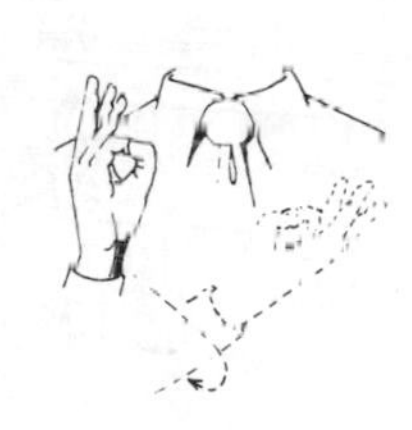

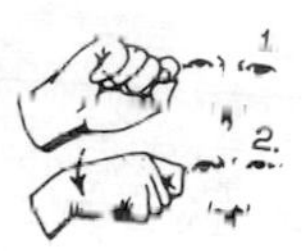

nosotros comimos papas, cebollas,

papas: Irlanda

tomates, carne y helado.

helado: comer barquilla

D 2X DPEI

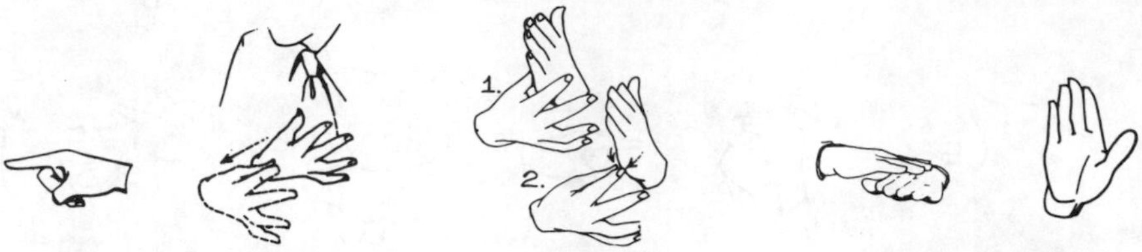

4. ¿Te gusta la* salsa (aceite) en tus (poseer) papas? (Irlanda)

DPEI D 2X DPEI 2X

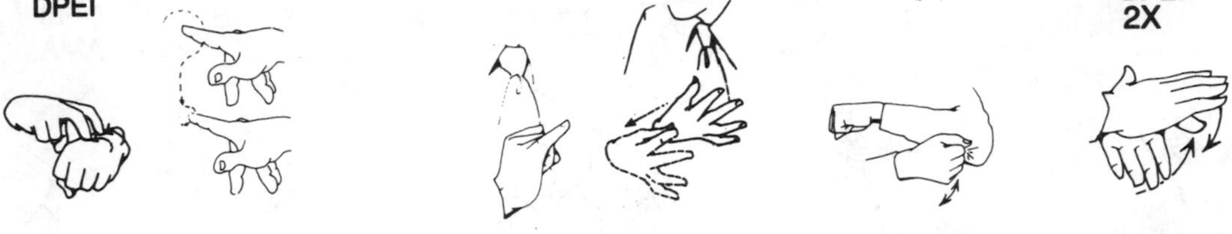

5. Me gustan galletas, queso y té.

DEI/AM D

6. El se siente 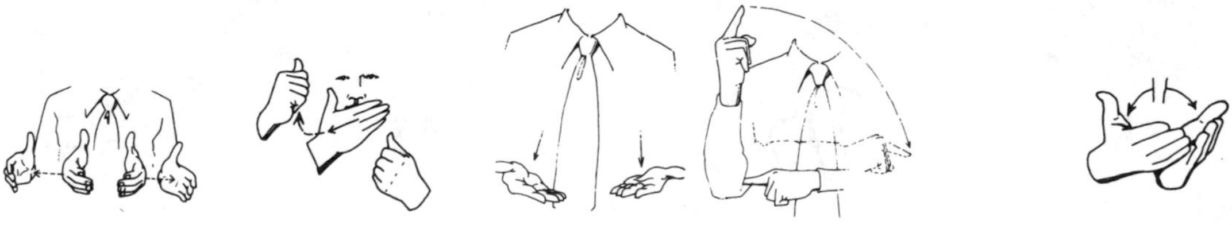 mucho (cantidad) mejor hoy. (Ahora + día)

7. El libro que tú llevas (traer) es grande. (gran)

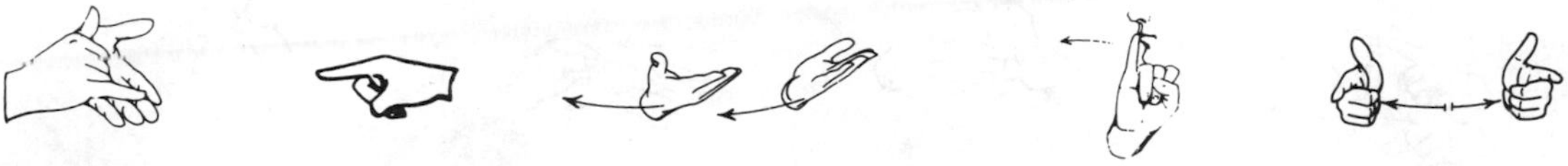

DEI I → D

DR
8. ¿Crees tú que puedas tragarlo ?
2X
CAR
9. Ayer María corrió alrededor de
la mesa.
4 patas y ensima
10. ¿Puedes tú pedirle a
orar
DPEI
Juan que me encuentre en
la* esquina?
11. ¿Qué comiste tú

D 2X

para la cena?
comer + noche

12. Yo

2X D

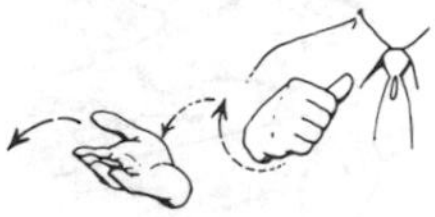

no comí nada, pero yo

AM DEI 2X CR

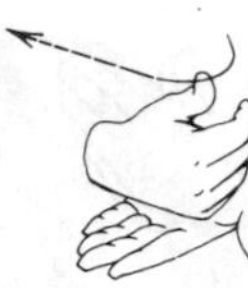

tomé un poco de café.
bebida

13. Mi padre

AMA LC AA D

y madre se van.

AMA HC AC DSI

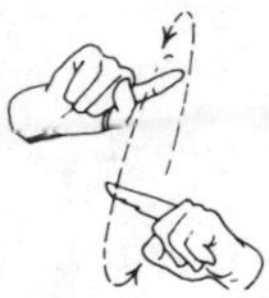

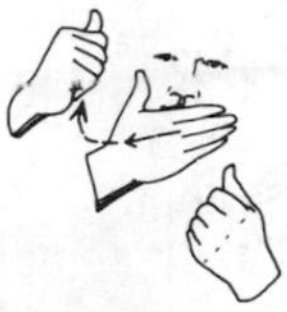

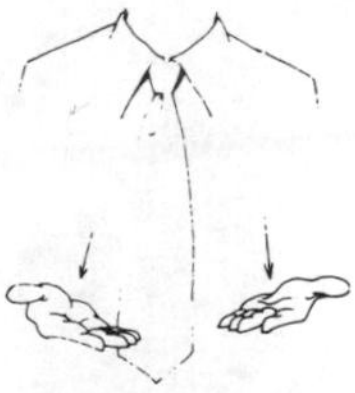

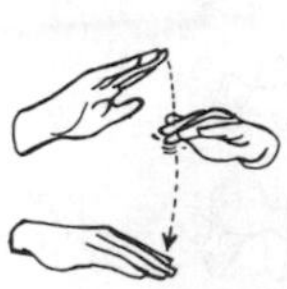

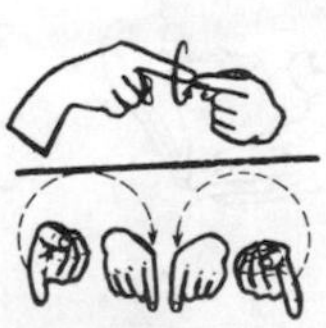

14. Tus señas son mejor ahora que cuando

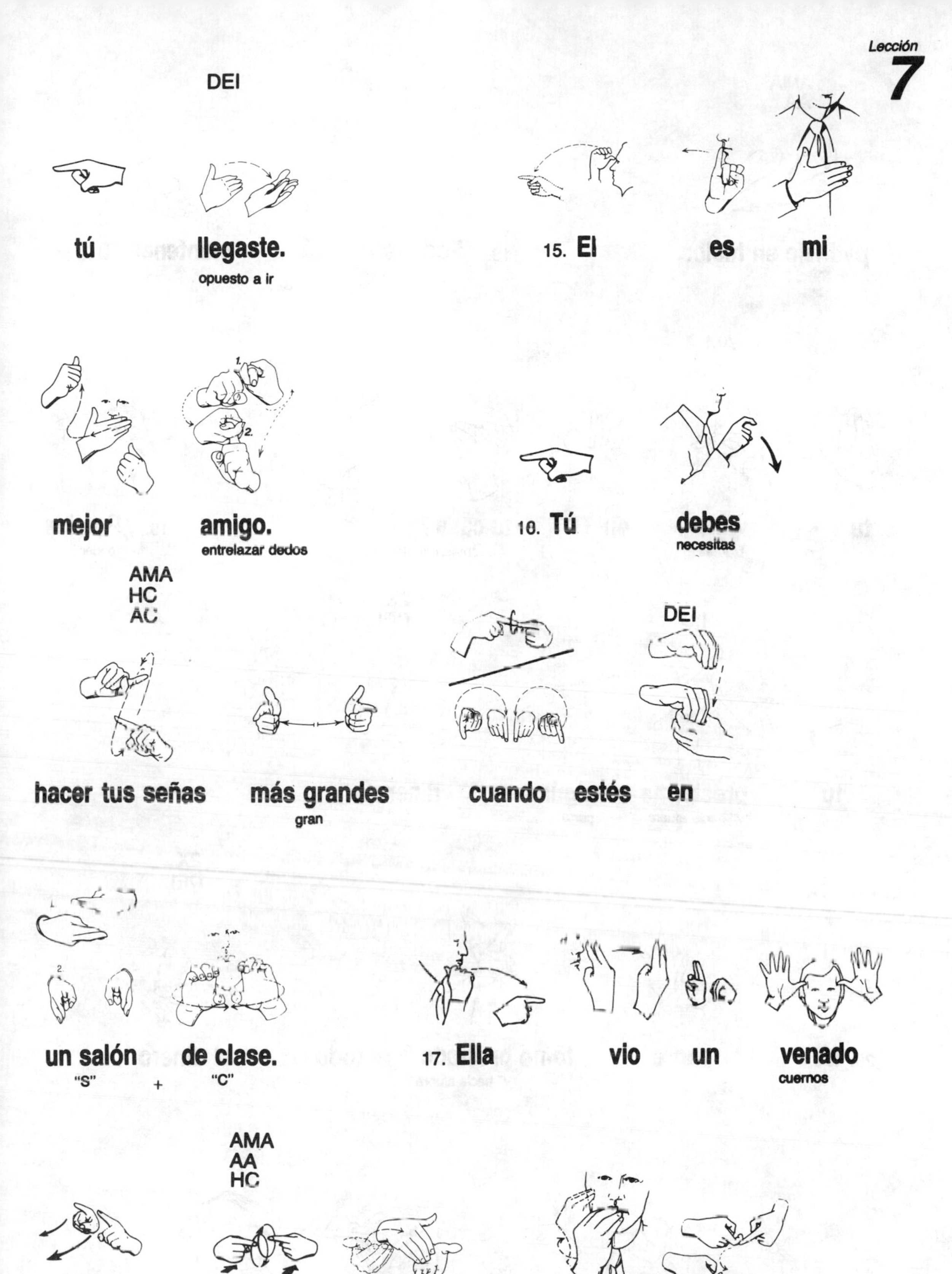
DEI
tú
llegaste.
opuesto a ir
15. El
es
mi
mejor
amigo.
entrelazar dedos
16. Tú
debes
necesitas
AMA
HC
AC
DEI
hacer tus señas
más grandes
gran
cuando
estés
en
un salón
"S"
+
de clase.
"C"
17. Ella
vio
un
venado
cuernos
AMA
AA
HC
mientras
regresaba
venir + otra vez
a
su hogar
comer, dormir
del*

AMA
AA

patinaje en hielo.

18. **¿Podrías** **tú** **mantener** **a**

AM

tu **gato** **en** **tu casa?**
bigotes — comer, dormir

19. **¿Puedes**
poder

LC — 2X DEI

tú **prestarme** **algún** **dinero?**
"V" hacia afuera — parte

2X DEI

20. **Mi** **padre** **tomó prestado** **todo** **el dinero**
"V" hacia afuera

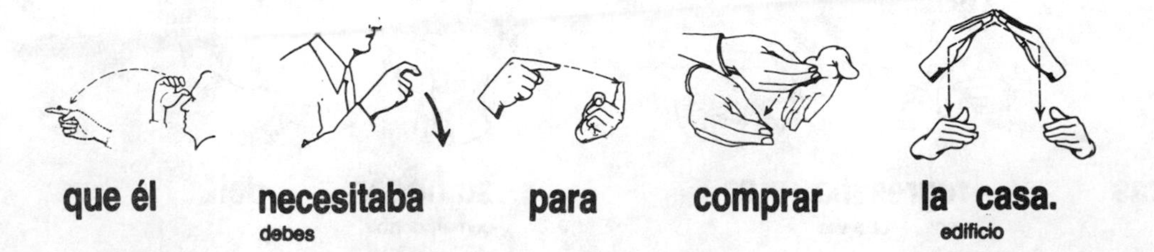

que él **necesitaba** **para** **comprar** **la casa.**
debes — edificio

Indice

Palabia	Oración	Palabia	Oración
almuerzo	3	mientras	17
alrededor de	9	mucho	6
bebida*	12	nada	12
café	2	naranja	2
carne	3	padre	13
cebollas	3	papas	3
comimos	2	patinaje en hielo	17
comiste	1	pedirle	10
corrió	9	poco	12
del	17	prestarme	19
desayuno	2	puedas	8
en	4	puedes	10
encuentre	10	queso	5
esquina	10	regresaba	17
galletas	5	salón	16
gran*	7	salsa	4
grande	7	siente	6
helado	3	té	5
huevos	2	tomates	3
llegaste	14	tomé	12
llevas	7	tomó prestado	20
madre	13	tostadas	2
María	9	tragarlo	8
más grandes	16	van	13
mejor	15	venado	17
mejor	6	vio	17

Ejercicio de palabras

ciento ciencia cielo ciempie cielito ciego miedo siendo bien cien miedo
tiesto riesgo abierto cierto ciervo cierro cierne

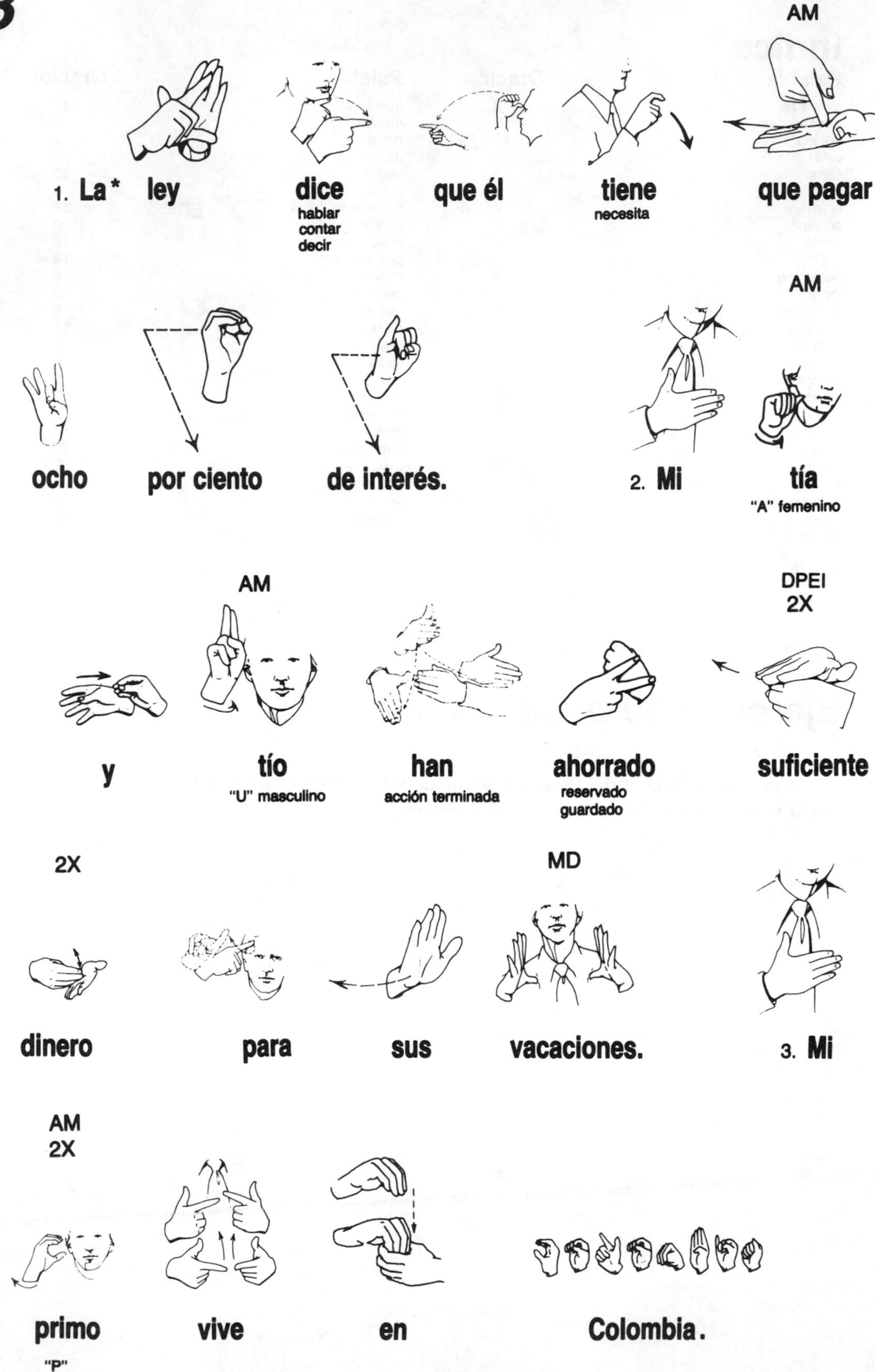
AM
1. La* ley dice que él tiene que pagar
hablar
contar
decir
necesita
AM
ocho por ciento de interés. 2. Mi tía
"A" femenino
AM
DPEI
2X
y tío han ahorrado suficiente
"U" masculino
acción terminada
reservado
guardado
2X
MD
dinero para sus vacaciones. 3. Mi
AM
2X
primo vive en Colombia.
"P"

AM AM

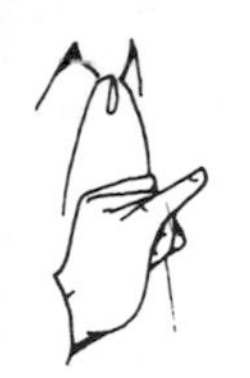     

4. **Yo** **tengo** (poseer) **doce** (palmas hacia el cuerpo) **sobrinas** ("S" femenino) **y** **sobrinos.** ("S" masculino)

   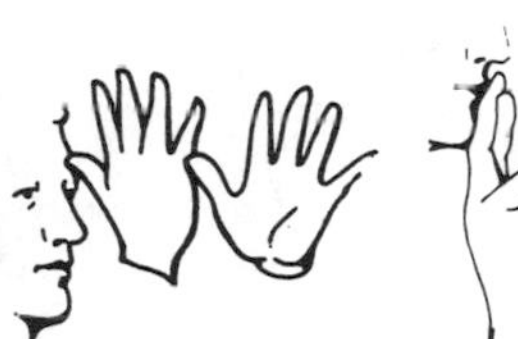 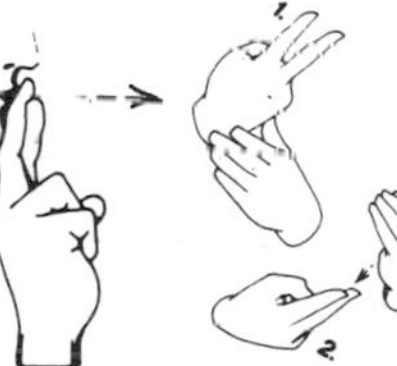

5. **Mi** **abuela** **y** **abuelo** **ambos** (pareja)

→ D DPEI

    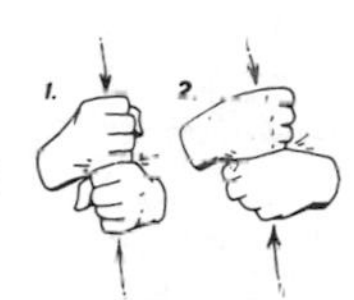

muertos. (virar) 6. **A mí** **me gusta** (disfrutar placer) **ensalada** **hecha**

DPEI 2X

  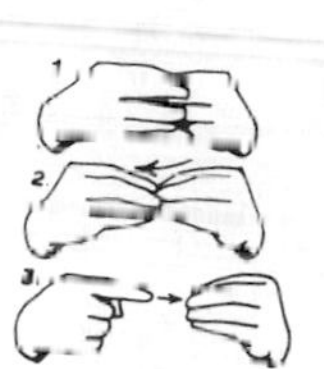 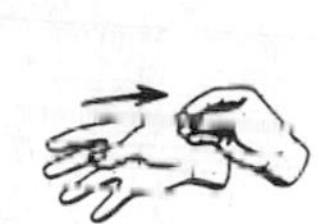 

con **uvas,** **peras** **y** **melocotones.** (peluza en la cara)

AM AMA

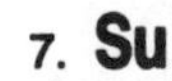 

7. **Su** **sobrino** ("S" masculino) **es** **Cuáquero.** (entrelazar y mover los pulgares)

HC   AM → D

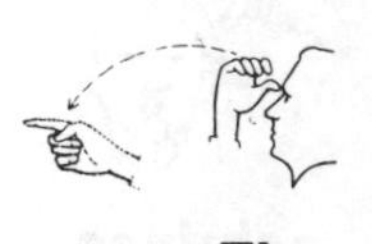  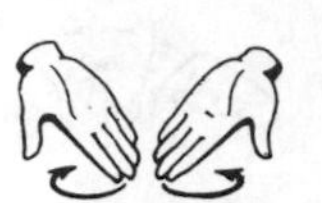  

8. **El** **vino** (opuesto a ir) **aquí** **desde** **Francia.**

DSC

 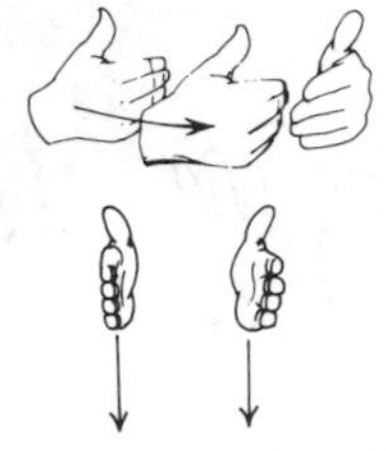 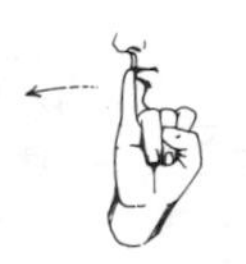   

9. **Mi** **vecino** ("cerca de la persona") **es** **un** **íntimo** (cercano) **amigo**

DSC   DPEI

 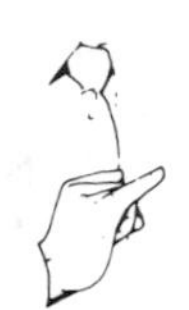 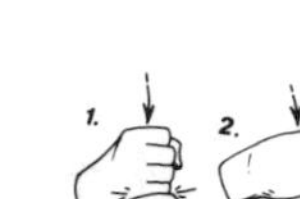  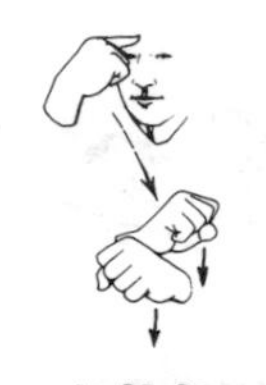

mío.

10. **Yo** **hago** **un** **hábito** (mente cauterizada)

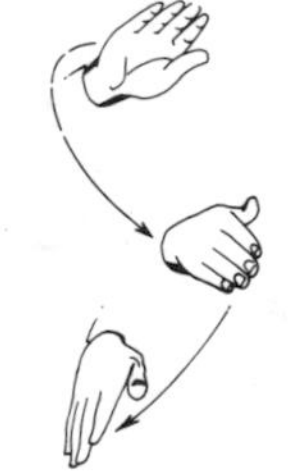 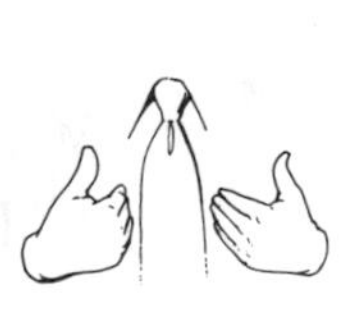 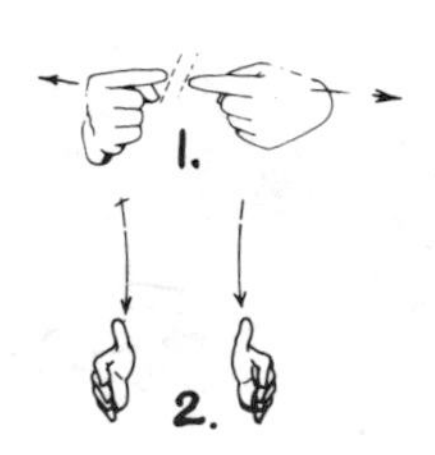 

de nunca **tener** **enemigos.**

11. **Ayer**

CR

   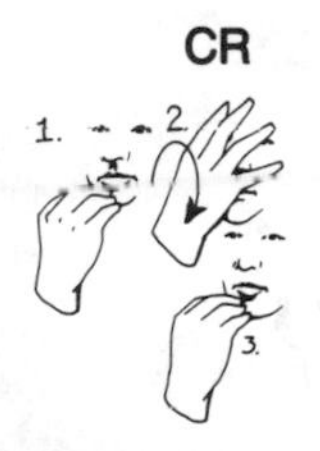

fue **un** **día** **precioso.**
bonito
hermoso
bello

CR AMA

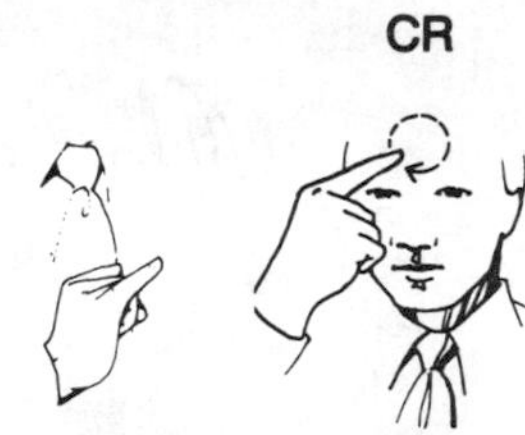

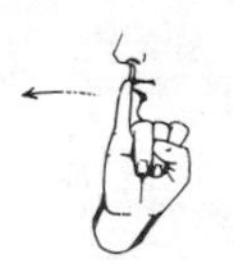

12. Yo creo que la fotografía es fea.

"C" (la fotografía)

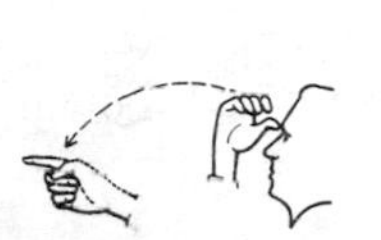

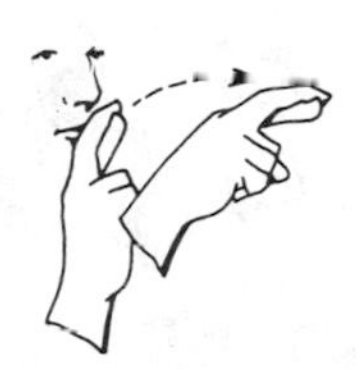

13. El es un verdadero caballero y

"R" (verdadero) — hombre + enlaces (caballero)

D

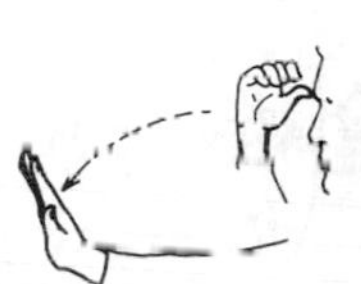

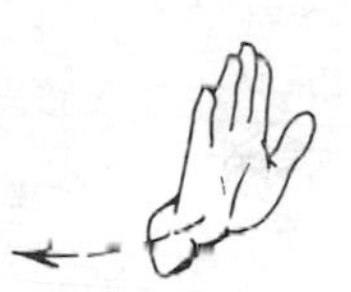

su esposa una verdadera dama. 14. Sus

mujer + casada (esposa) — mujer + enlaces (dama)

HC 2X

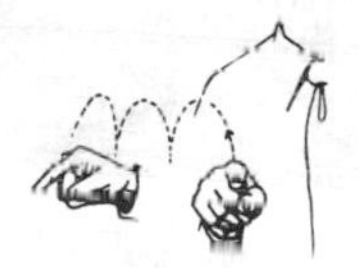

padres vinieron de Canada. 15. Ellos

"P" barbilla, cabeza (padres) — opuesto a ir (vinieron) — solapa (Canada)

AMA
HC AMA

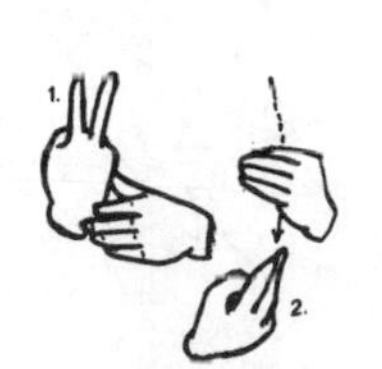

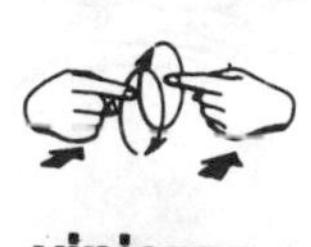

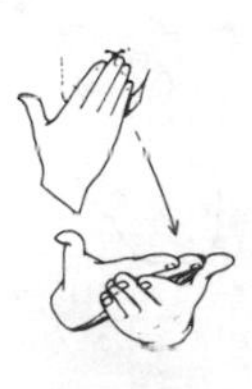

ambos vinieron de buenas familias.

pareja (ambos) — opuesto a ir (vinieron) — "F" clase (familias)

16. Yo
entiendo
luz se enciende
que
ella
era
su
CR
AC
F → D
DI
única
hija.
cabezas de niños
17. Ellos
se quedaron
continuaron
después
MD
AMD
AMA
AC
que
la*
campana
sonó.
18. La mayoría
de las personas
gente
"P"
I → C
F → D
se fueron
tan
pronto
corto
se terminó
acabó
la reunión.
servicio
DPEI
ISD
CR
19. Asegúrate
de
que
tus
manos
tocar una vez
y
cara

DPEI

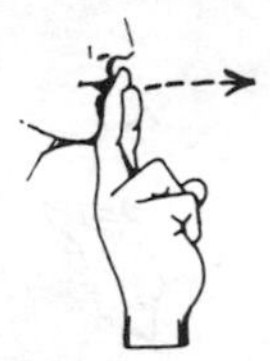

estén **limpias.**

DPEI

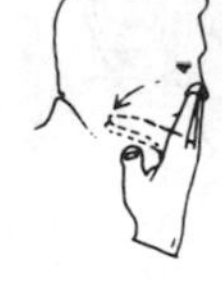

20. **La semana** **pasada** **tus**

último

I → D

MD

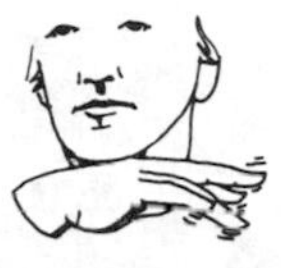

pies **estaban** **sucios.**

Indice

Ejercicio de palabras

verás vendrán vienes venir ven vengo vas averigua viento verbo verbal vereda versión verter vestido vestal vestir

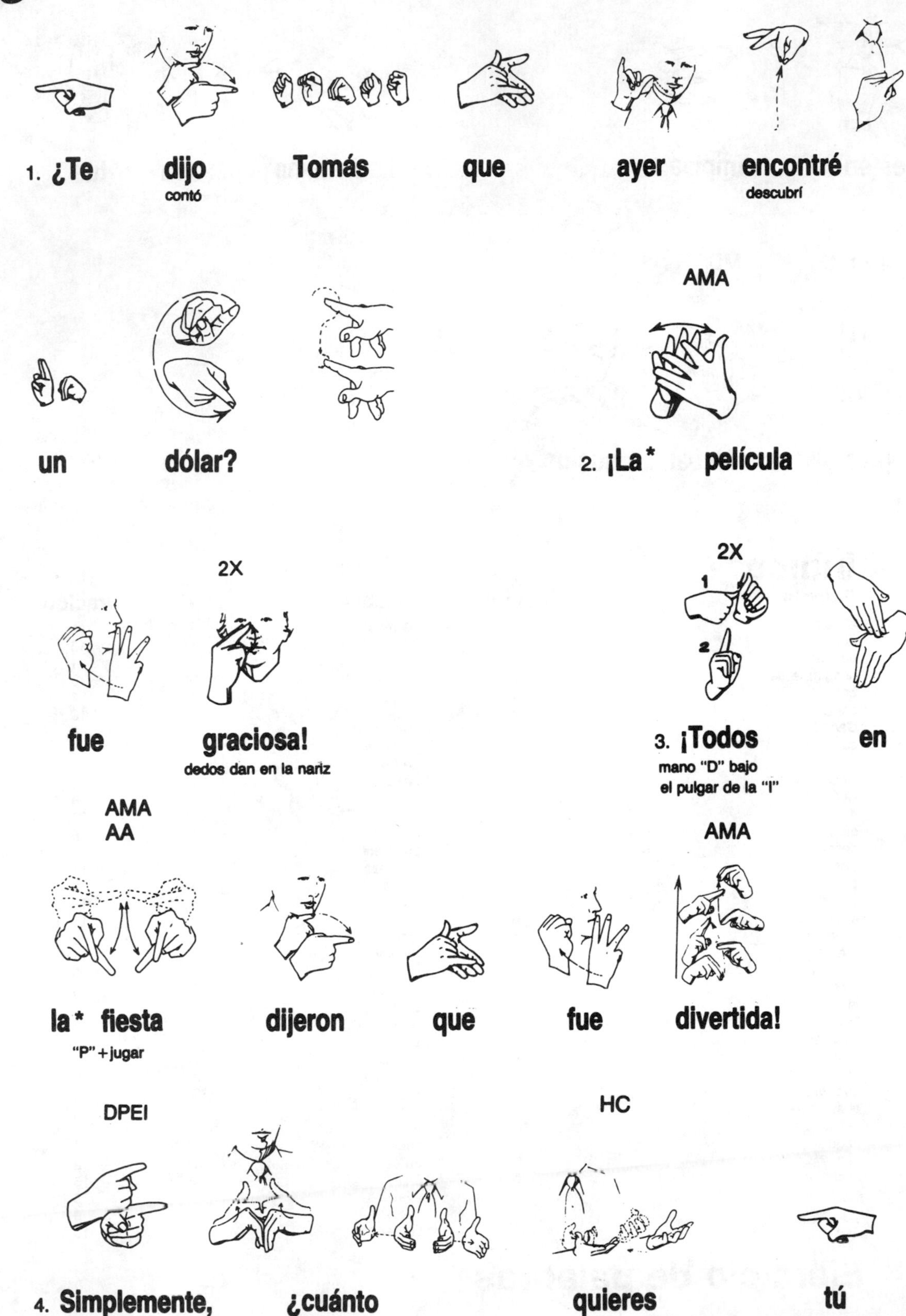
1. ¿Te
dijo
contó
Tomás
que
ayer
encontré
descubrí
un
dólar?
AMA
2. ¡La* película
2X
fue
graciosa!
dedos dan en la nariz
2X
1
2
3. ¡Todos
mano "D" bajo
el pulgar de la "I"
en
AMA
AA
la* fiesta
"P" + jugar
dijeron
que
fue
AMA
divertida!
DPEI
4. Simplemente,
correctamente
¿cuánto
HC
quieres
tú

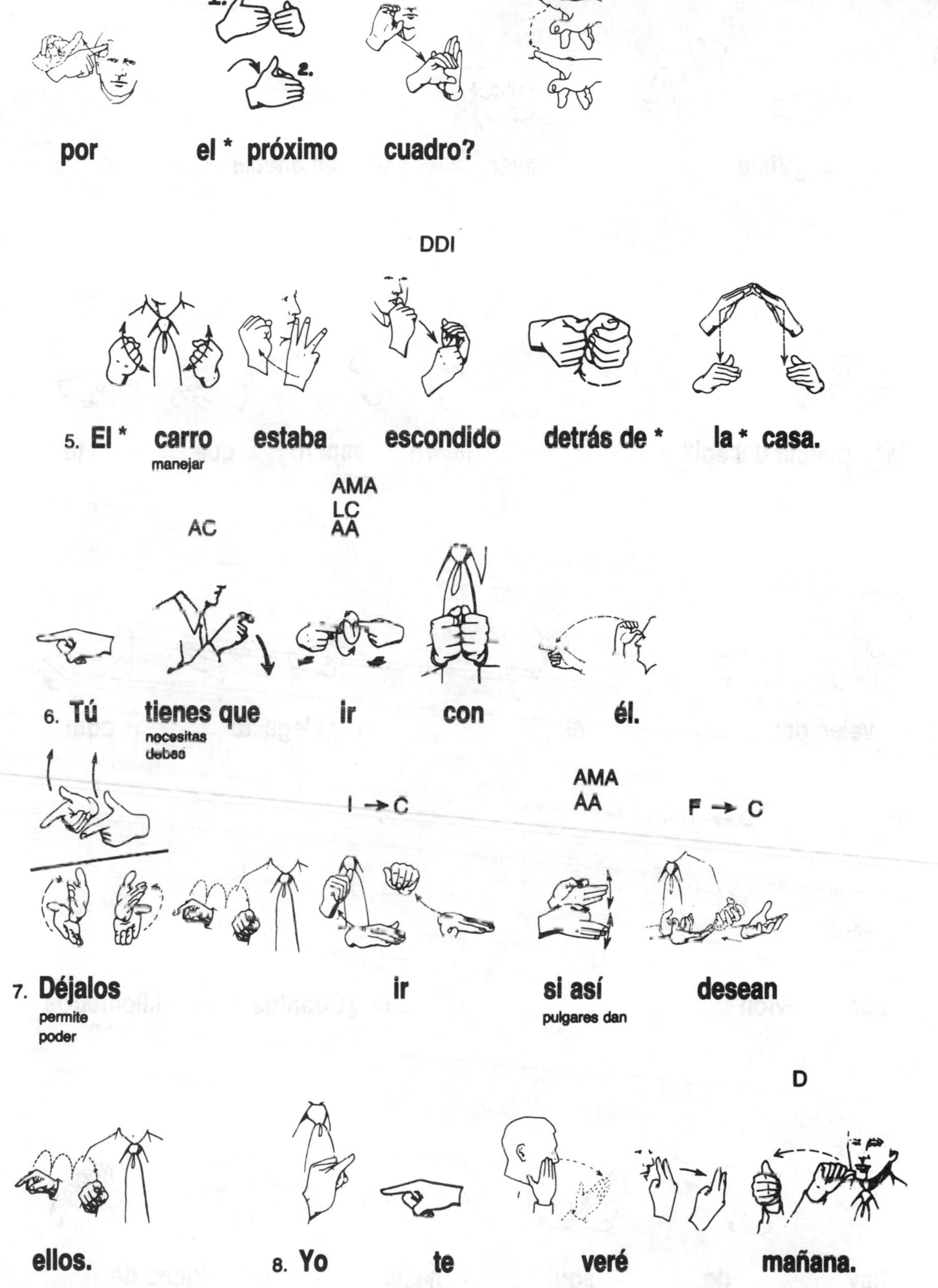
1.
2.
por
el * próximo
cuadro?
DDI
5. El *
carro
manejar
estaba
escondido
detrás de *
la * casa.
AC
AMA
LC
AA
6. Tú
tienes que
necesitas
debes
ir
con
él.
I → C
AMA
AA
F → C
7. Déjalos
permite
poder
ir
si así
pulgares dan
desean
D
ellos.
8. Yo
te
veré
mañana.

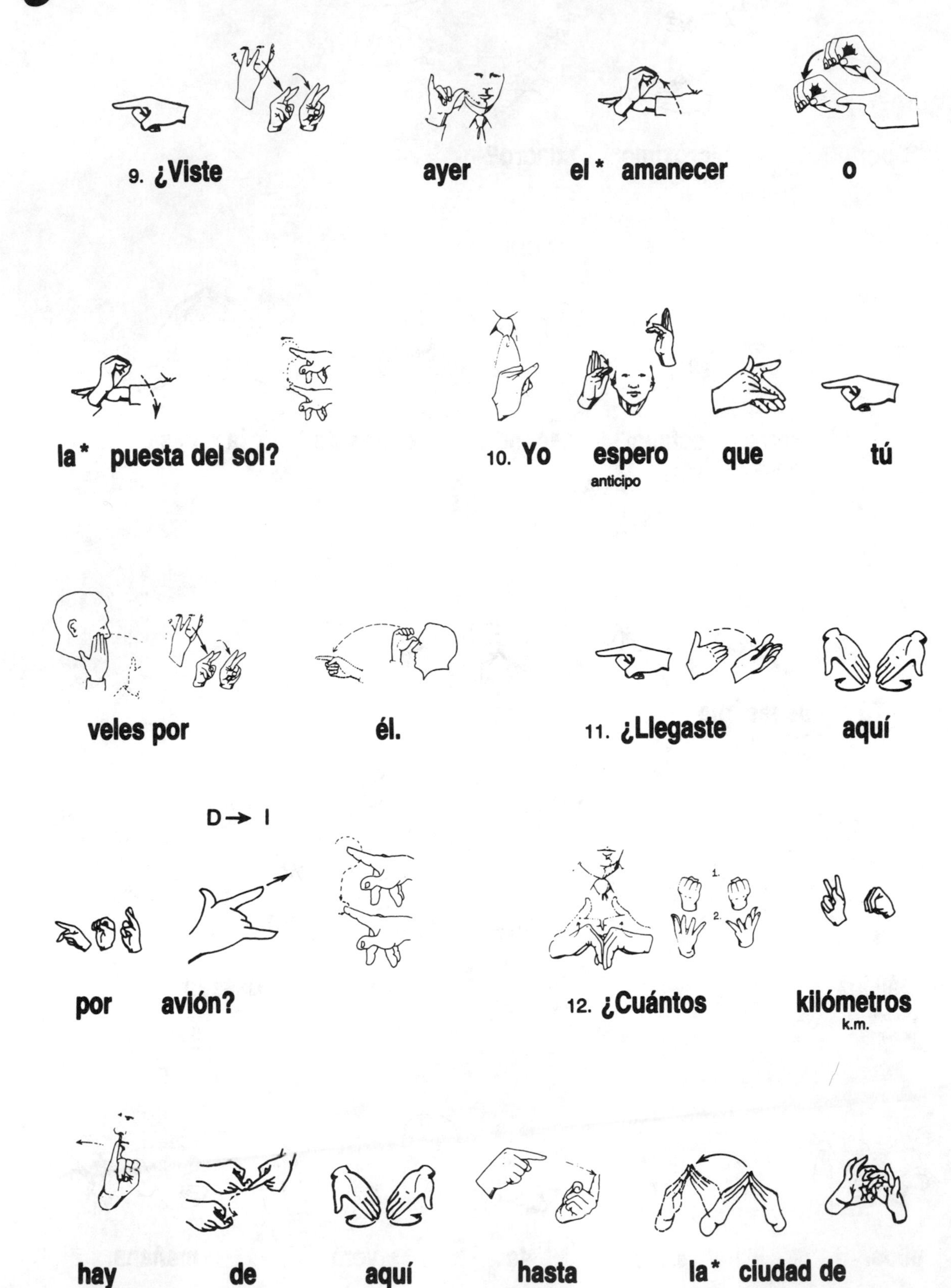
9. ¿Viste
ayer
el * amanecer
o
la * puesta del sol?
10. Yo
espero
anticipo
que
tú
veles por
él.
11. ¿Llegaste
aquí
D→ I
por
avión?
12. ¿Cuántos
kilómetros
k.m.
hay
de
aquí
hasta
la * ciudad de

San Juan?

F → D

AM

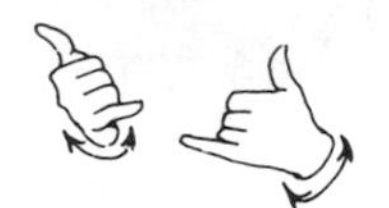

CR

13. **Los * niños** — dar en la cabeza de niños **juegan** — "Y" **juntos.** — con, círculo hacia el reloz

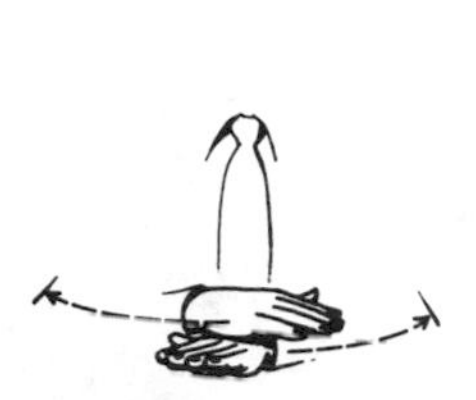

D

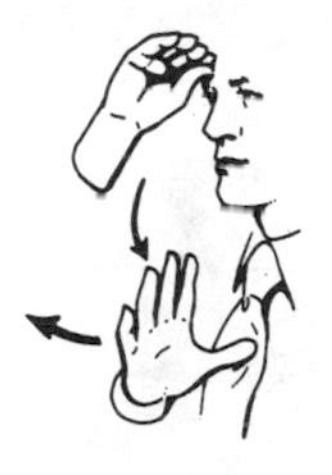

14. **¡A mí no me agrada ese hombre!**

I → C

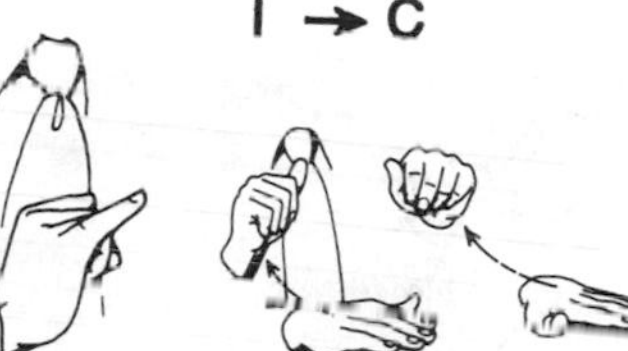

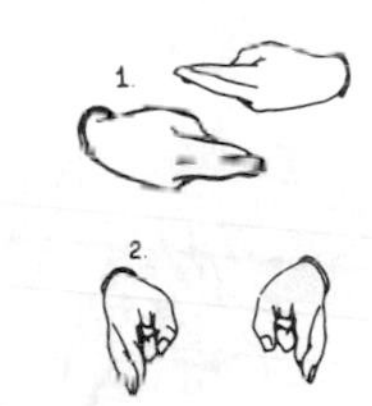

15. **En el * momento en que me fui del * salón,**

AMA
AM

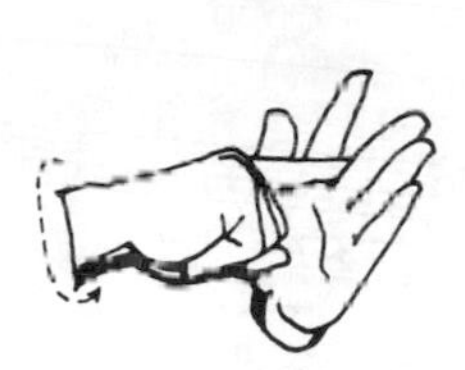

2X
AA

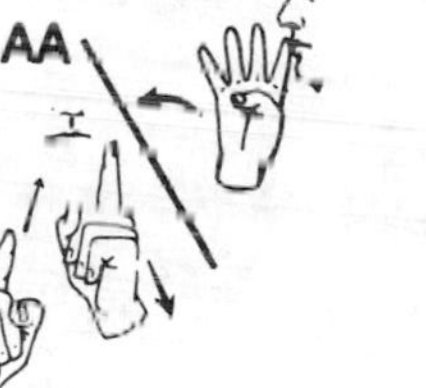

él comenzó — empezar **a hablar.**

16. **Las * horas**

AM

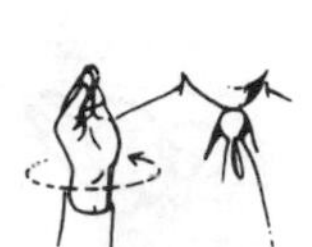

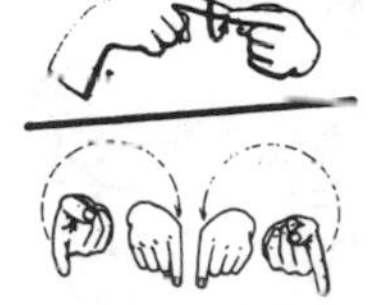

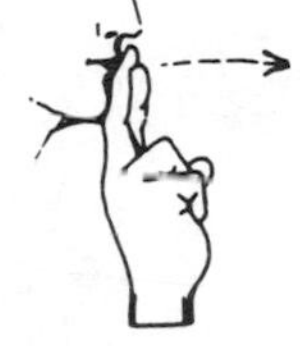

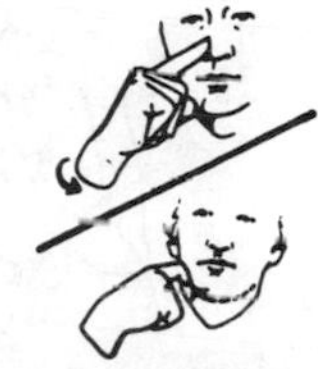

parecen días cuando tú estás aburrido. — secar la barbilla

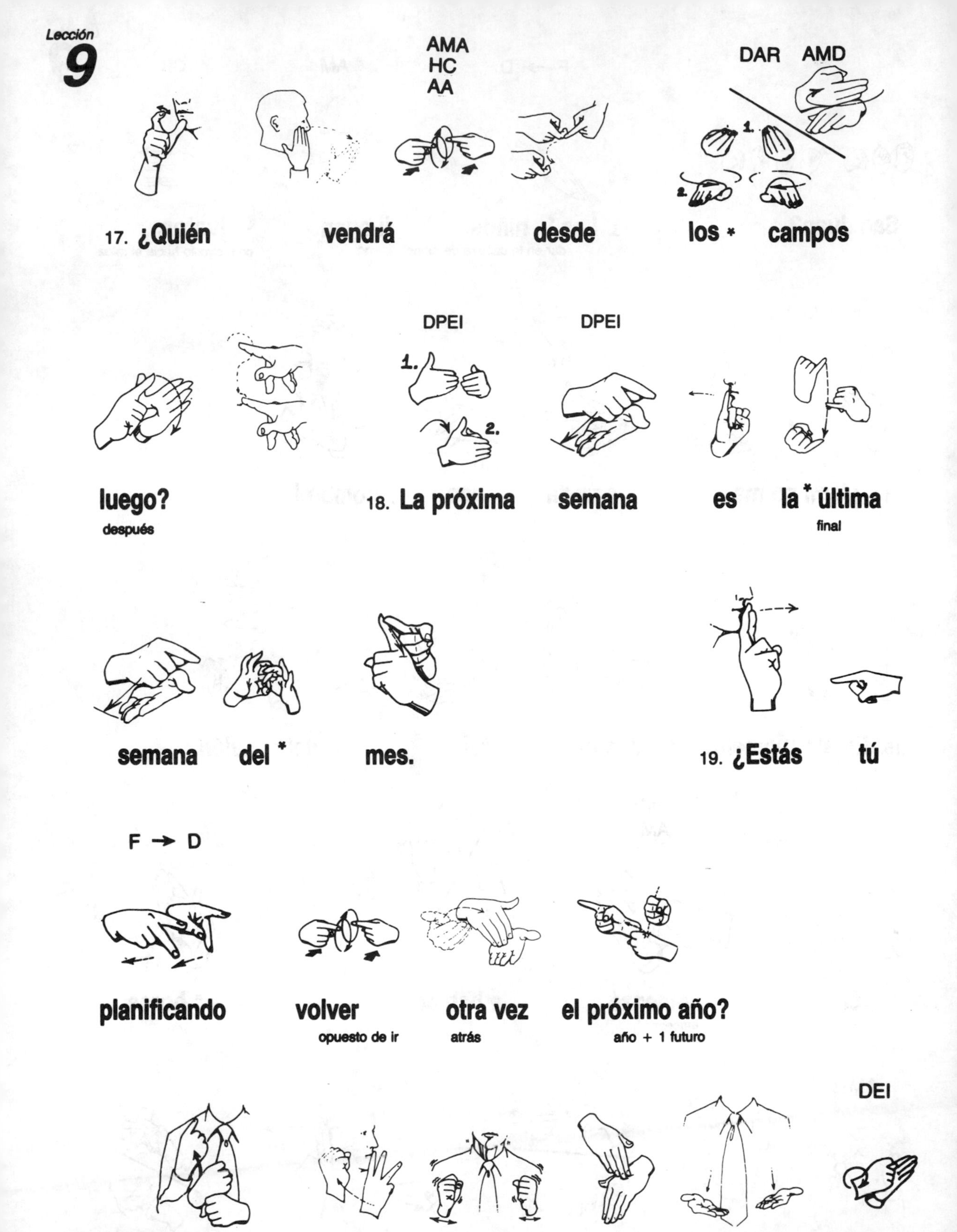
Lección
9
AMA
HC
AA
DAR AMD
1.
2.
17. ¿Quién vendrá desde los * campos
DPEI
DPEI
1.
2.
luego?
después
18. La próxima semana es la * última
final
semana del * mes.
19. ¿Estás tú
F → D
planificando volver otra vez el próximo año?
opuesto de ir
atrás
año + 1 futuro
DEI

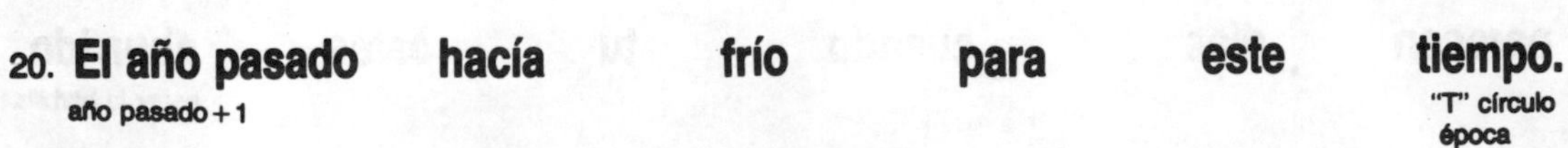
20. El año pasado hacía frío para este tiempo.
año pasado + 1
"T" círculo
época

Indice

Palabra	Oración
aburrido	16
agrada	14
amanecer	9
año pasado	20
anticipo*	10
atrás*	19
campos	17
carro	5
comenzó	15
cuadro	4
cuánto	4
cuántos	12
déjalos	7
descubrí*	1
desean	7
detrás	5
divertida	3
dólar	1
empezar*	15
encontré	1
época*	20
escondido	5
espero	10
fiesta	3
final*	18
frío	20
fui	15
graciosa	2
hacía	20
hasta	12
hay	12
hombre	14
horas	16
ir	7
juegan	13
juntos	13
kilómetros	12
luego	17
manejar*	5
mes	18
momento	15
para	20
película	2
próximo	4
próximo año	19
puesta del sol	9
quién	17
San Juan	12
si así	7
simplemente	4
tiempo	20
todos	3
última	18
veces por	10
vendrá	17
veré	8
viste	9
volver	19

Ejercicio de palabras

bueno cuervo muerto muerta nuevo suelo suego llueve suerte suena
muelle muela mueve cuenta puerca puerta cueva llueva

1. **Hace un año atrás,** **para este tiempo,** **el * clima** **estaba**
año + uno pasado — ahora - día

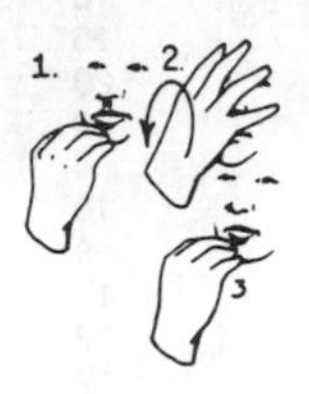
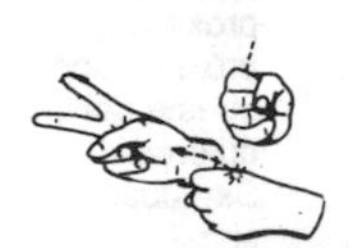
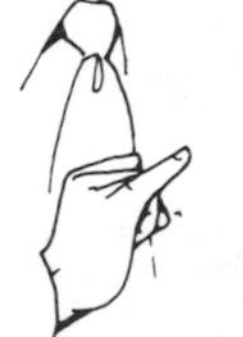
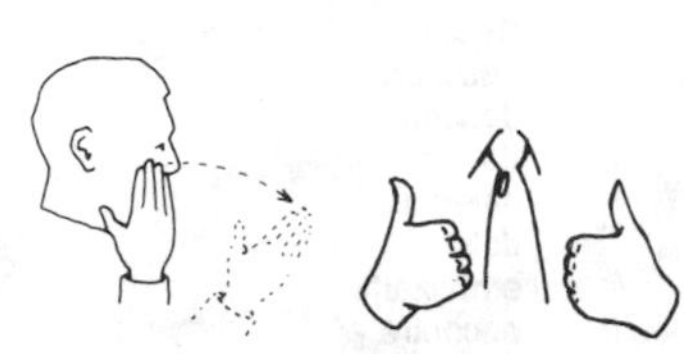

precioso. 2. **Dentro de dos años** **yo** **tendré**
años + 2 + futuro

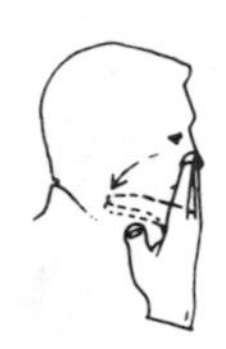
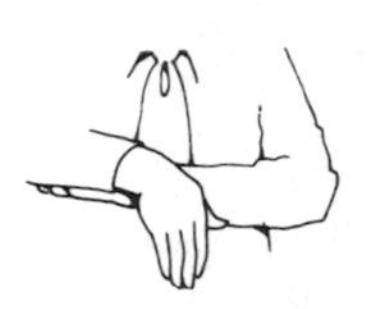
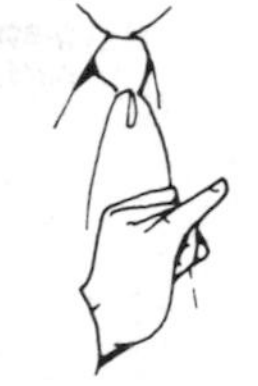

20 **años** **de edad.** 3. **Anoche** **yo**
barba

I → C

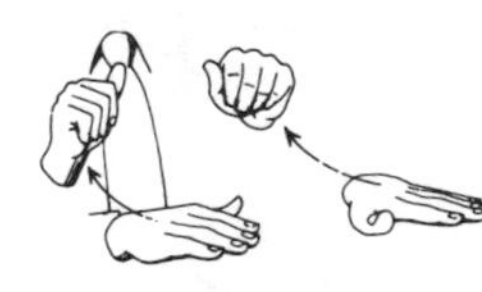

los **vi** **irse** **juntos.**
salir

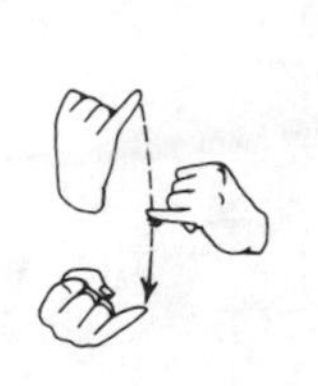
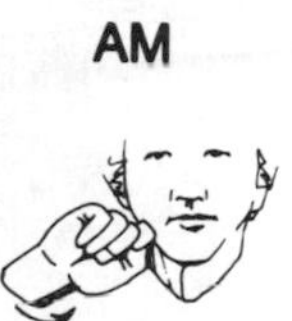

4. **Dame** **la* última** **manzana.**
final

D

  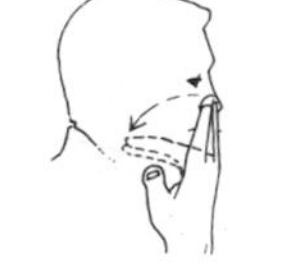 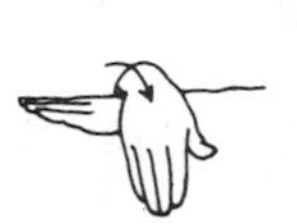 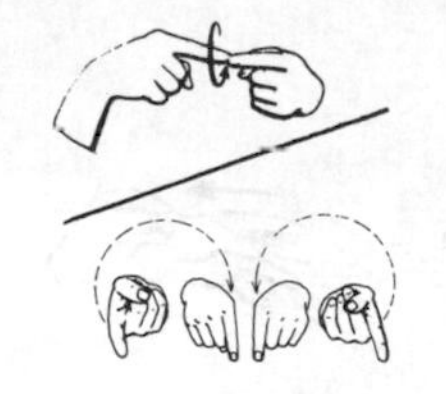 

5. ¿Te afeitaste anoche?
"Y" bajando por la cara

6. ¿Cuando te

AC
D

 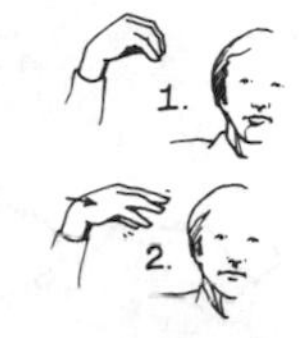 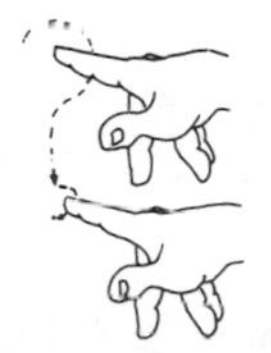

bañaste (duchaste)?
"A" sobre pecho

7. ¿ Te cepillaste los dientes

DSI

antes del desayuno?
cepillaste comer, mañana

D

8. ¡Tu cabello parece

2X D

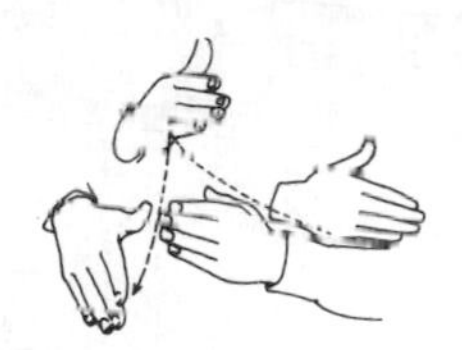  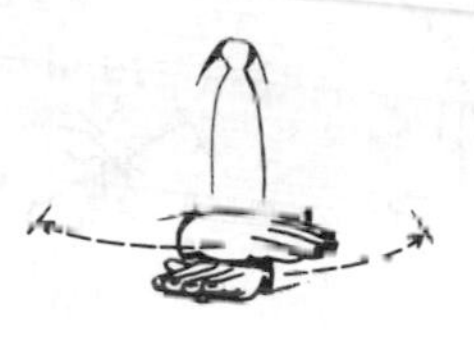 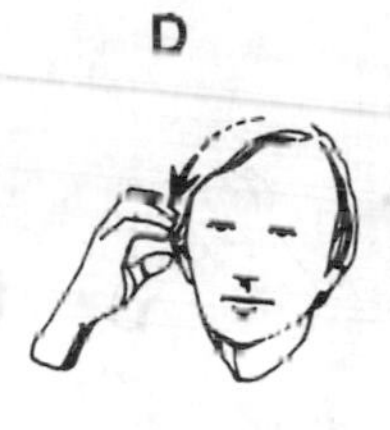

que hace meses que no lo peinas!
garra, mano

DEI AMA AMA

   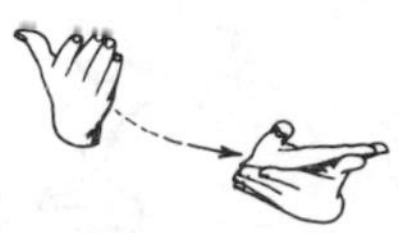  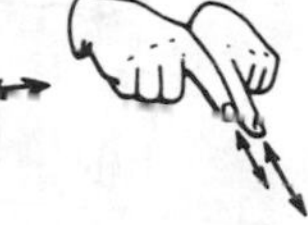

9. Por favor llévate tus nuevos zapatos, medias,
gustar
disfrutar
placer

CR
AC

abrigo **y** **corbata.** 10. **Tú** **solamente** **eres**
solapa dos dedos

2X

un **hombre** **joven.** 11. **Cuéntame**
decir

2X DSI AM

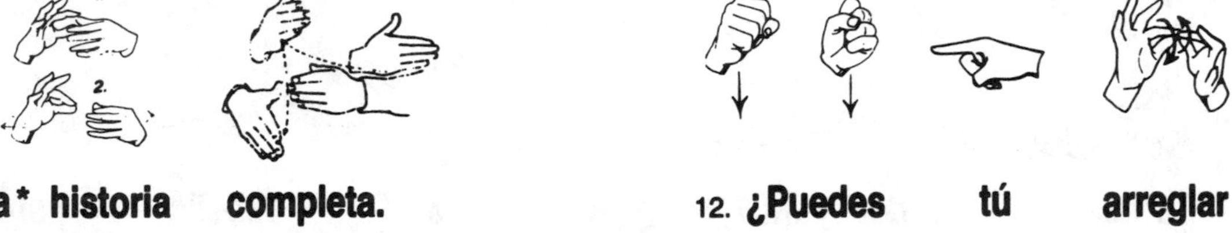

la* **historia** **completa.** 12. **¿Puedes** **tú** **arreglar**

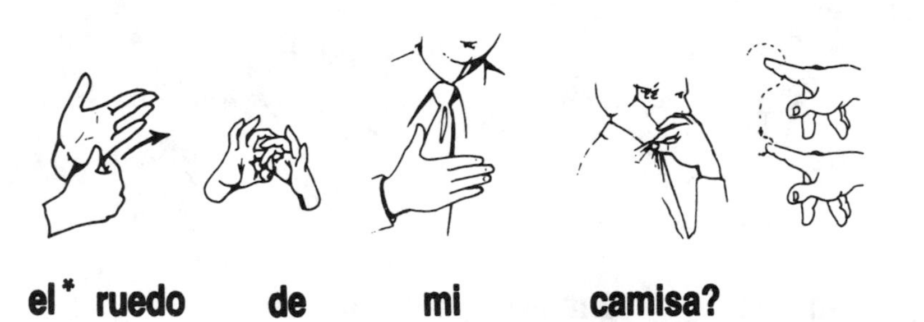

el* **ruedo** **de** **mi** **camisa?**
jalar dos veces

F → I DPEI

13. **El*** **cuarto** **fue** **dejado** **vacío.**
desnudo

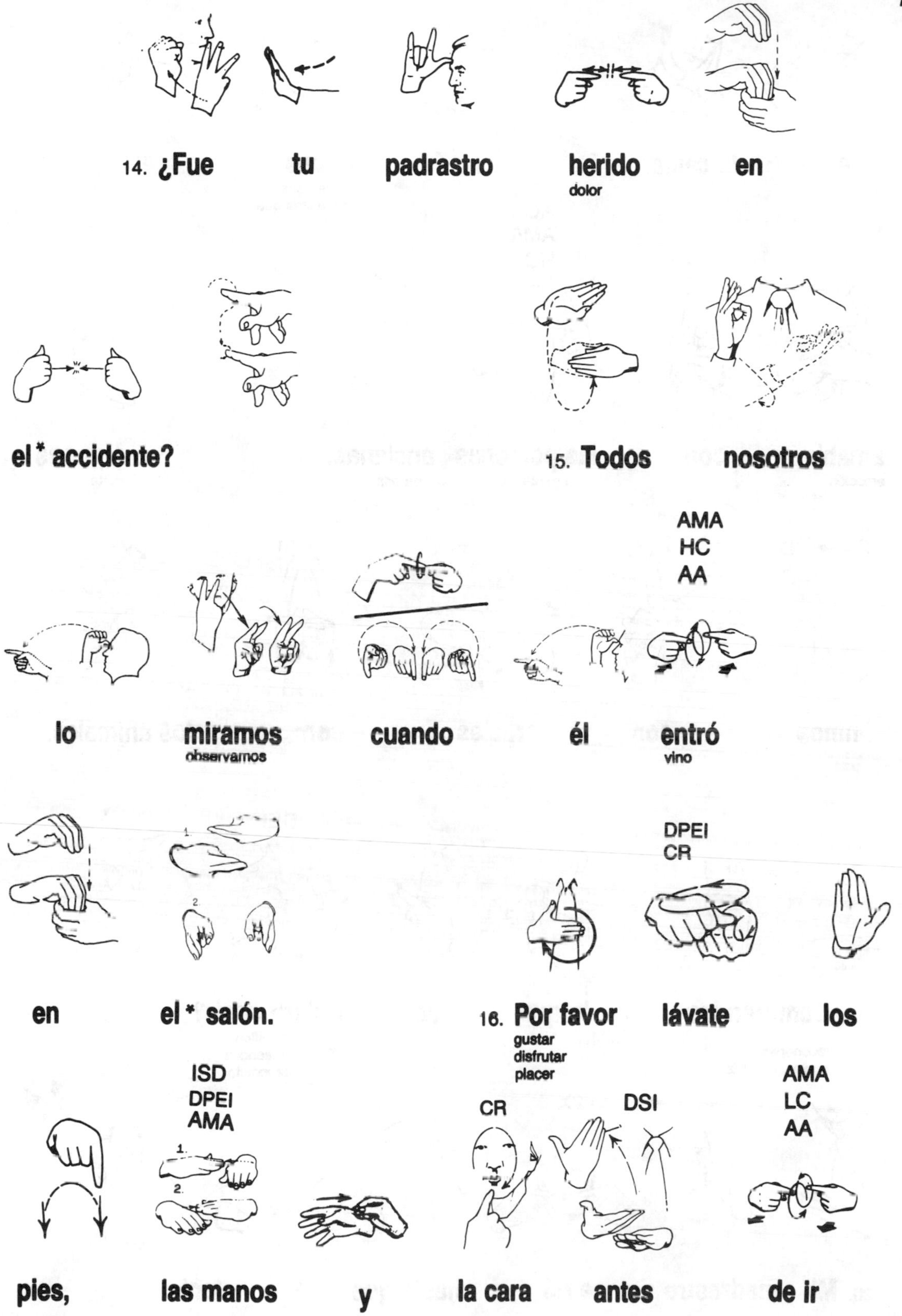
DEI
14. ¿Fue tu padrastro herido en
dolor
el* accidente?
15. Todos nosotros
AMA
HC
AA
lo miramos cuando él entró
observamos
vino
DPEI
CR
en el* salón.
16. Por favor lávate los
gustar
disfrutar
placer
ISD
DPEI
AMA
CR
DSI
AMA
LC
AA
1.
2.
pies, las manos y la cara antes de ir

AC
a
la cama.
17. Tú
debes
tienes que
necesitas que
ser
AC
AMA
HC
amable
emoción
con
las personas
la gente
"P"
ancianas.
de edad
18. Algunos
parte
F → D
niños
son
crueles
con
2X
los animales.
D
19. ¿Comprendes
reconoces
enciende la luz
lo que
yo
DEI
quiero decir?
significa
entiendes
propósito
1.
2.
20. Mi
madrastra
2X
se rió
hasta que
lloró.
sollozar

Indice

Palabia	Oración
abrigo	9
accidente	14
afeitaste	5
amable	17
ancianas	17
anoche	3
años dentro de dos	2
antes	7
arreglar	12
atrás, hace un año	1
bañaste	6
cabello	8
cama	16
camisa	12
cepillaste los dientes	7
clima	1
completa	11
corbata	9
crueles	18
cuarto	13
dame	4
dejado	13
desnudo*	13
dolor*	14
duchaste	6
entiendes*	19
entró	15
hace	8
hasta que	20
herido	14
hombre	10
irse	3
joven	10
la gente*	17
lávate	16
llévate	9
lloró	20
madrastra	20
manos	16
manzana	4
medias	9
miramos	15
nuevos	9
observamos*	15
padrastro	14
parece	8
peinas	8
propósito*	19
quiero decir	19
reconoces*	19
ruedo	12
se rió	20
ser	17
significa*	19
solamente	10
sollozar*	20
tendré	2
vació	13
zapatos	9

Ejercicio de palabras

corre carro burro verruga verrón parrilla párrogo párrafo morro narrar narrador morrón morriña marrón marroca marrullo

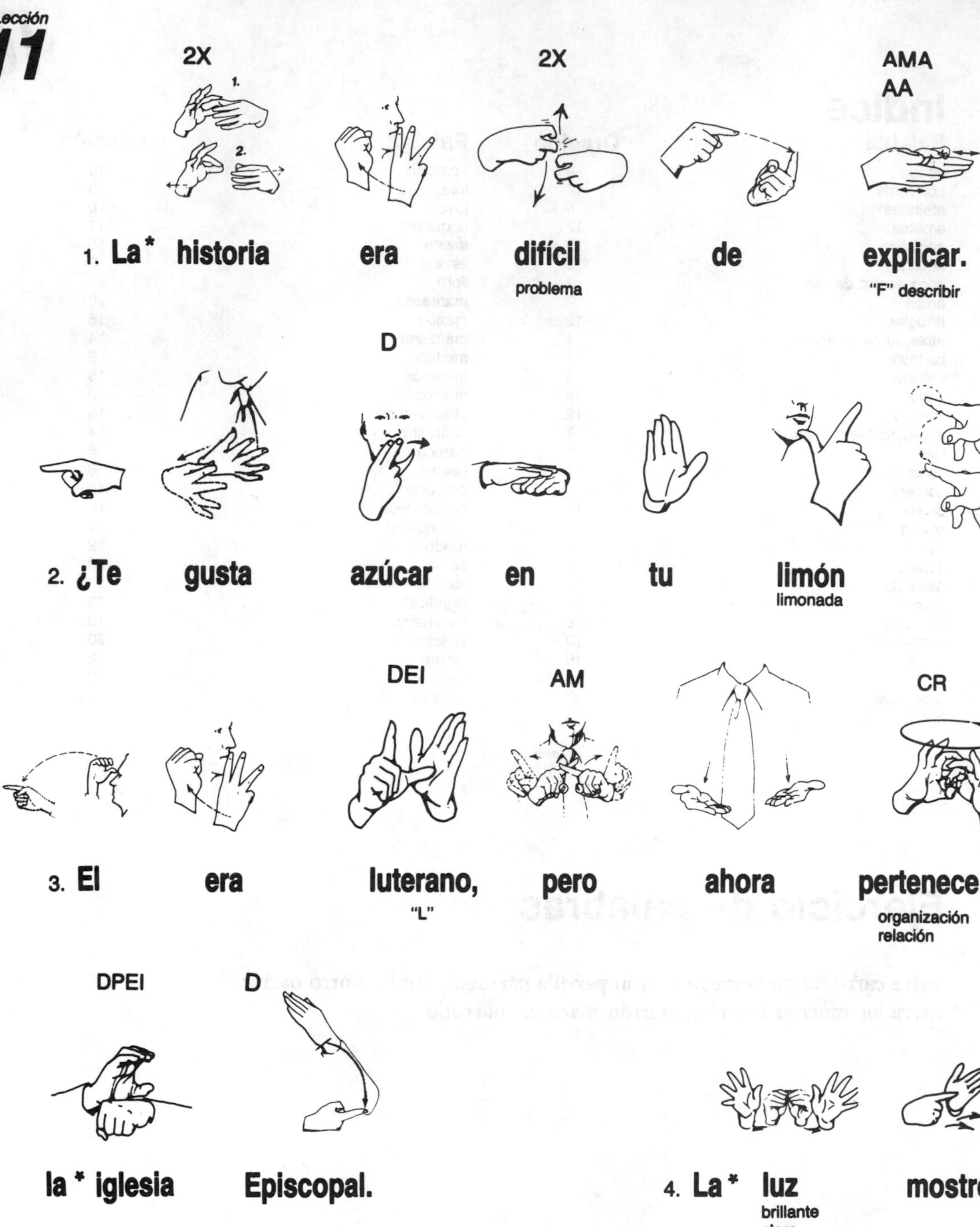

1. La* historia era difícil de explicar.
problema
"F" describir

2. ¿Te gusta azúcar en tu limón
limonada

3. El era luterano, pero ahora pertenece a
"L"
organización
relación

la* iglesia Episcopal.

4. La* luz mostró
brillante
claro
enciende la luz

el* camino.

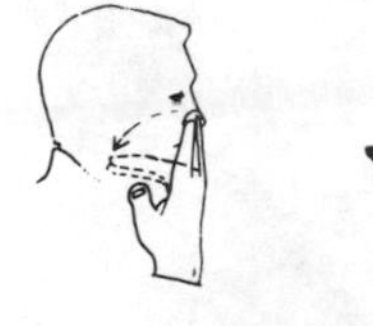

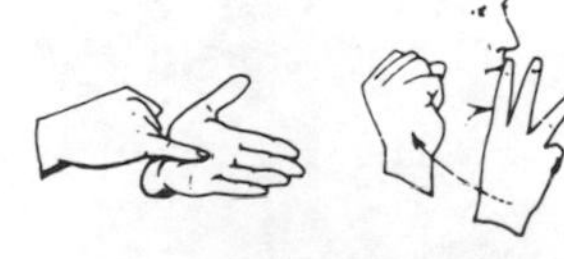

5. Anoche estaba

AMA

muy "V" oscuro.

6. Yo vivo en

DPEI

Springfield, Mo.

7. ¿Cuál es la dirección de tu
"A" como "vivir"

hogar?
comer, dormir

8. ¿Cuánto tiempo hace

D

que tú vives ahí?
allí

9. El * tiempo es
reloj

DPEI

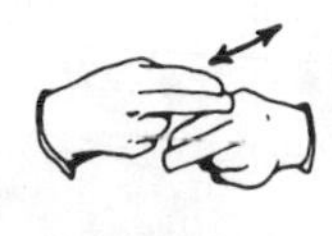

corto.
pronto

AA

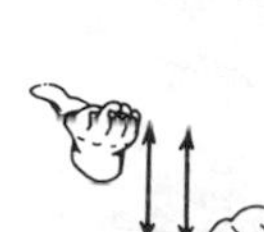

10. A lo mejor tú
posible

AC

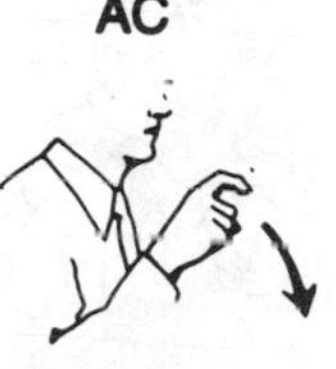

debes
necesita
tiene

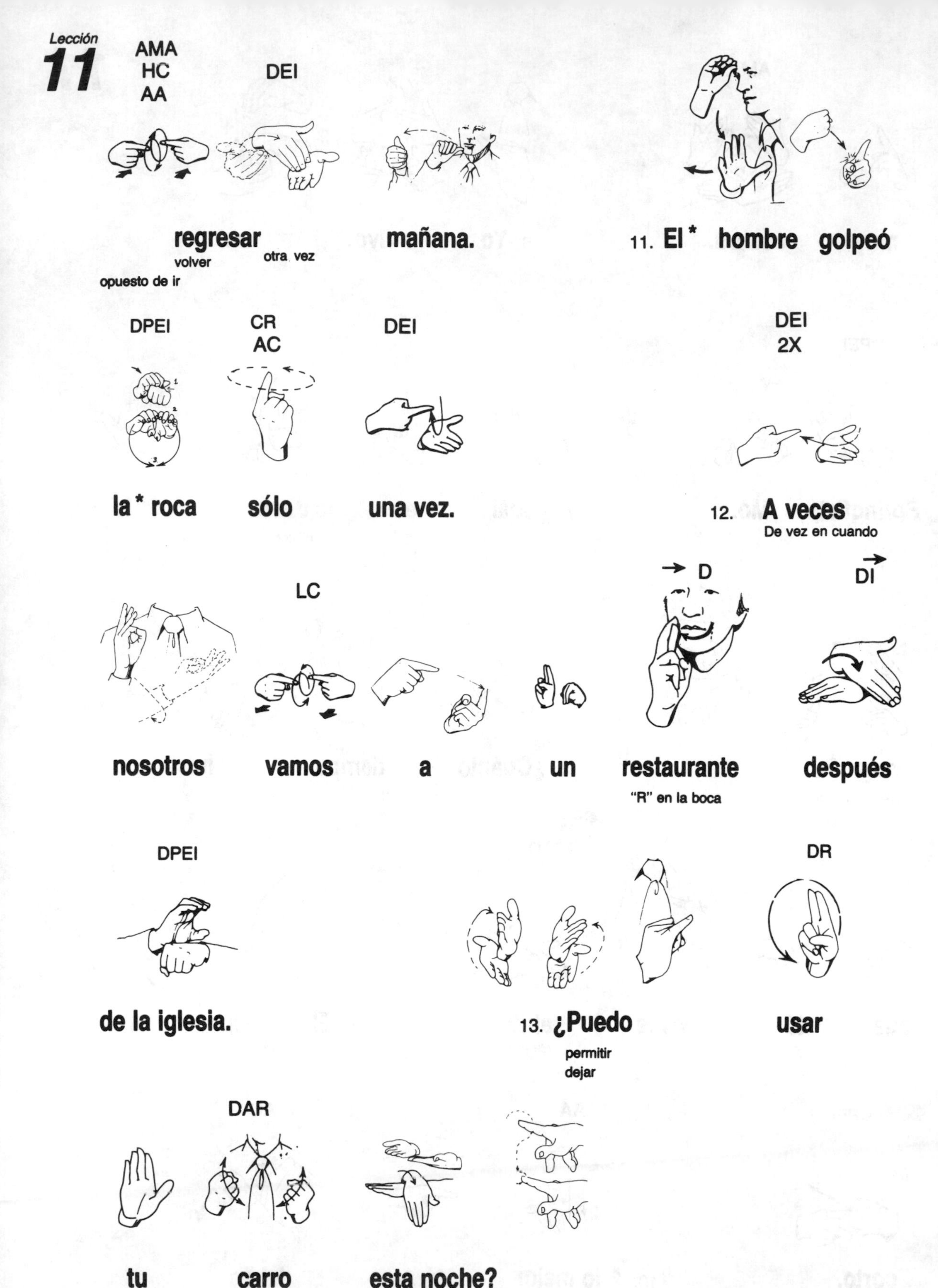
AMA
HC
AA
DEI
regresar
volver
otra vez
opuesto de ir
mañana.
11. El * hombre golpeó
DPEI
CR
AC
DEI
DEI
2X
la * roca
sólo
una vez.
12. A veces
De vez en cuando
LC
D
DI
nosotros
vamos
a
un
restaurante
"R" en la boca
después
DPEI
DR
de la iglesia.
13. ¿Puedo
permitir
dejar
usar
DAR
tu
carro
manejar
esta noche?
ahora + noche

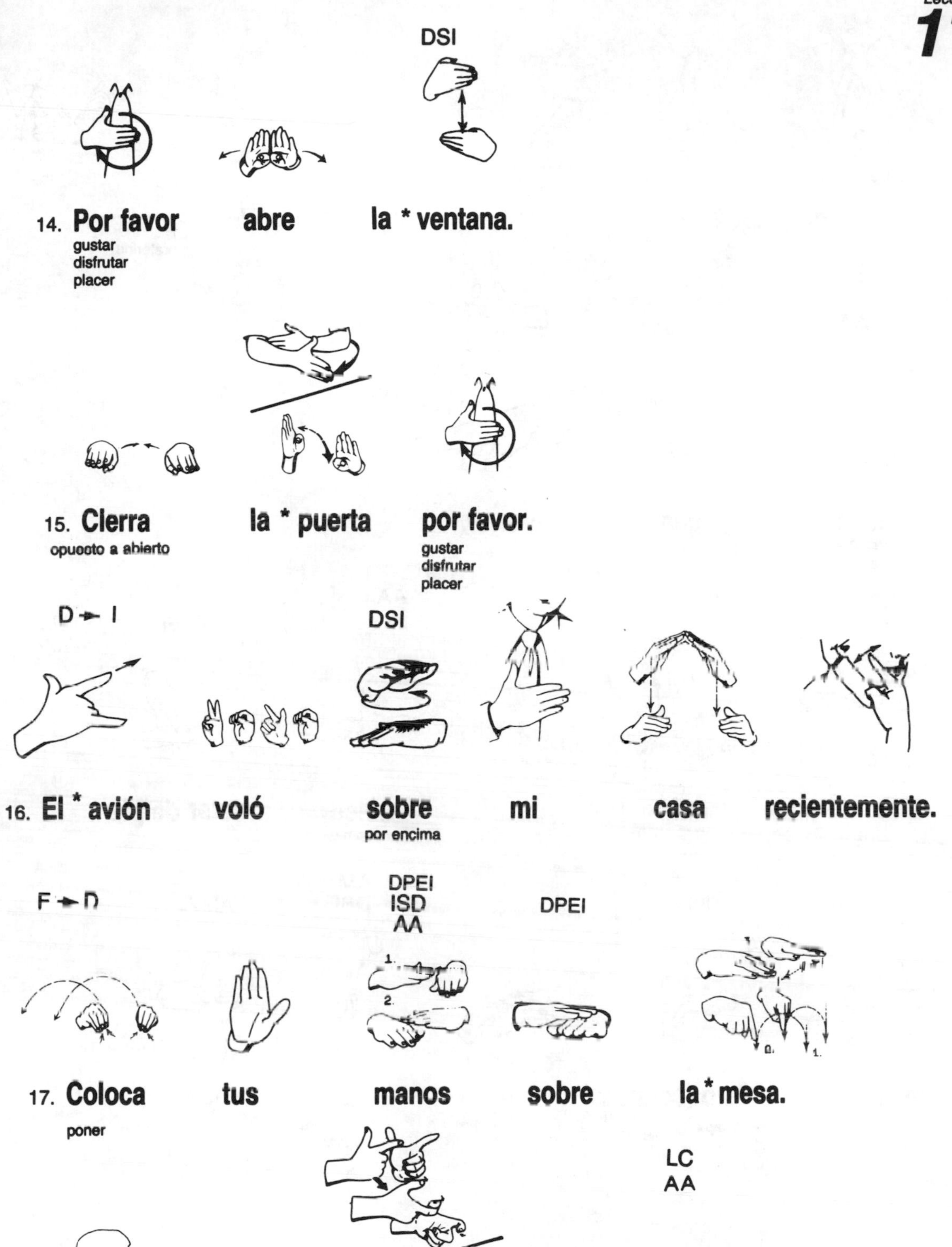

DSI
14. Por favor abre la * ventana.
gustar
disfrutar
placer
15. Cierra la * puerta por favor.
opuesto a abierto
gustar
disfrutar
placer
D → I
DSI
16. El * avión voló sobre mi casa recientemente.
por encima
F → D
DPEI
ISD
AA
DPEI
1.
2.
17. Coloca tus manos sobre la * mesa.
poner

LC
AA

18. ¿Podrías tú correr una carrera

competir
competencia

conmigo?

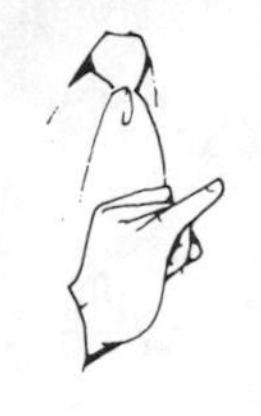 

19. **Yo** **prefiero**
preferiría

AA

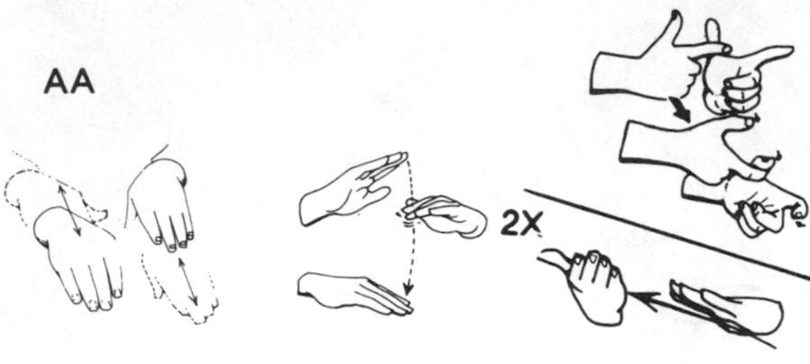

andar **que** **correr.**
caminar
pasos

AA
2X

DPEI

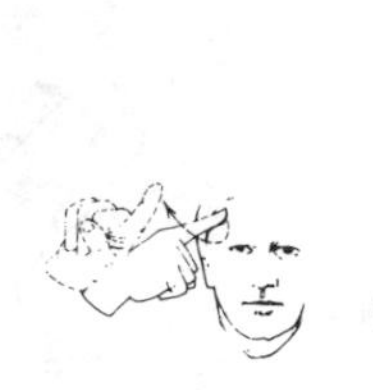   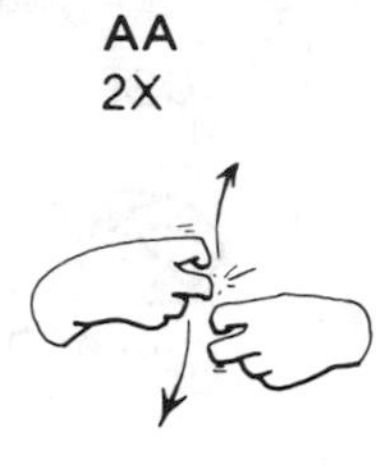 

20. **Para** **mí** **es** **difícil** **estar de pie**
problemas

DPEI

AM
DSI

AMAI

mientras **enlato (comidas)** **y** **lavo** **ropa.**
cerrar tapa
lavadora
agitar

Indice

Palabia	Oración	Palabia	Oración
a lo mejor	10	golpeó	11
abre	14	hace	8
ahí	8	lavo	20
andar	19	limón	2
azúcar	2	luz	4
brillante*	4	muy	5
caminar*	19	organización*	3
camino	4	oscuro	5
carrera	18	permitir*	13
cierra	15	pertenece a	3
claro*	4	por encima*	16
coloca	17	puedo	13
comidas	20	puerta	15
competencia*	18	recientemente	16
competir*	18	regresar	10
conmigo	18	relación*	3
corto	9	reloj*	9
de	1	restaurante	12
de vez en cuando*	12	roca	11
difícil	1	ropa	20
dirección	7	sobre	16
enlato	20	Springfield	6
Episcopal	3	usar	13
esta noche	13	ventana	14
estar de pie	20	vez	11
explicar	1	voló	16

Ejercicio de palabras

que quasar quebrar quedar quemar queja quedo quema querer quena
quien quietar quiete quieto quietud quijote química

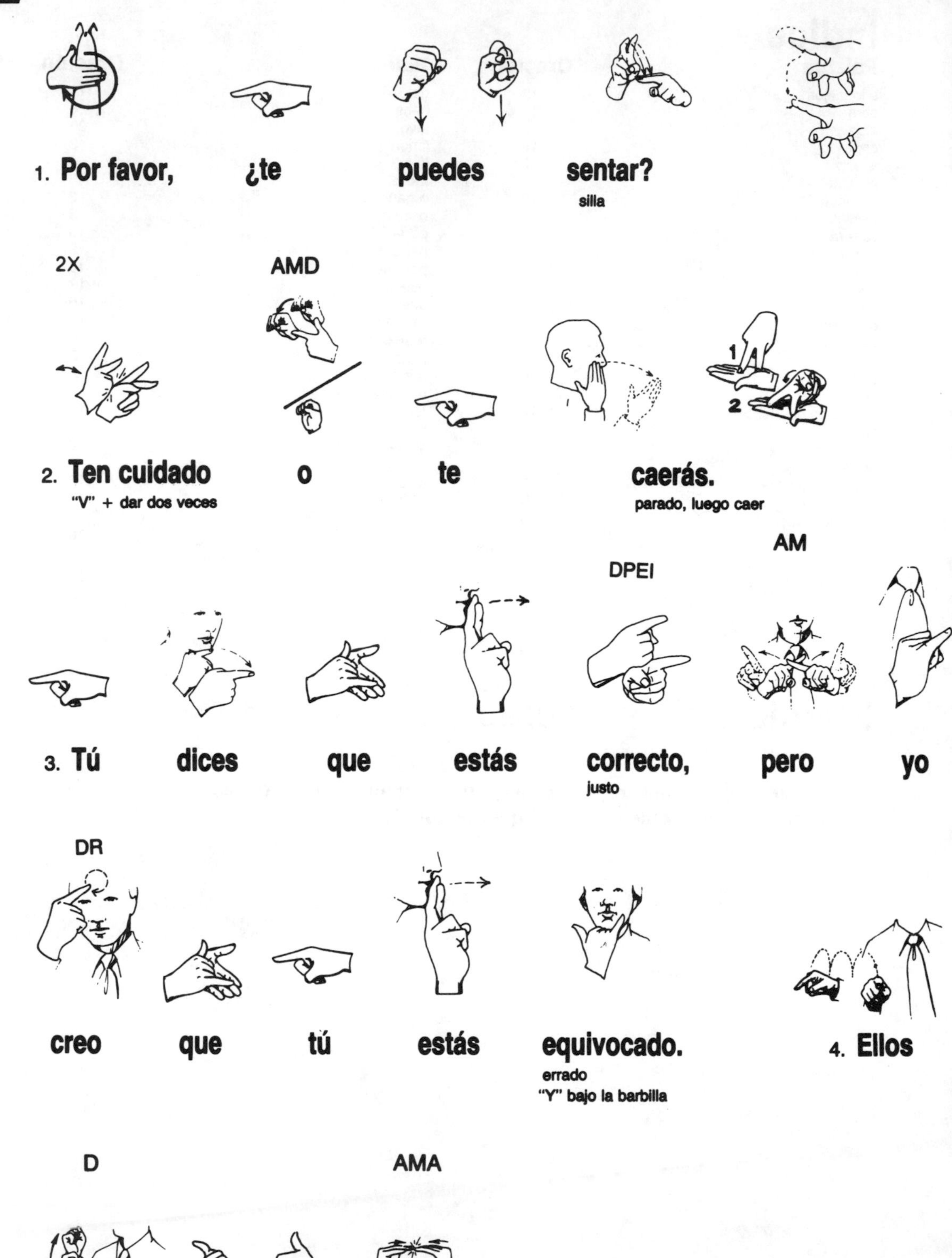
DPEI
1. Por favor, ¿te puedes sentar?
silla
2X
AMD
2. Ten cuidado o te caerás.
"V" + dar dos veces
parado, luego caer
AM
DPEI
3. Tú dices que estás correcto, pero yo
justo
DR
creo que tú estás equivocado.
errado
"Y" bajo la barbilla
4. Ellos
D
AMA
rehusan jugar juntos

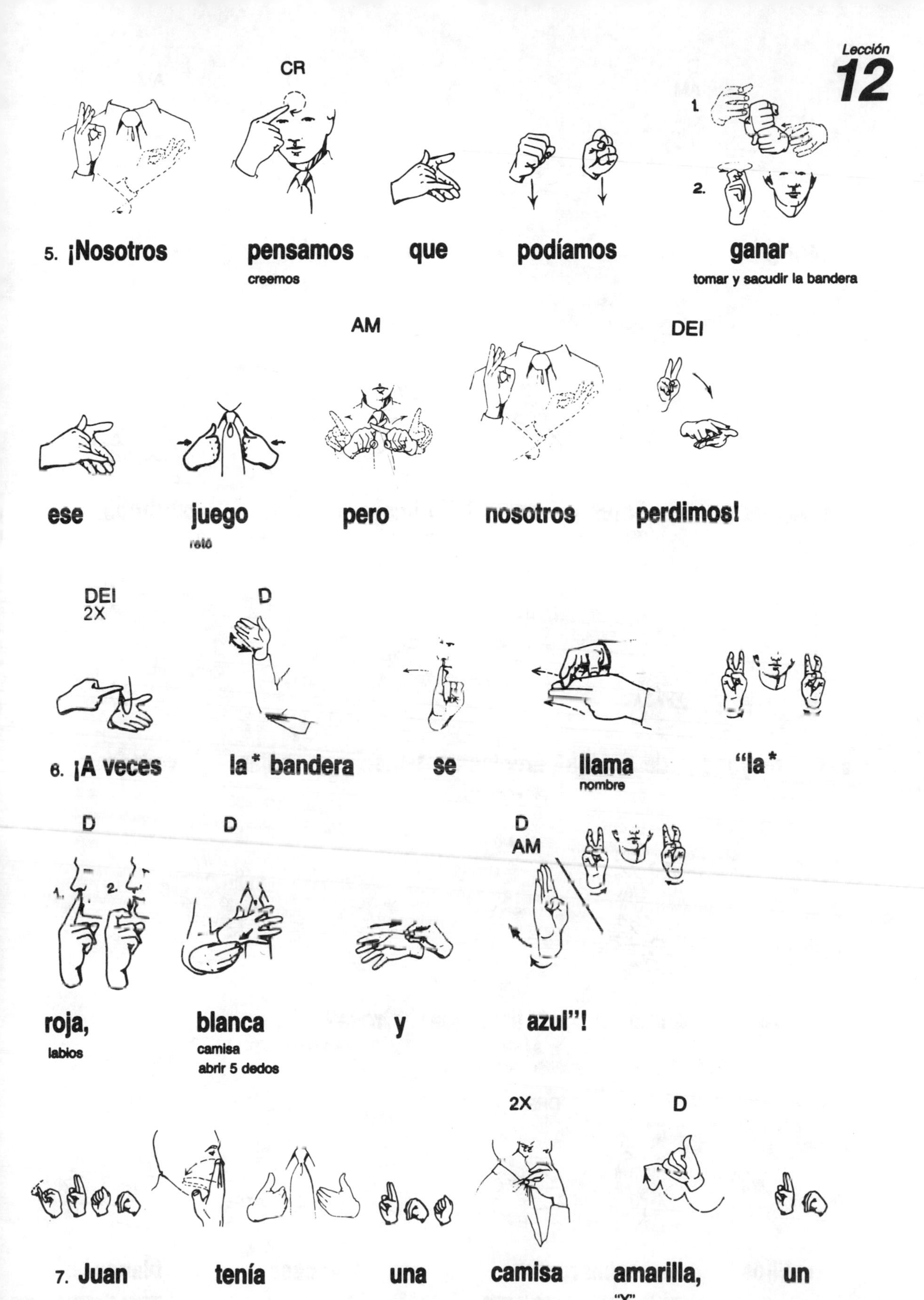
Lección
12
CR
1.
2.
5. ¡Nosotros pensamos que podíamos ganar
creemos
tomar y sacudir la bandera
AM
DEI
ese juego pero nosotros perdimos!
retó
DEI
2X
D
6. ¡A veces la* bandera se llama "la*
nombre
D
D
D
AM
1.
2.
roja, blanca y azul"!
labios
camisa
abrir 5 dedos
2X
D
7. Juan tenía una camisa amarilla, un
"Y"

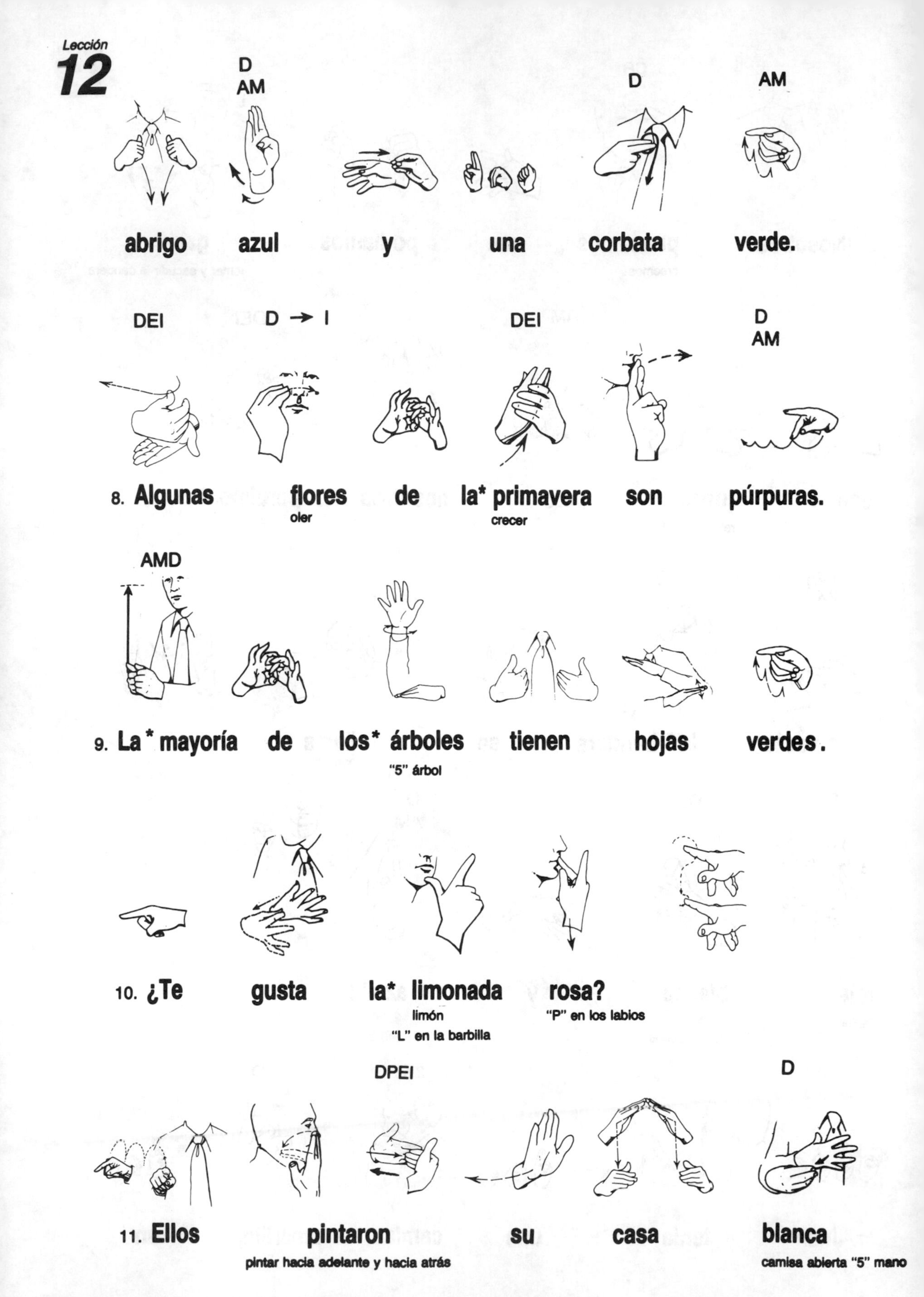
D
AM
D
AM
abrigo azul y una corbata verde.
DEI
D → I
DEI
D
AM
8. Algunas flores de la* primavera son púrpuras.
oler
crecer
AMD
9. La * mayoría de los* árboles tienen hojas verdes.
"5" árbol
10. ¿Te gusta la* limonada rosa?
limón
"L" en la barbilla
"P" en los labios
DPEI
D
11. Ellos pintaron su casa blanca
pintar hacia adelante y hacia atrás
camisa abierta "5" mano

Lección
12
D
I → D
AMA
DR
con
los* bordes
en
marrón.
"B" bajando por la mejilla derecha
12. Las*
nubes
MD
hoy
ahora + día
son
del*
color
negro.
13. El
dijo:
AMD
DEI
"No es justo
que
vayas
dentro del carro
conmigo."
D
DPEI
14. ¿Te
gustaría
montar
a
caballo?
AM
AMA
D → I
DPEI
1.
2.
15. Da vuelta
a
la* izquierda
en
la* próxima
esquina.

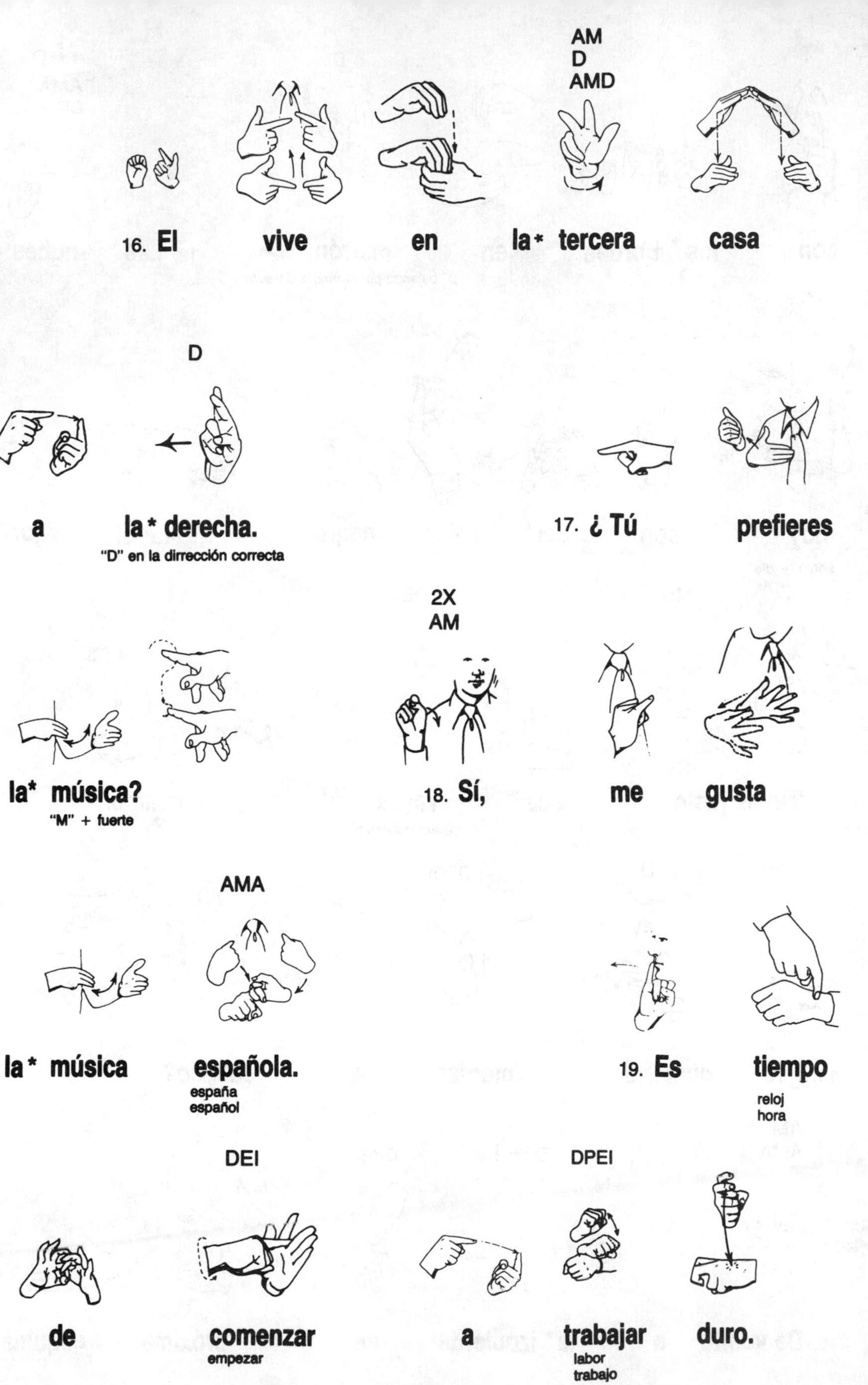
AM
D
AMD
16. El vive en la* tercera casa
D
a la* derecha.
"D" en la dirrección correcta
17. ¿ Tú prefieres
2X
AM
la* música?
"M" + fuerte
18. Sí, me gusta
AMA
la* música española.
españa
español
19. Es tiempo
reloj
hora
DEI
DPEI
de comenzar
empezar
a trabajar duro.
labor
trabajo

AM

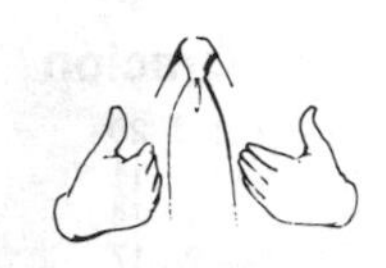

20. **¿Tienes tú las * llaves para estacionar**

AMA

mi carro?
manejar
conducir

Indice

Ejercicio de palabras

llaga llama lamada llanero llanura llenar lloron lluvia llorar llevar llanto
llanura llaneza llano llanta llamado llegar llegada

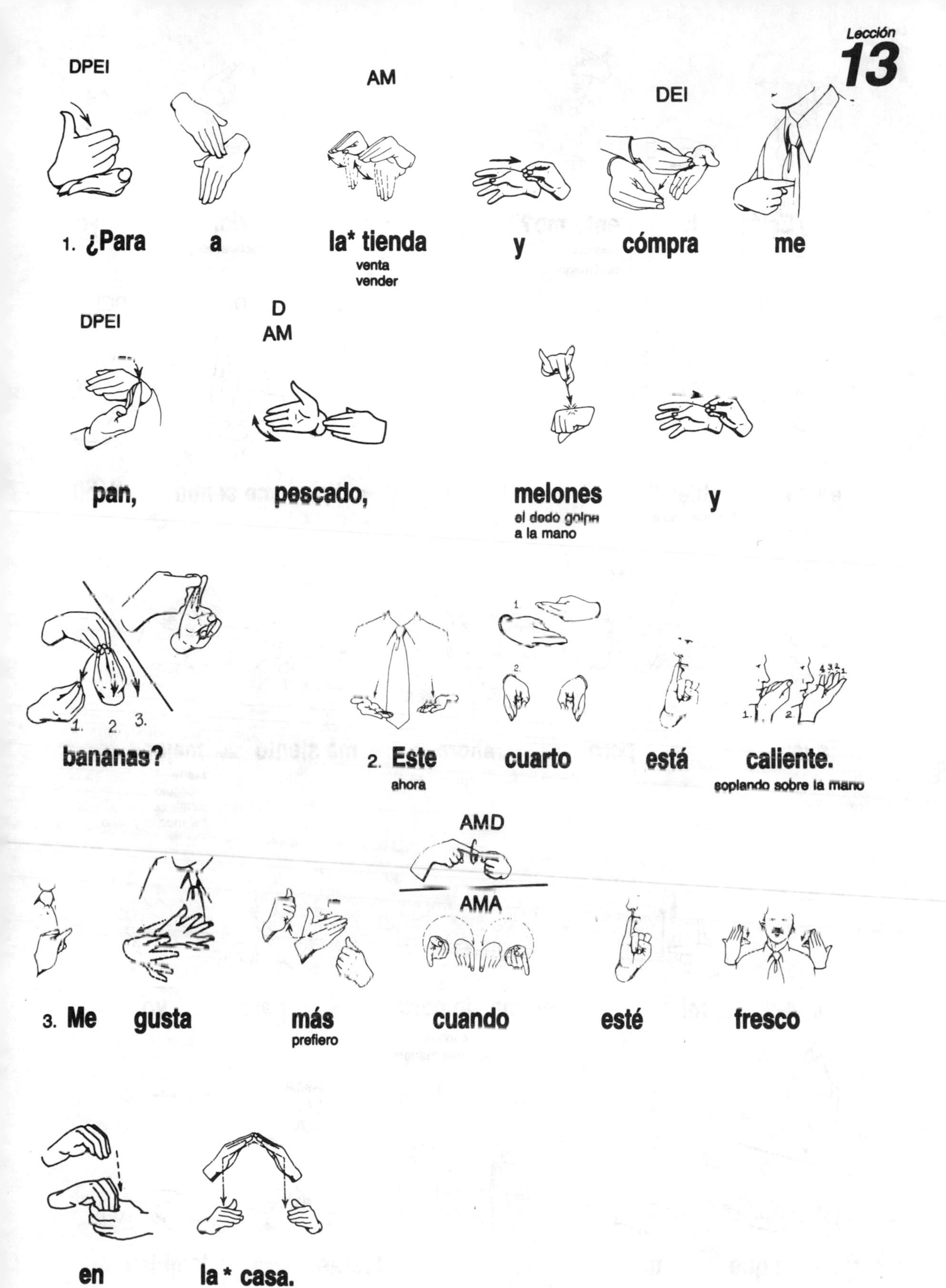
DPEI
AM
DEI
1. ¿Para
a
la* tienda
venta
vender
y
cómpra
me
DPEI
D
AM
pan,
pescado,
melones
el dedo golpea
a la mano
y
bananas?
2. Este
ahora
cuarto
está
caliente.
soplando sobre la mano
AMD
AMA
3. Me
gusta
más
prefiero
cuando
esté
fresco
en
la * casa.

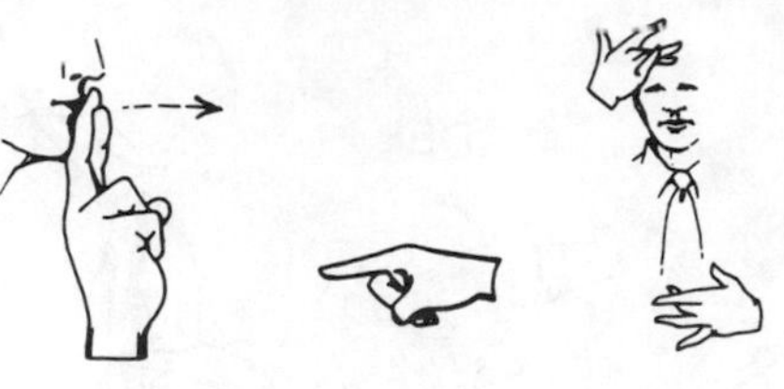

4. **"¿Estás** **tú** **enfermo?"** cabeza, estómago **"No,** declarativo **yo**

D DEI

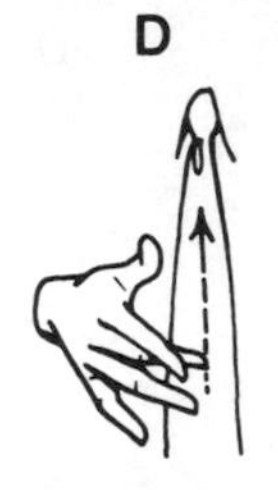
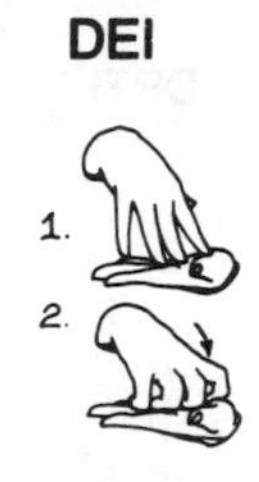

estoy **bien."** saludable

5. **Yo** **me sentía** **débil**

D AM

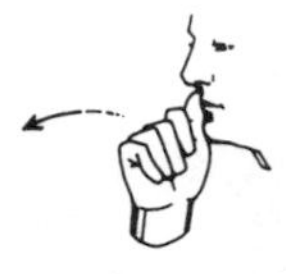

ayer, **pero** **ahora** **me siento** **mejor.** fuerte, músculo, fortaleza, bajando el pecho

6. **A** **mí** **no me importa,** aunque, de todas maneras **pero** **yo**

AMA
LC
AA

F → D

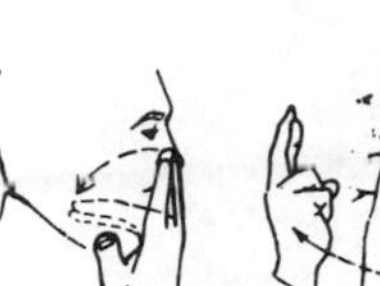

quisiera que deseo, anhelar **tú** **fueras** **también.**

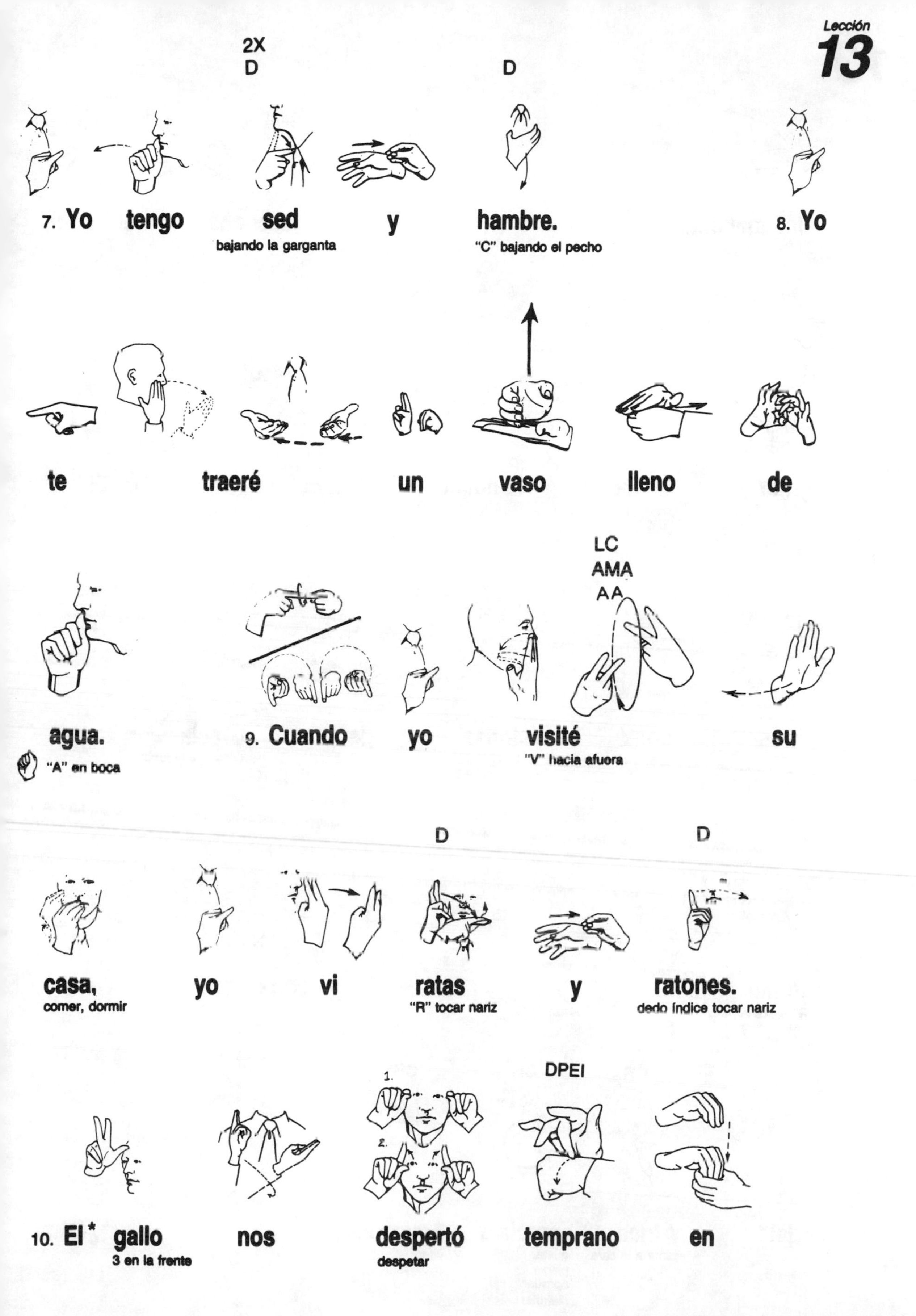
Lección
13
2X
D
D
7. Yo tengo sed y hambre.
bajando la garganta
"C" bajando el pecho
8. Yo
te traeré un vaso lleno de
agua.
"A" en boca
LC
AMA
AA
9. Cuando yo visité su
"V" hacia afuera
D
D
casa, yo vi ratas y ratones.
comer, dormir
"R" tocar nariz
dedo índice tocar nariz
1.
2.
DPEI
10. El * gallo nos despertó temprano en
3 en la frente
despetar

D

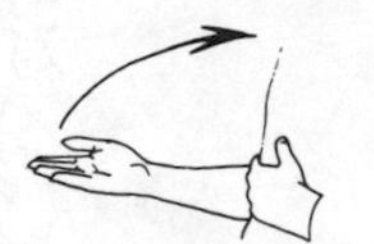

la* mañana.
sol sale

11. **Yo**

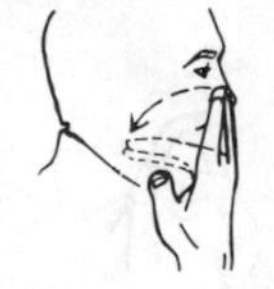

escuché
"C" en el oído

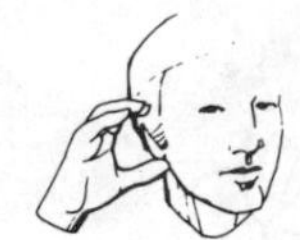

el* buho

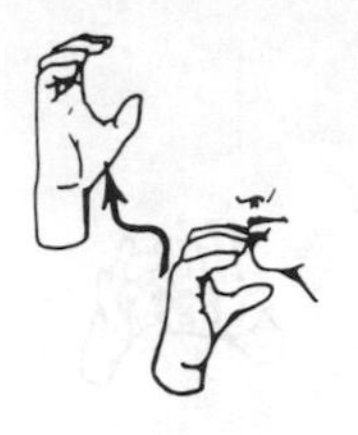

gritar

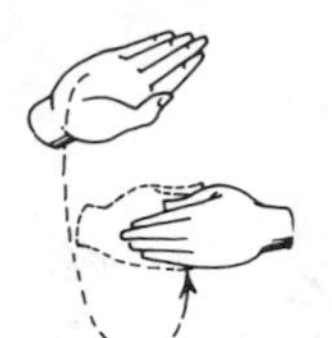

toda

la noche.

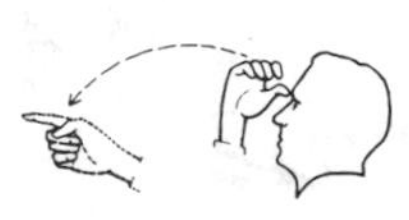

12. **El**

nos

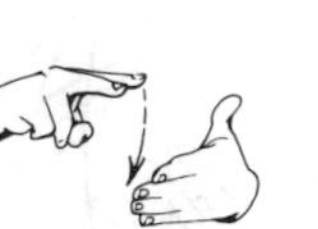

contó

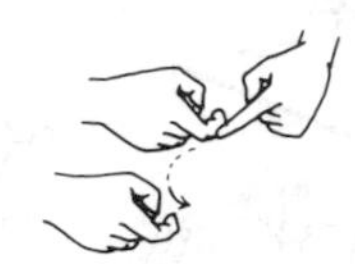

historias

de

Grecia
"G" sobre la nariz

y

Roma.
"R" sobre la nariz

13. **La***

persona

CR

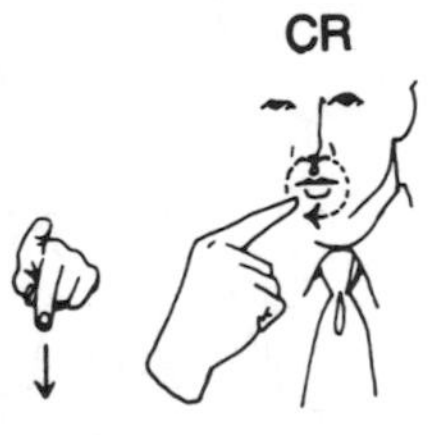

que

HC

viene

del*

CR

Africa
"A" frente a la cara

CR

aprecia a
gustar
placer
agradar
disfrutar

CR

América.
verja

14. **¿Cómo**

AM DEI

sucedió eso?

15. El * hombre

F → I

odió
sacar dedos hacia adelante

la * profunda

1. 2.

nieve.
lluvia blanca

16. El

1. 2. AM D

es un trabajador entusiasta, pero terco.
ancioso obstinado

AMA AM AM

17. Ellos estaban discutiendo, pero me paré
gallos peleando

DPEI DEI

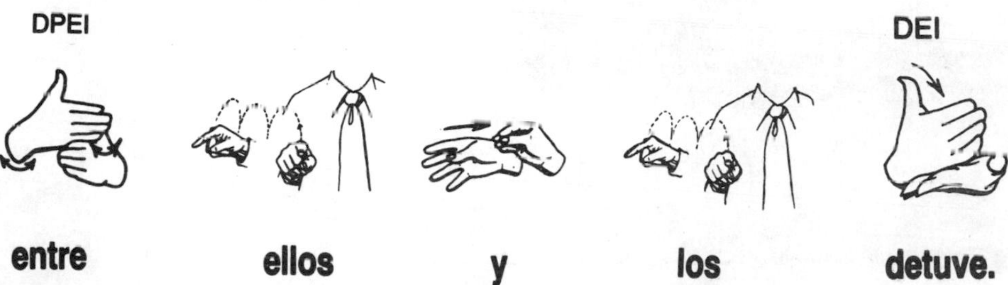

entre ellos y los detuve.

DEI

18. **No** **me** **molestes** **cuando** **yo** **esté**

AMA
AA
2X

hablando.

DR

19. **¡Tú** **siempre** **me**

DEI

interrumpes!

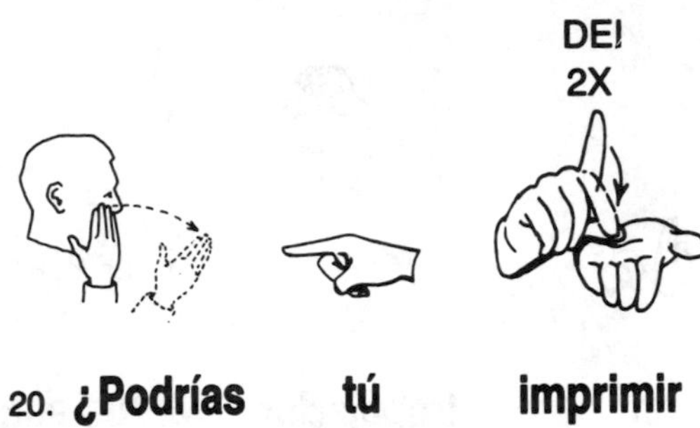

20. **¿Podrías** **tú** **imprimir**

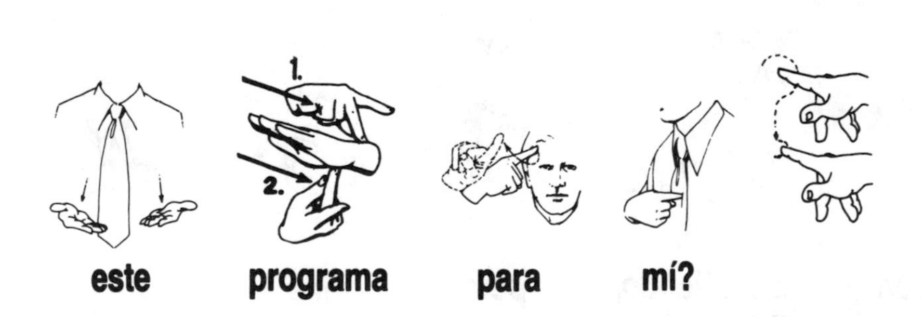

este **programa** **para** **mí?**

Indice

Ejercicio de palabras

mañana señal señales ñame paño pañuelos enseña enseñanza niño niña
ñaco Añasco ñato Toño soñar sueño soñoliento

AMA
AA

2X

D

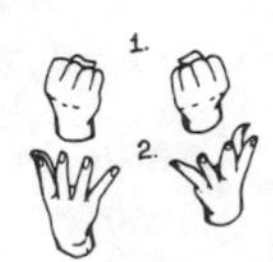 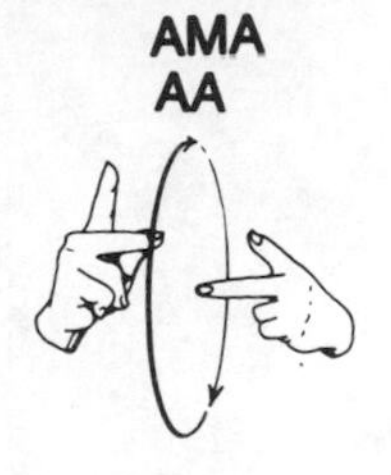 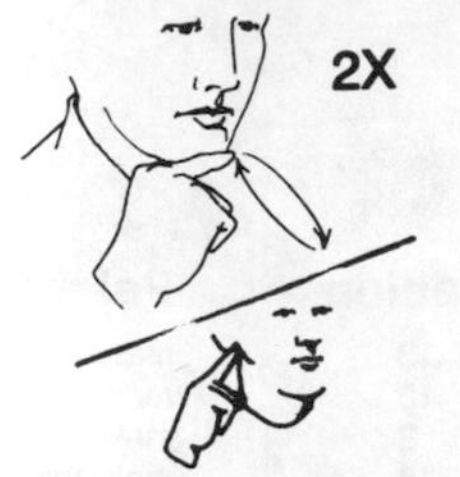 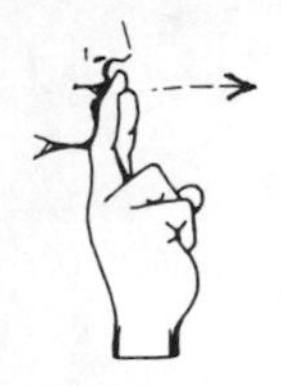 

1. **Muchas** **personas** ("P") **oyentes** (hablar) **son** **ignorantes** ("V" sobre la frente)

DAR

CR

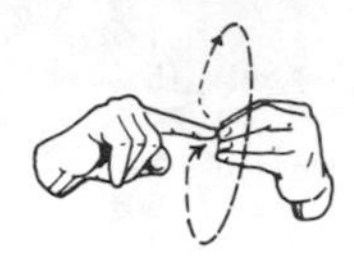  

acerca de **los * sordos.** 2. **La * razón** ("R" sobre la frente)

DSI
AMA

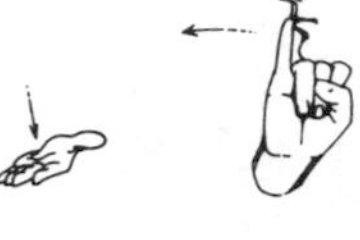  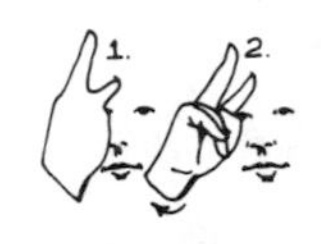 

de **esto** (ahora) **es que** **ellos** **no comprenden el** (dar vuelta sobre la frente) **uno al otro.** (compañerismo, mover)

D

2X

AMA

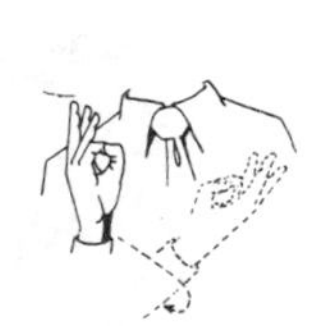   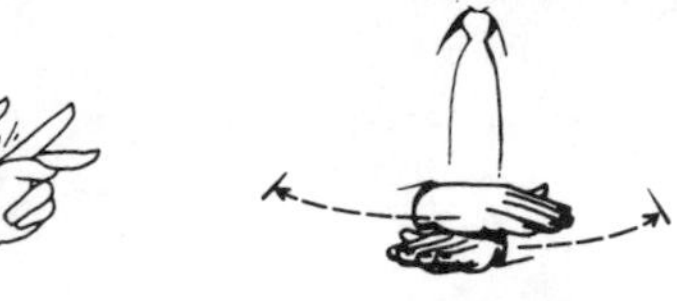

3. **Nosotros** **tenemos que** (necesitar, deber) **tener cuidado** ("V", "mantener" dos veces) **de no**

2X

DAR

 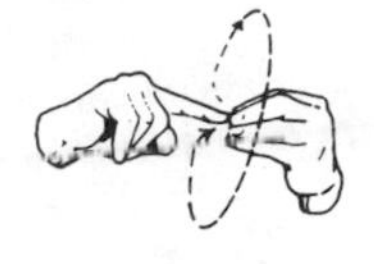 

quejarnos **acerca de** **ellos.**

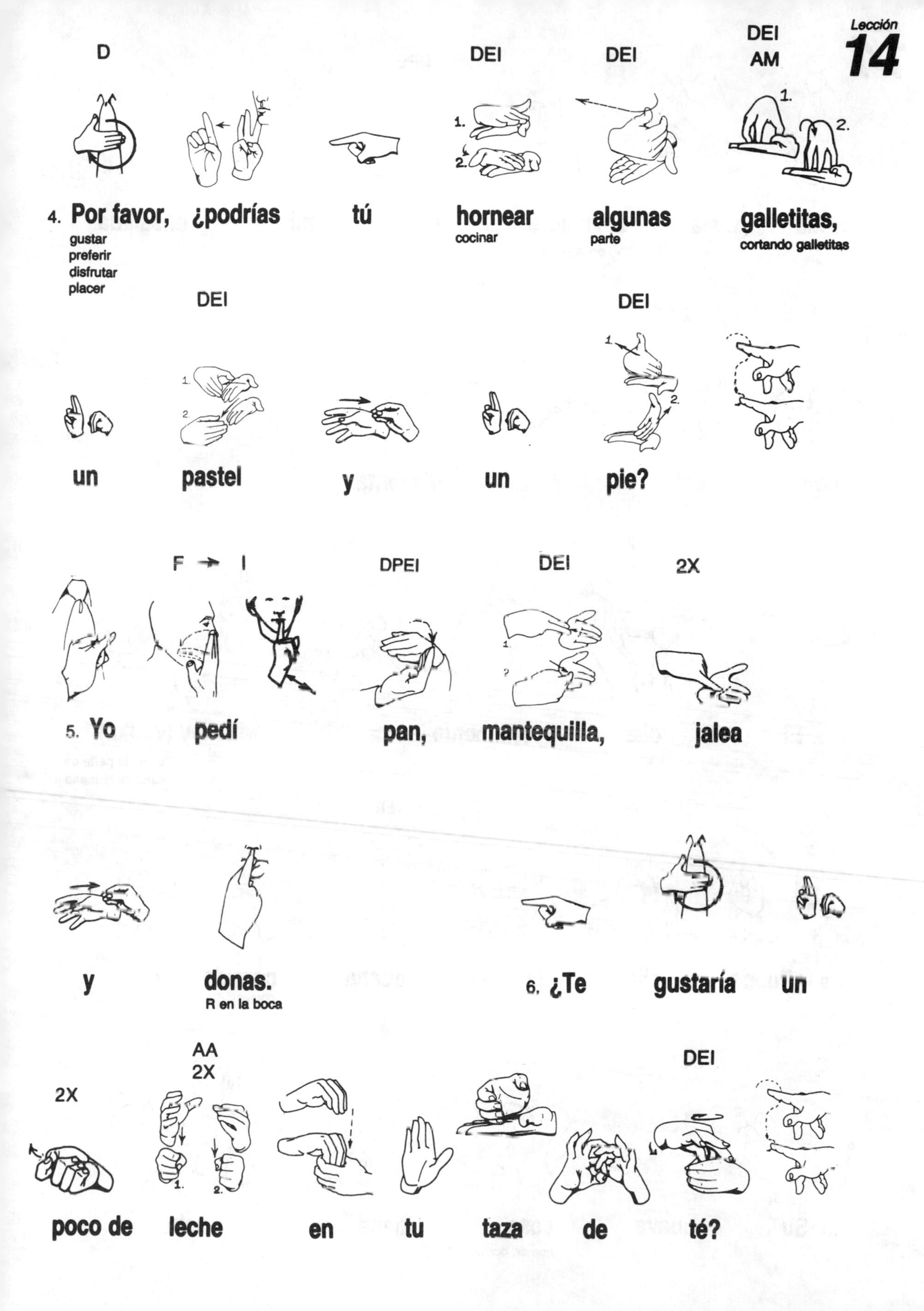
D
DEI
DEI
DEI
AM
1.
2.
4. Por favor,
gustar
preferir
disfrutar
placer
¿podrías
tú
hornear
cocinar
algunas
parte
galletitas,
cortando galletitas
DEI
DEI
un
pastel
y
un
pie?
F → I
DPEI
DEI
2X
5. Yo
pedí
pan,
mantequilla,
jalea
y
donas.
R en la boca
6. ¿Te
gustaría
un
AA
2X
2X
DEI
poco de
leche
en
tu
taza
de
té?

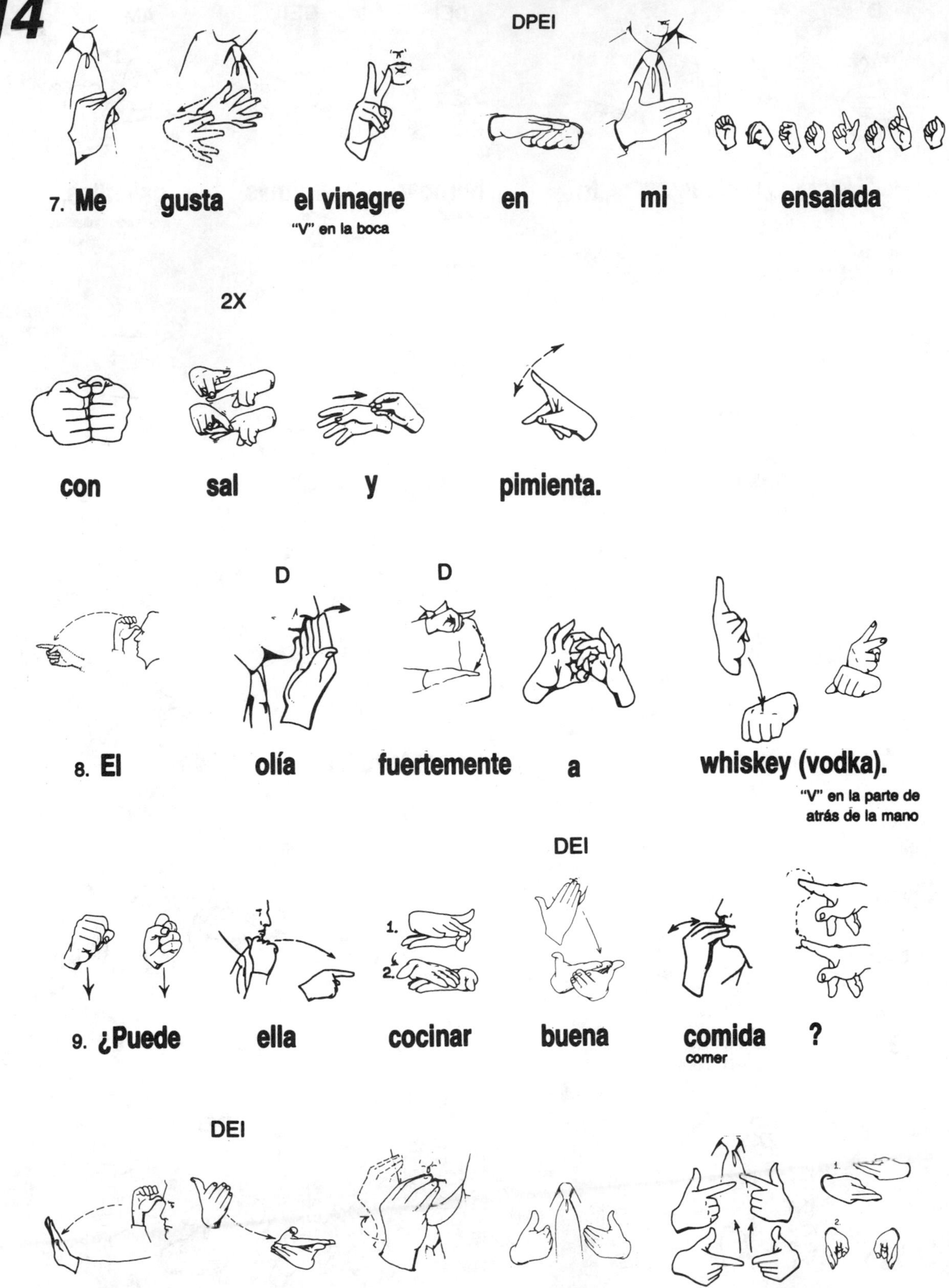
DPEI
7. Me gusta el vinagre en mi ensalada
"V" en la boca
2X
con sal y pimienta.
D
D
8. El olía fuertemente a whiskey (vodka).
"V" en la parte de atrás de la mano
DEI
1.
2.
9. ¿Puede ella cocinar buena comida ?
comer
DEI
1.
2.
10. Su nueva casa tiene sala,
comer, dormir

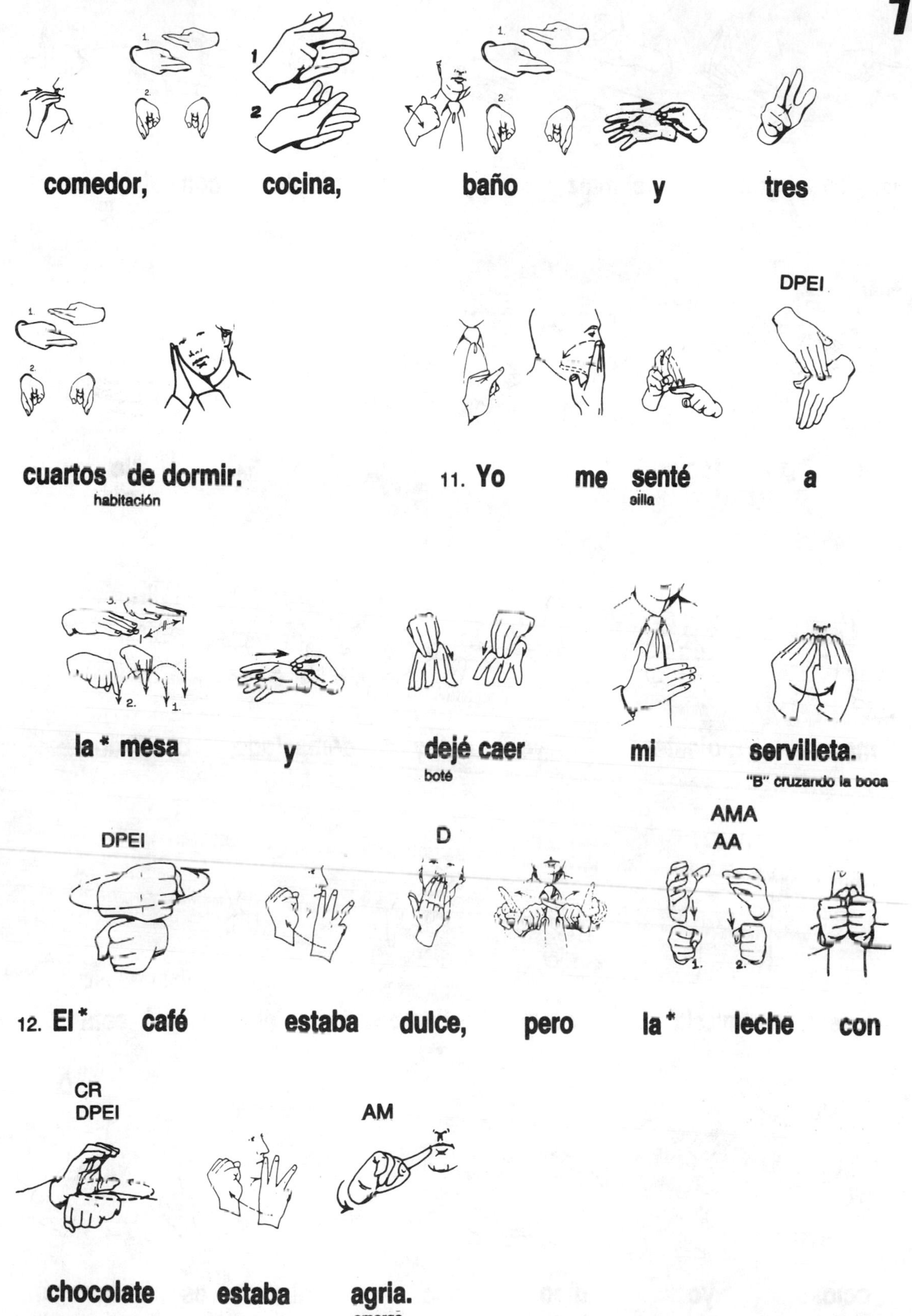
comedor,
cocina,
baño
y
tres
cuartos
de dormir.
habitación
11. Yo
me
senté
silla
DPEI
a
la * mesa
y
dejé caer
boté
mi
servilleta.
"B" cruzando la boca
DPEI
12. El *
café
estaba
D
dulce,
pero
AMA
AA
la *
leche
con
CR
DPEI
chocolate
estaba
AM
agria.
amarga

2X
D
13. ¿Te gusta el maíz y el* repollo con nueces
y tocino ?
14. No
negocio
DEI
me molestes, yo estoy demasiado ocupado.
AMD
15. La * mayoría del * tiempo él está
reloj
MD
D
ocioso; yo digo que él es haragán.
vacaciones
hablar
contar
"L" sobre el hombro

AMA
AA

AMA
AA

 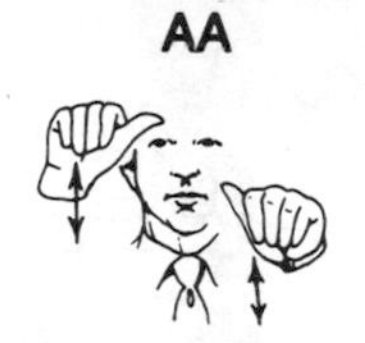 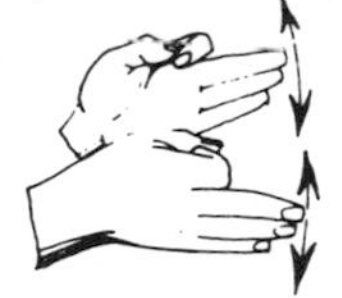 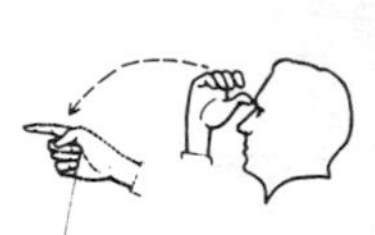  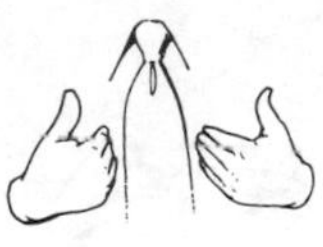

16. **Yo** **dudo** **que** (pulgares tocan) **él** **verdaderamente** (deveras) **tenga**

F → D

F → D

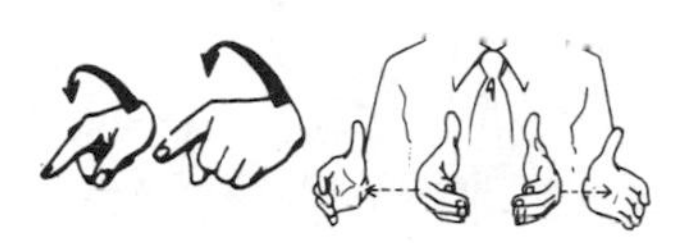 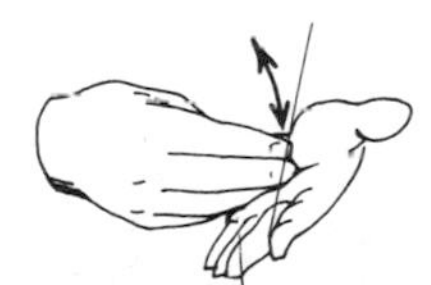  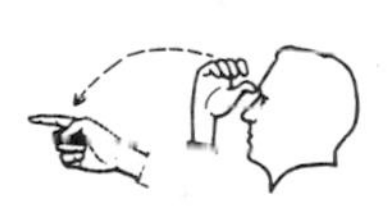 

tanto (cantidad) **dinero** **como** **él** **dice.** (hablar, contar)

DPFI

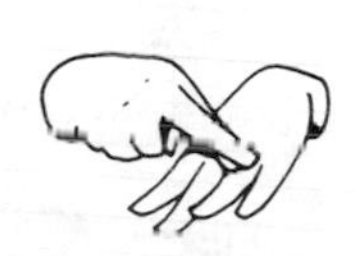 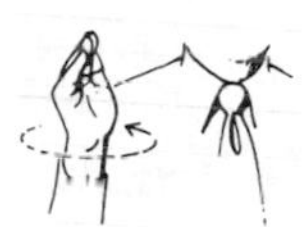   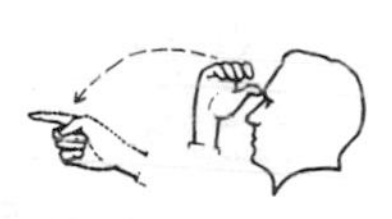

17. **El * anillo** (sortija, "R") **parece** **barata,** **pero** **él**

DEI

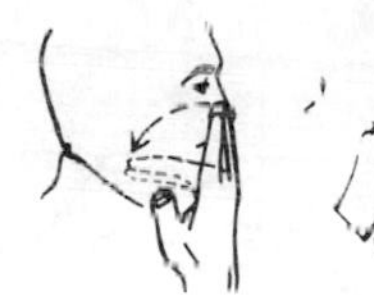 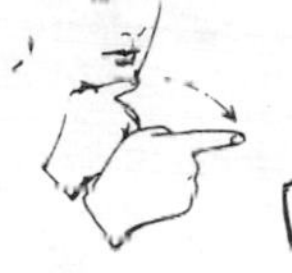   

dijo (hablar, contar) **que** **era** **caro.**

D

  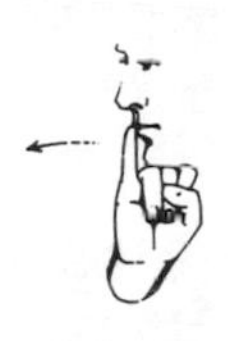 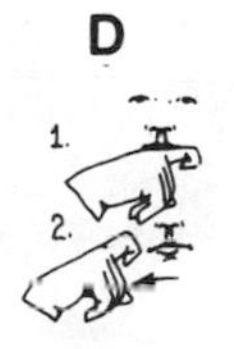 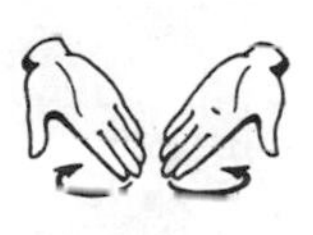

18. **Un** **día** **está** **seco** **aquí,**

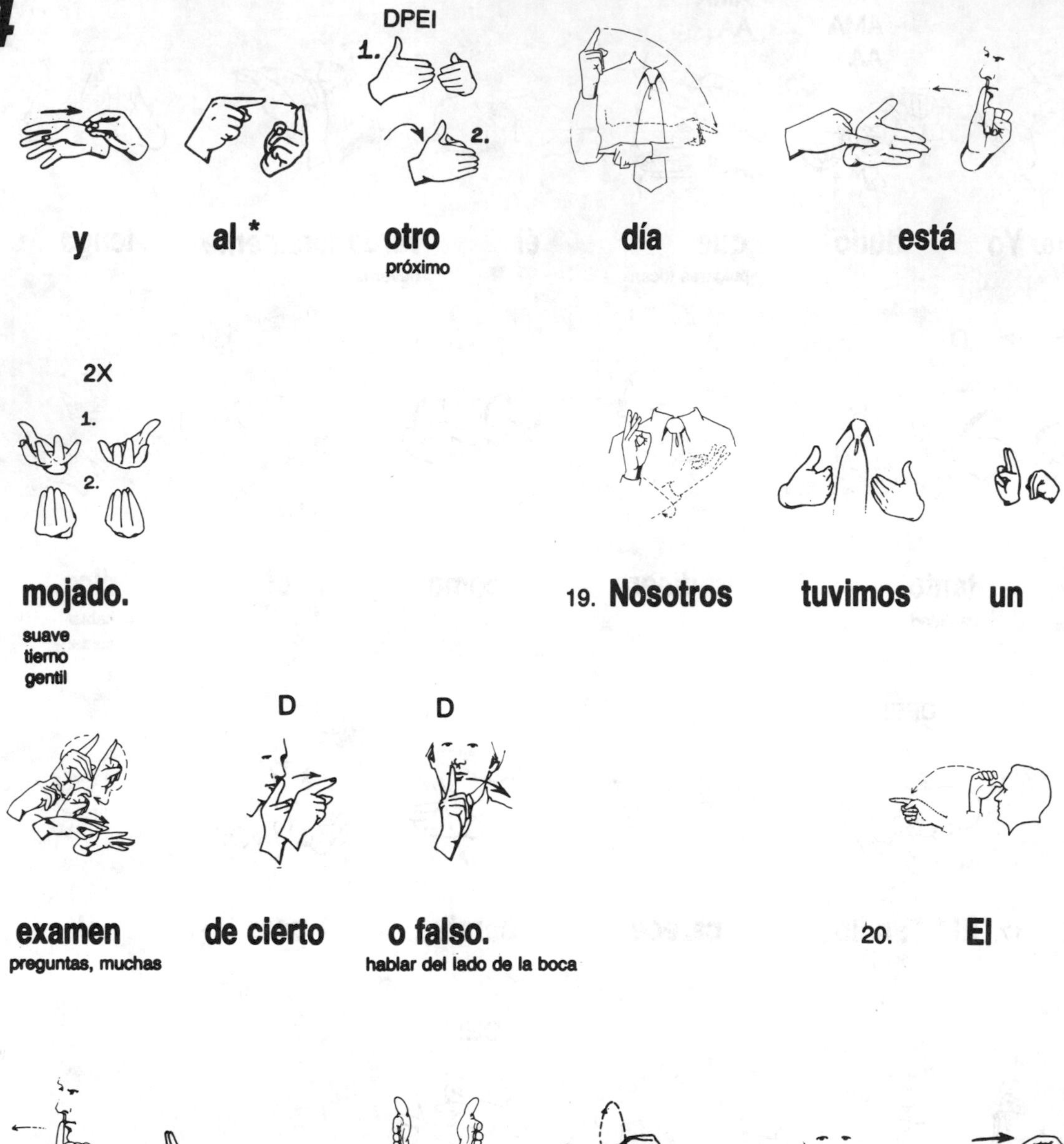

y al* otro (próximo) día está

mojado. (suave, tierno, gentil)

19. Nosotros tuvimos un

examen (preguntas, muchas) de cierto o falso. (hablar del lado de la boca)

20. El

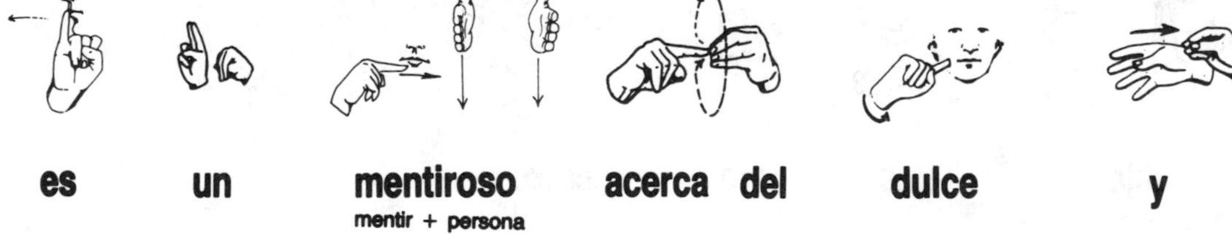

es un mentiroso (mentir + persona) acerca del dulce y

el* chicle. (la goma de mascar)

Indice

Palabia	Oración	Palabia	Oración
agria	12	mentiroso	20
amarga*	12	mojado	18
anillo	17	mover*	2
baño	10	negocio*	14
barata	17	no comprenden el	2
cara	17	nueces	13
cocina	10	ocioso	15
cocinar	9	ocupado	14
comedor	10	olía	8
comer*	9	otro	18
compañerismo*	2	pastel	4
cuartos de dormir	10	pedí	5
chicle	20	personas	1
chocolate	12	pie	4
do	2	pimienta	7
de cierto	19	poco de	6
de veras*	16	que	16
dejé caer	11	quejarnos	3
demasiado	14	razón	2
donas	5	repollo	13
dudo	10	sal	7
dulce	20	solo	10
dulce	12	seco	18
examen	19	servilleta	11
falso	19	tanto	16
fuertemente	8	taza	6
galletitas	4	tenemos que	3
gentil*	18	tenga	16
haragán	15	tierno*	18
hornear	4	tocina	13
ignorantes	1	uno al otro	2
jalea	5	verdaderamente	16
leche	0	vinagre	7
maíz	13	vodka	8
mantequilla	5	whiskey	8

Ejercicio de palabras

dos cosmos nosotros lomos somos modo lodo polo votó tomo tono los tos roso todo rodo como solo coco coso sono

Lección
15

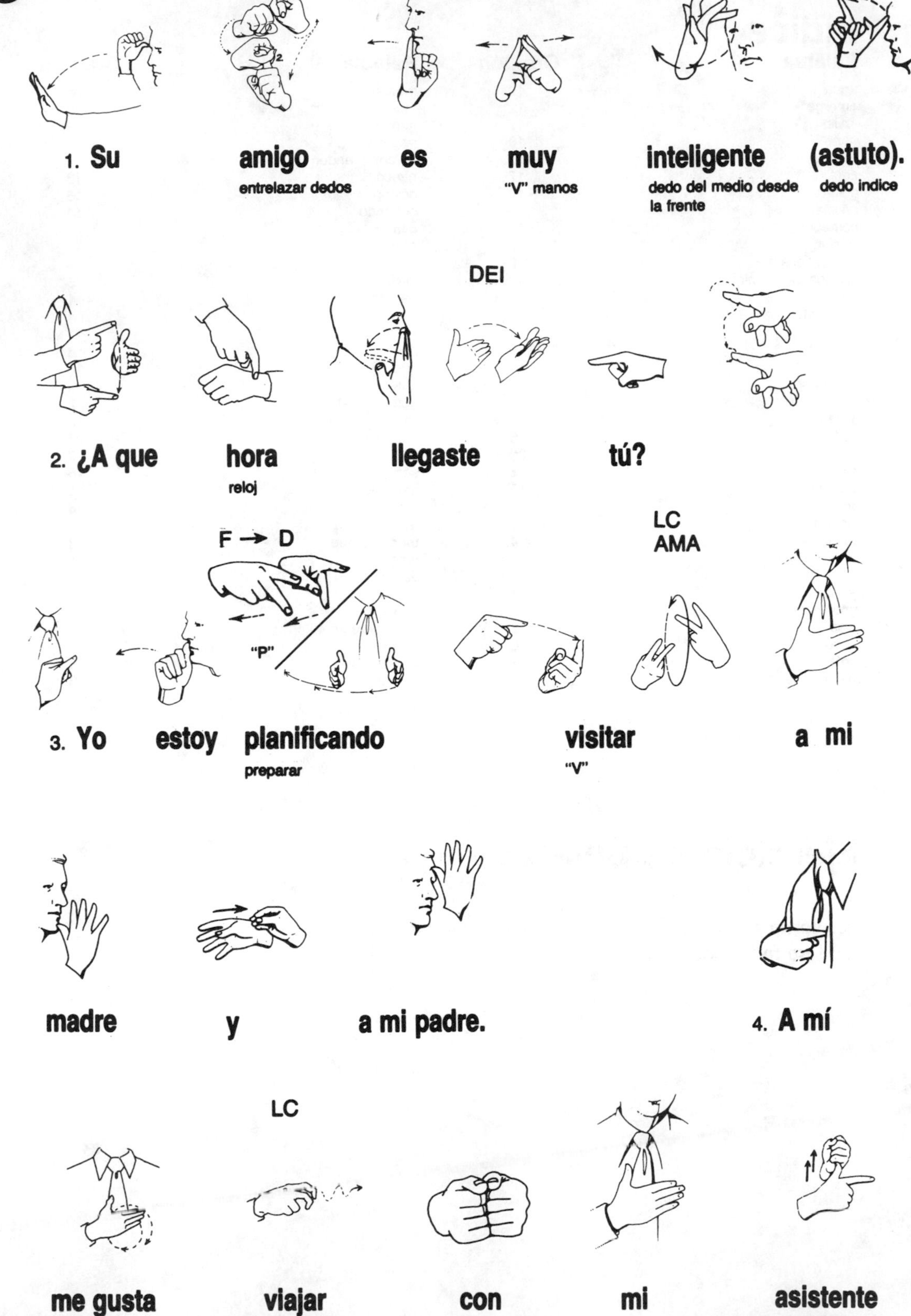
1. Su amigo es muy inteligente (astuto).
entrelazar dedos
"V" manos
dedo del medio desde la frente
dedo indice
DEI
2. ¿A que hora llegaste tú?
reloj
F → D
"P"
LC
AMA
3. Yo estoy planificando visitar a mi
preparar
"V"
madre y a mi padre.
4. A mí
LC
me gusta viajar con mi asistente
disfrutar
jornada
viaje
"A" ayudar

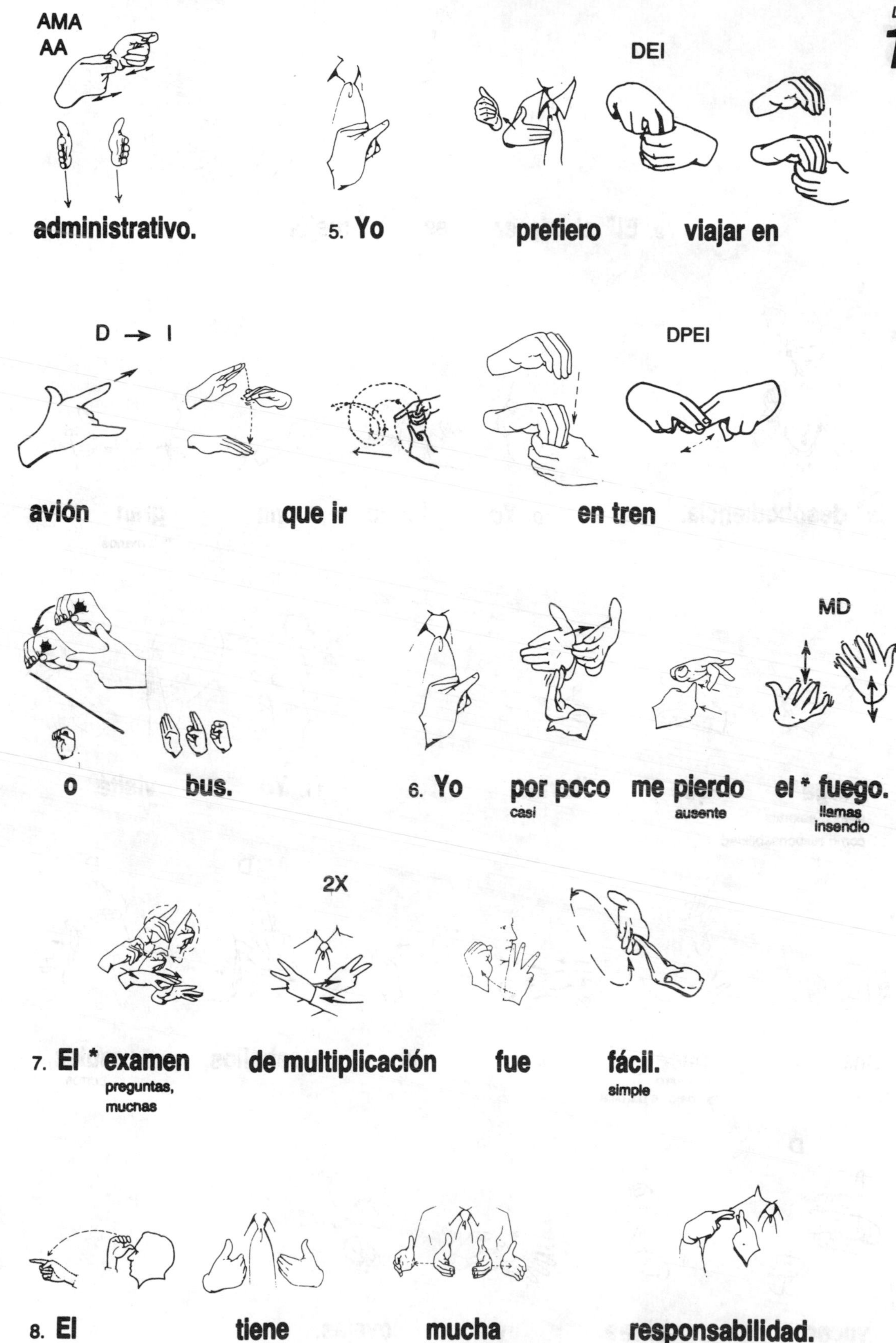

administrativo. 5. Yo prefiero viajar en

avión que ir en tren

o bus. 6. Yo por poco me pierdo el * fuego.
casi ausente llamas insendio

7. El * examen de multiplicación fue fácil.
preguntas, mucnas simple

8. El tiene mucha responsabilidad.
2 "R" sobre hombro

9. El* obedecer es mejor que
la* desobediencia.
10. Yo tengo una gran
"L" manos
carga
manos abiertas,
como responsabilidad
que llevar.
11. Yo visité
LC
"V"
una finca
granjero
"5" bajo la barbilla
y vi caballos,
D
mulas,
D
burros
vacas,
D
cabras y ovejas.
recortar lana

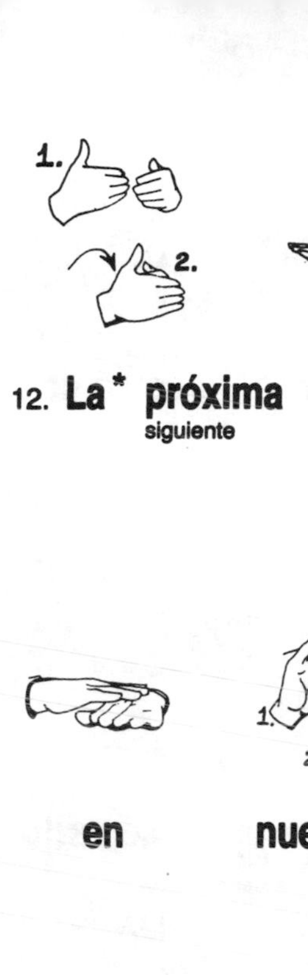
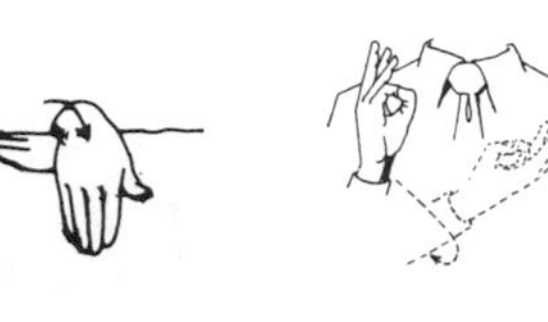

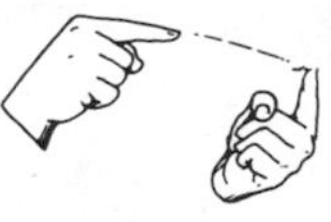

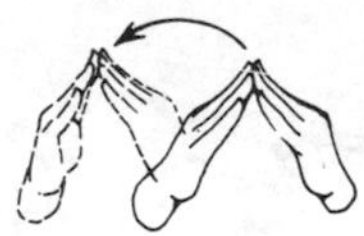

12. **La* próxima** (siguiente) **tarde** (noche) **nosotros fuimos al centro**

AMA
AA

LC

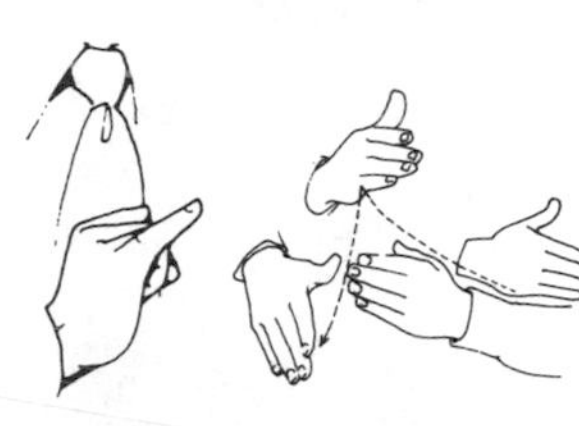
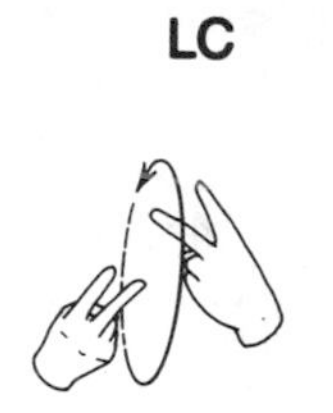

en nuestras bicicletas. 13. **Yo he visitado** ("V")

CR

a Japón, ("J" en el ojo) **Korea y las * Filipinas.** ("F" en la nariz)

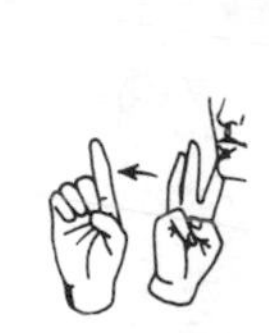

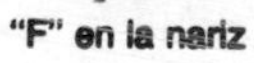
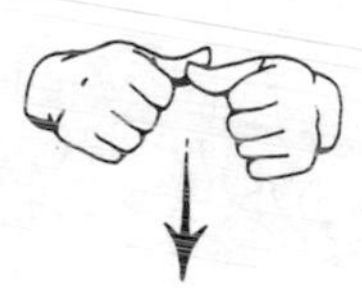

14. **Me gustaría que tú te quedaras** (continuar)

DEI
2X

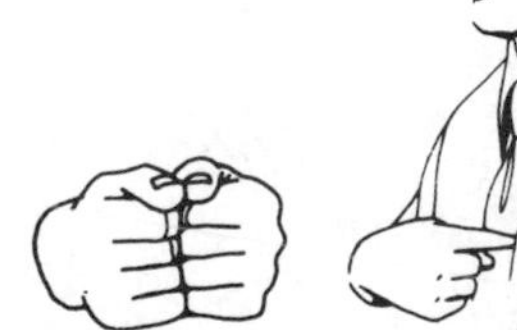

conmigo tan a menudo (frecuente, otra vez, otra vez) **como**

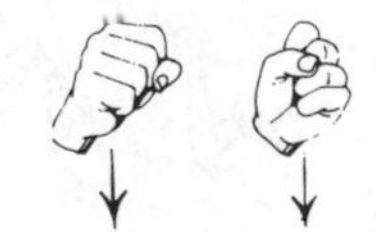

tú **puedas.**
poder

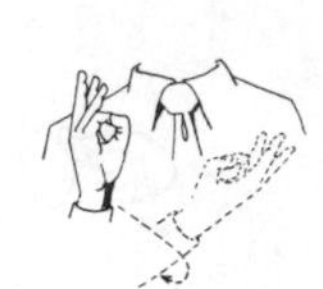
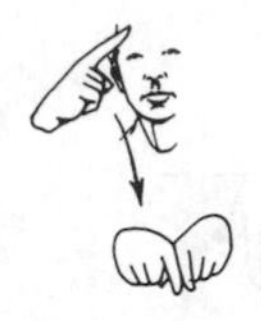
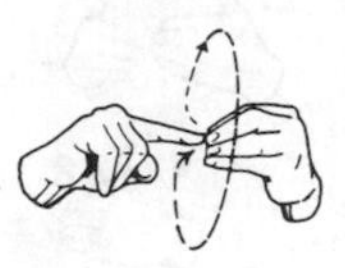

DAR

15. **Nosotros** **estamos de acuerdo** **acerca de**
pensar-lo mismo

F → D

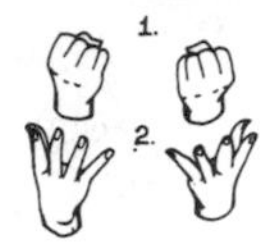

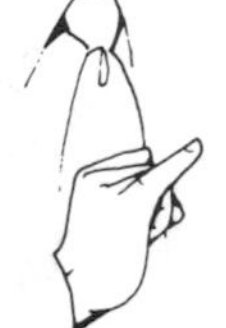
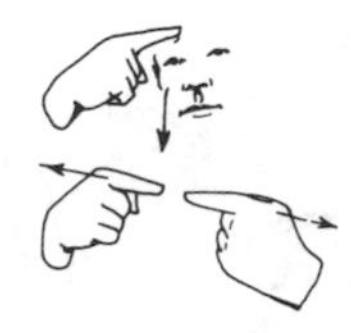

muchas **cosas,** **pero** **yo** **no estoy de acuerdo**
pensar-lo opuesto

DAR

AMA
AA

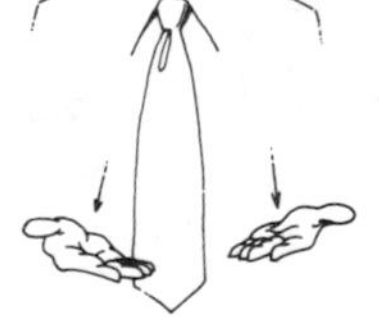

contigo **acerca de** **esto.** 16. **Si**
ahora — pulgares tocan

tú **continúas** **discutiendo** **conmigo,**
quedar todavía — pelea de gallos

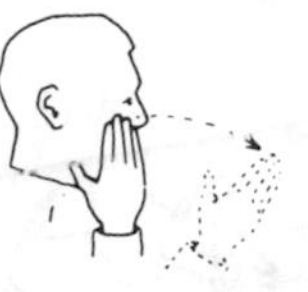

yo me voy **a poner** **furioso.** 17. **Yo** **noto**
coraje

DAR
que tú estás muy calmado acerca de esto.
"V" manos
quieto
18. Yo entiendo que tú no aceptas
DEI
2X
críticas con facilidad.
cancelar
corregir
simple facilmente
19. Yo te respeto,
"R"
pero yo no puedo honrarte.
"H"
DDI
1
2.
20. El es un pobre hombre humilde que

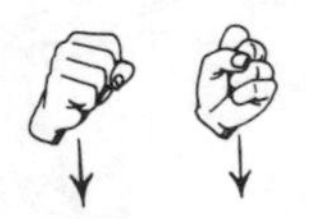

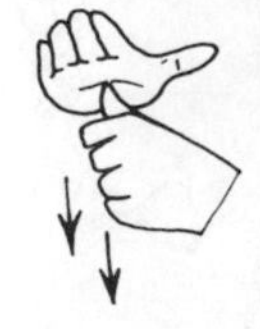

puede aceptar presión.

Indice

Ejercicio de palabras

tema reto bate bata toma tablero tablillas tabla sato tener tomar talar beto betún temblar tembleque temer botas botequín tiene

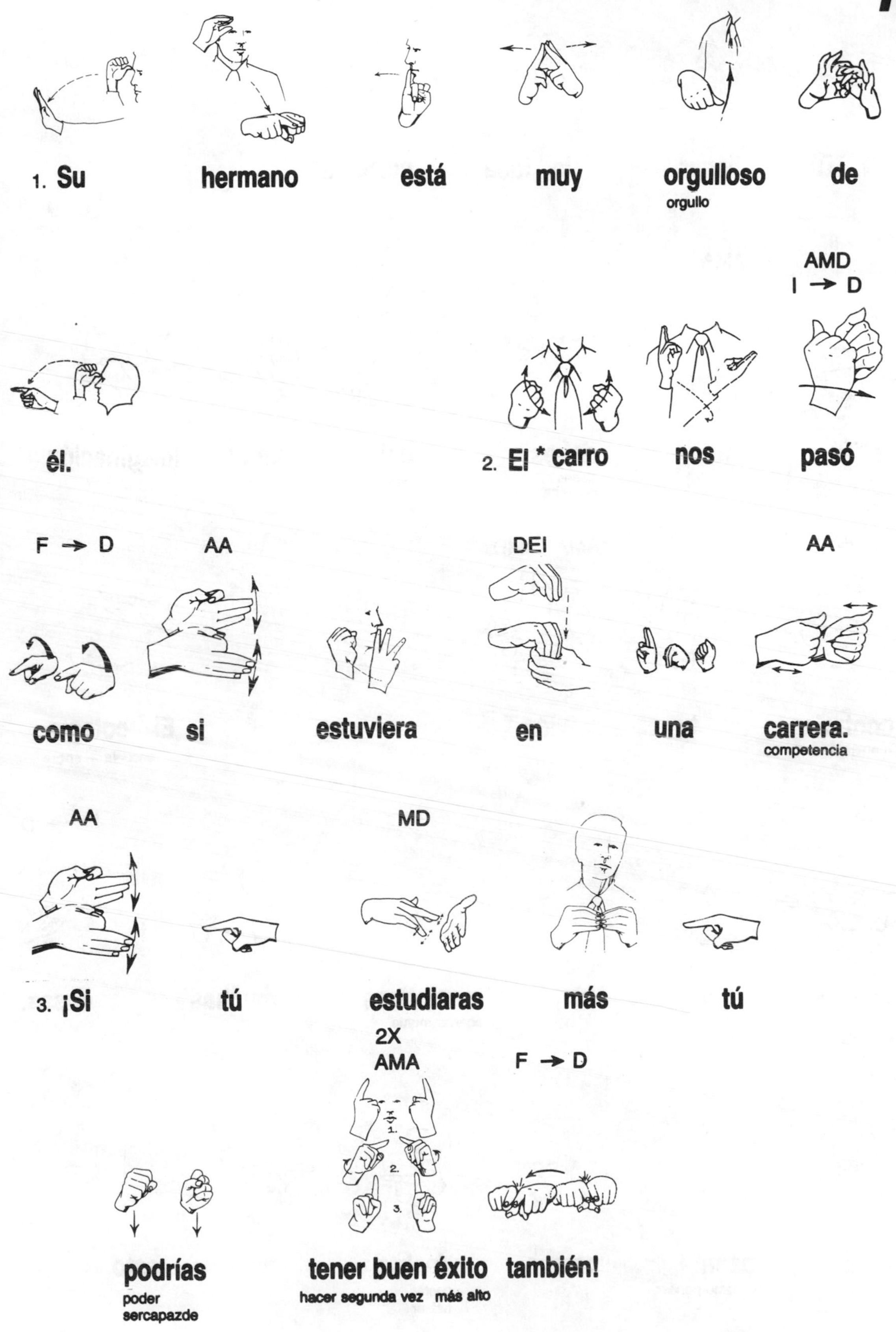

1. Su hermano está muy orgulloso (orgullo) de él.

2. El * carro nos pasó (AMD, I → D) como (F → D) si (AA) estuviera en (DEI) una carrera. (competencia) (AA)

3. ¡Si (AA) tú estudiaras (MD) más tú podrías (poder, sercapazde) tener buen éxito (2X, AMA; hacer segunda vez) también! (F → D; más alto)

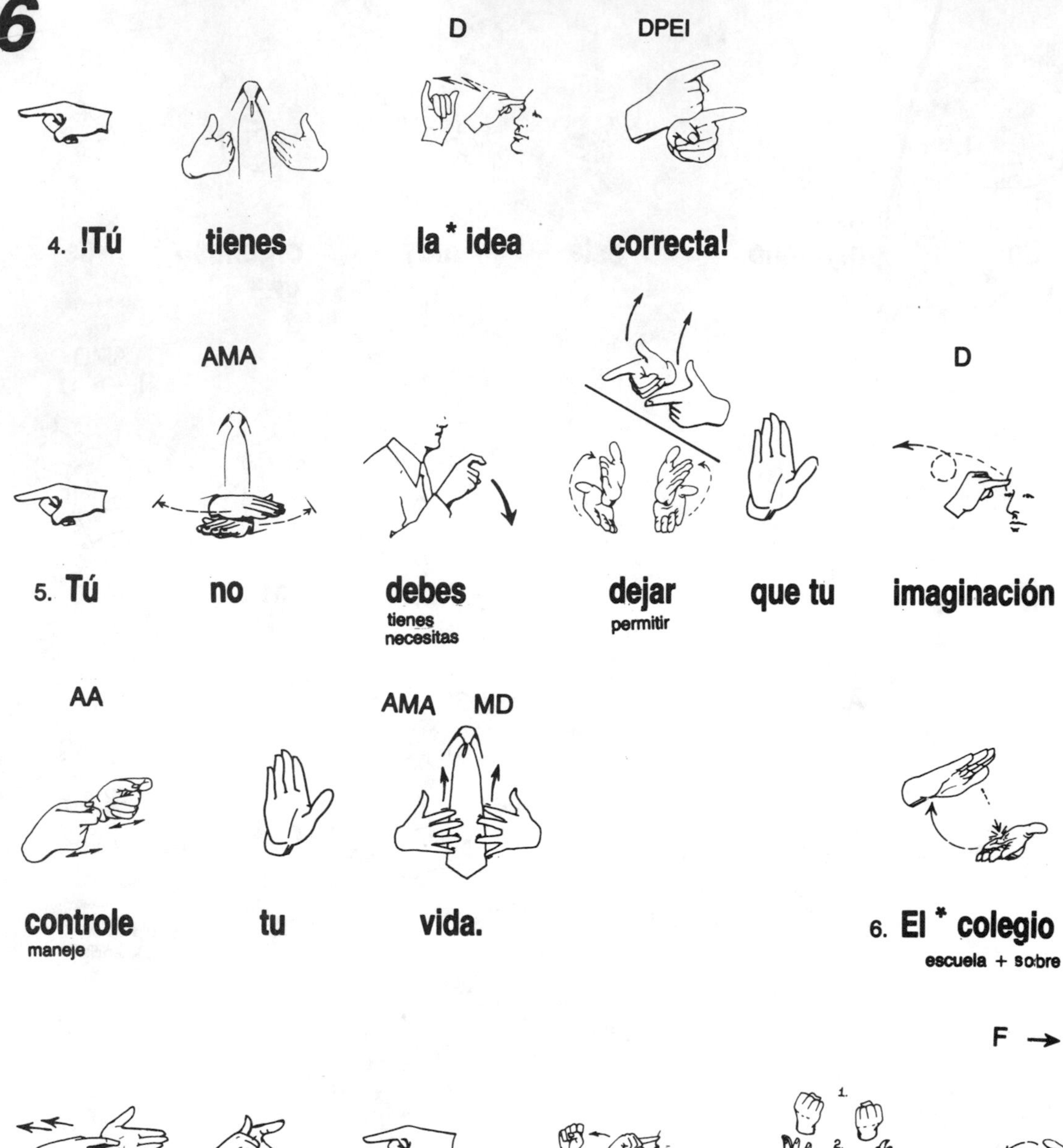

4. !Tú tienes la* idea correcta!

5. Tú no debes (tienes, necesitas) dejar (permitir) que tu imaginación controle (maneje) tu vida.

6. El* colegio (escuela + sobre)

requiere (insistir, demanda, requisito, pedir) que tú memorices (agarrar mente) muchas cosas.

7. Mi razón ("R" como pensar) para decirte (contar, hablar) esto

IED

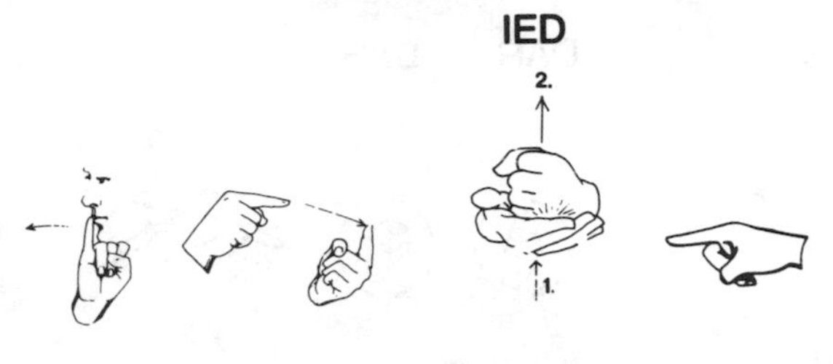

es para ayudarte.

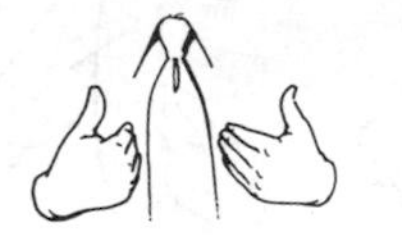

8. ¿Tienes tú

F → I

más información?
informar
notificar

→ I
MD

DPEI

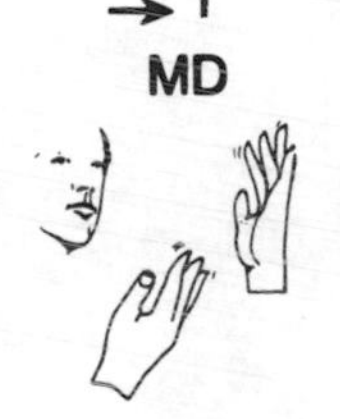

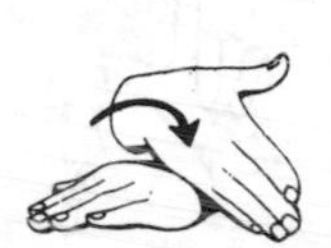
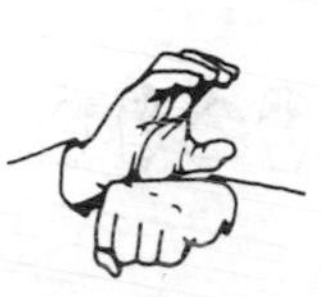

9. Espérame después de la* iglesia. 10. Yo
L más alto que R

LC DEI

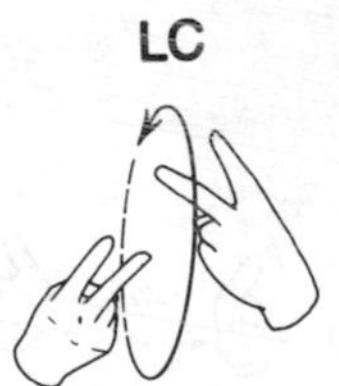
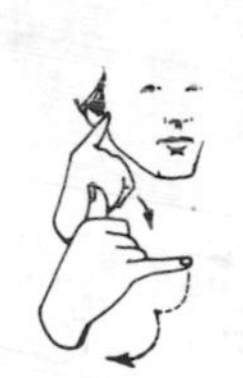

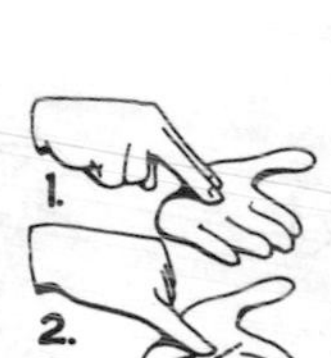

he visitado California, Nueva York, Nueva Jersey,
"V" oído + amarillo "Y" en la palma de la mano

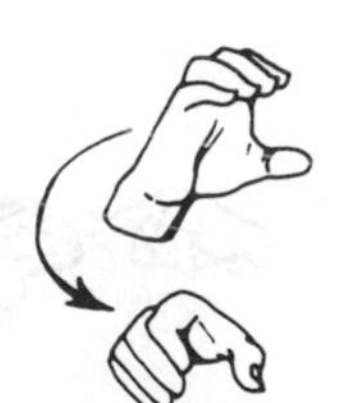
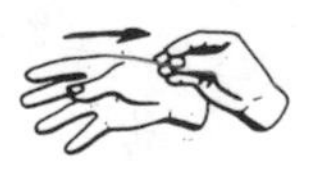
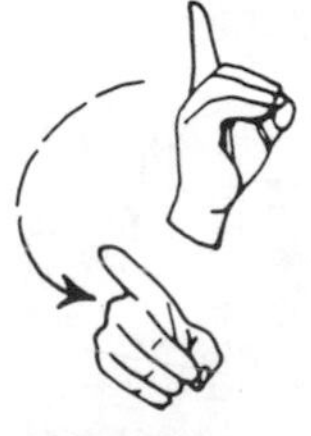

Chicago y Detroit. 11. Yo
"C" "D"

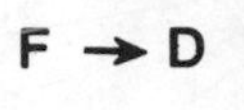

F → D LC D DAR DAR

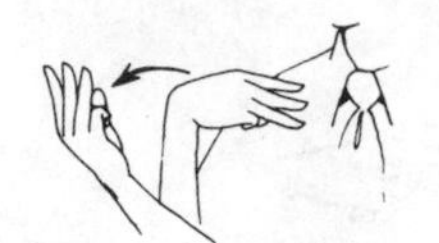

también **he visitado** **a Washington** **D.C.** **y**

"W" "D" "C" círculo

F → D D

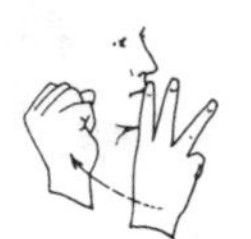

a St. Louis. 12. **Mientras** **yo** **estuve** **ahí**

durante

LC

visité **el*** **monumento** **a** **Lincoln.**

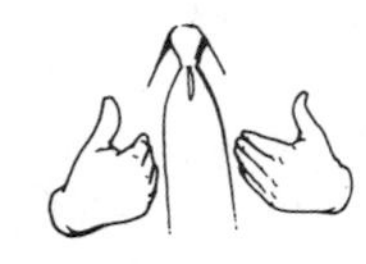
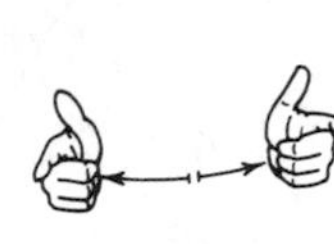
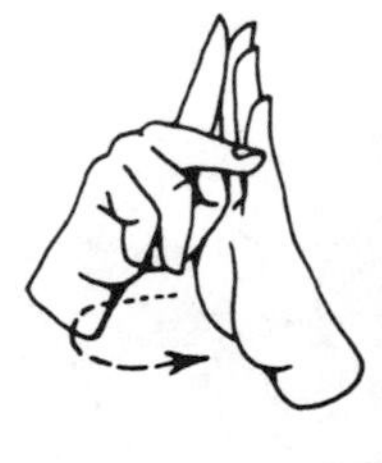

13. **Yo** **creo** **que** **Lincoln** **tenía** **grandes** **principios.**

confío D "P" en I manos

AMA AA

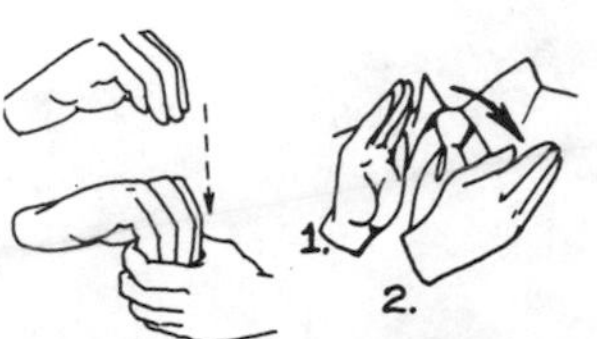
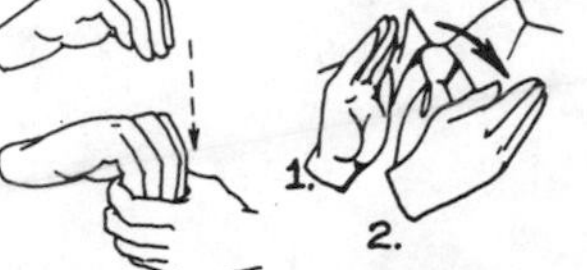

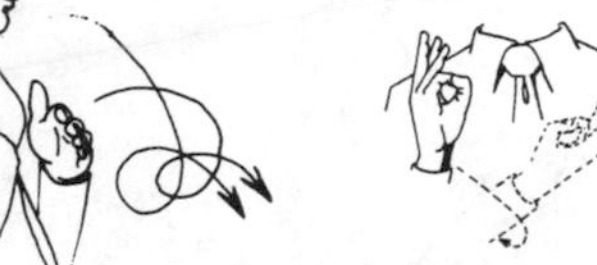

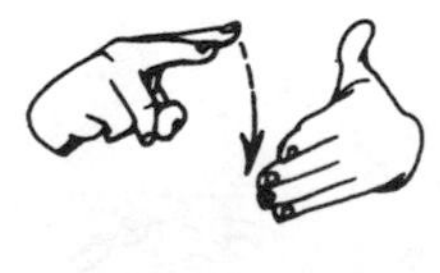
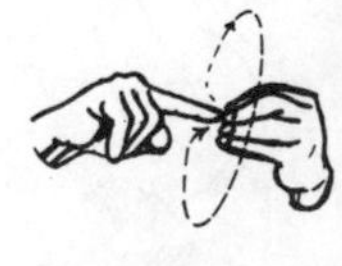

14. **En** **nuestra** **generación** **nosotros** **leemos** **acerca de**

2X

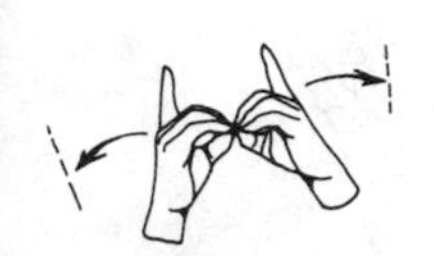

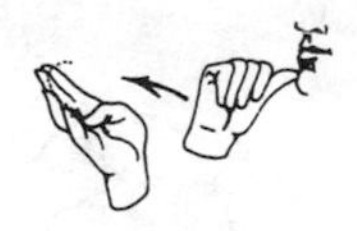

divorcios **diariamente.** 15. **En unos cuantos días**

mañana + unos cuantos

DEI 2X DPEI

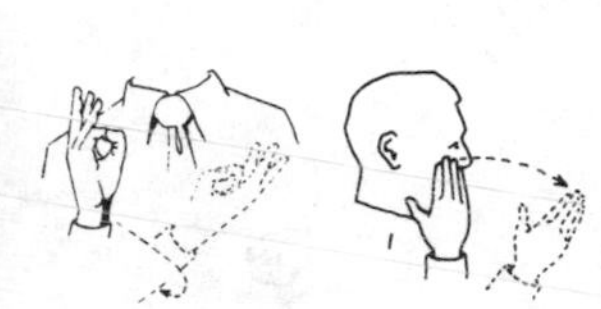
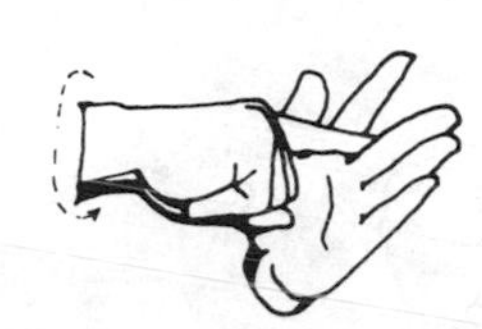

nosotros **comenzaremos** **clases** **regulares.**

empezamos
iniciamos

"C"

"solamente" dos veces

16. **Hace unos días** **me** **hicieron** **unas**

ayer + unos cuantos

orar

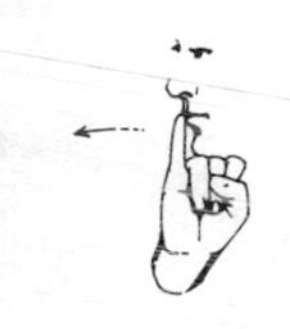

preguntas ridículas. 17. **Es**

tonta
"Y"

D AMA

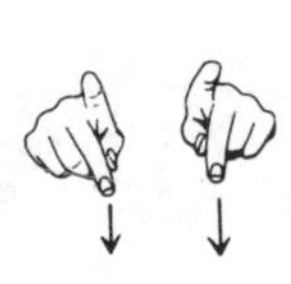
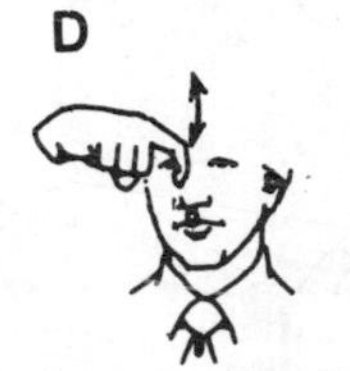

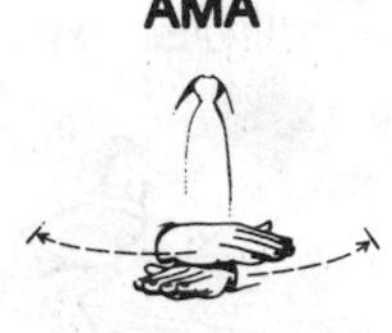

una **persona** **sabia** **que** **no** **cree**

2 "P"

confiar
agarrar + mente

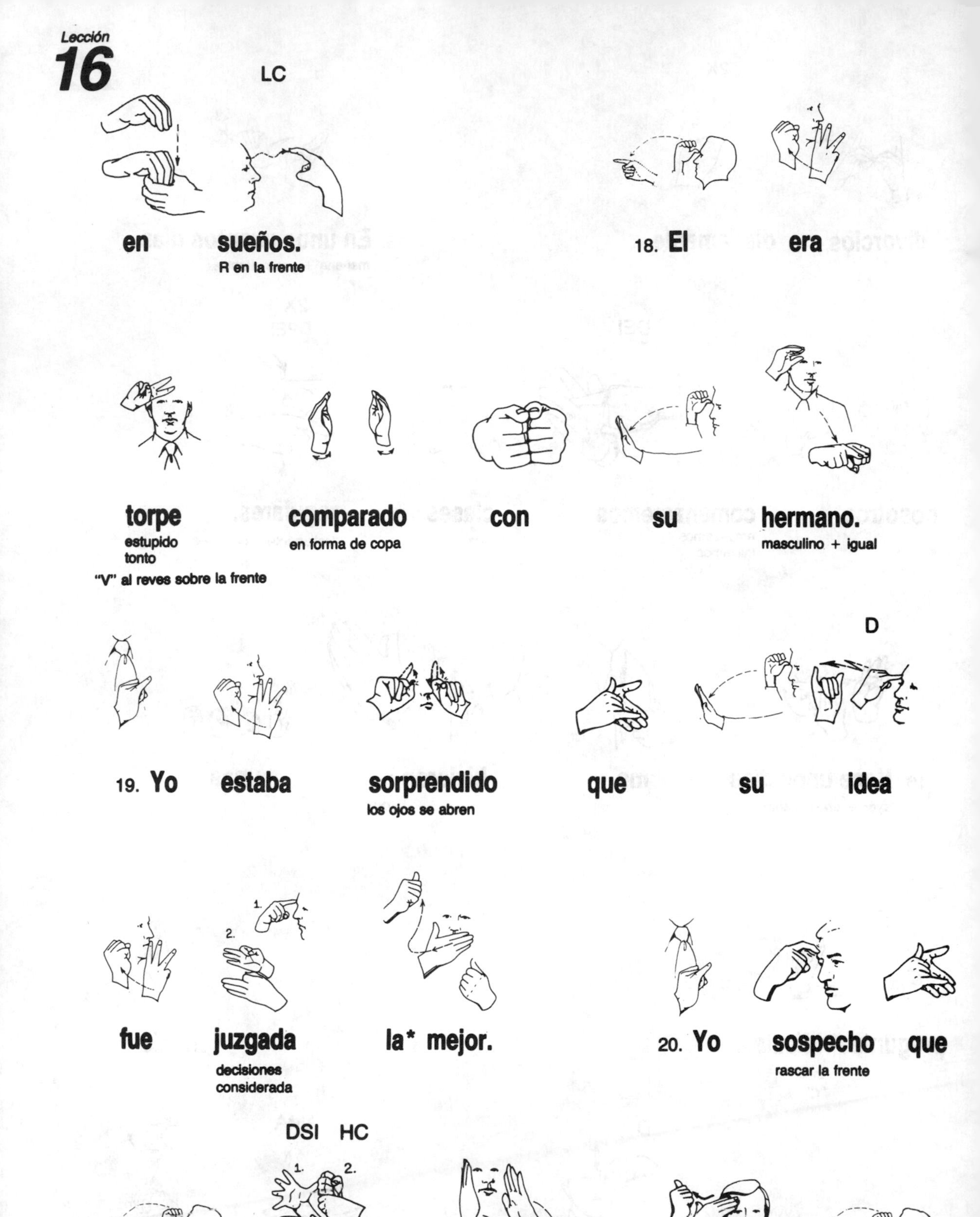
Lección
16
LC
en
sueños.
R en la frente
18. El
era
torpe
estupido
tonto
"V" al reves sobre la frente
comparado
en forma de copa
con
su
hermano.
masculino + igual
D
19. Yo
estaba
sorprendido
los ojos se abren
que
su
idea
1.
2.
fue
juzgada
decisiones
considerada
la* mejor.
20. Yo
sospecho
rascar la frente
que
DSI HC
1.
2.
él
recibió
atención
porque
él

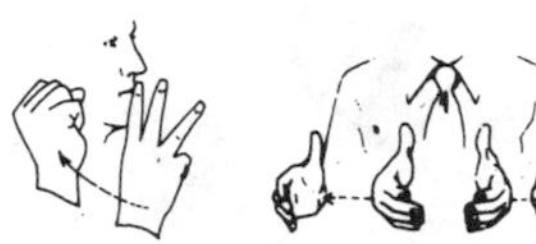

era **tan** **descuidado,** **estricto** **y** **cruel.**

"V" como tonto

Indice

Ejercicio de palabras

Arón Adar Artemas Andrés Barabás Bernabé Darío Daniel Demos María Marta Marcos Omar Juan José Pedro Santiago Pablo Saúl Samuel Jonás Elías Judá Jerusalén Belén Israel Ezequiel Hageo Malaquías

DSI

  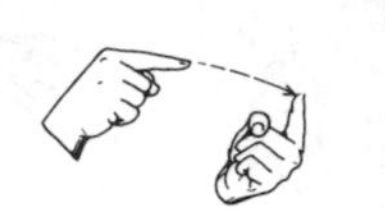 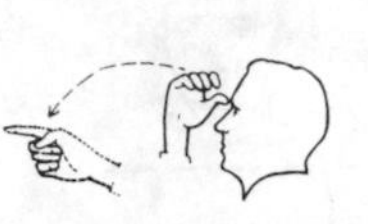 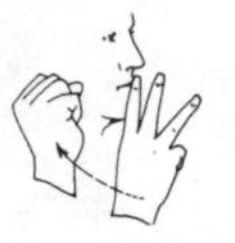 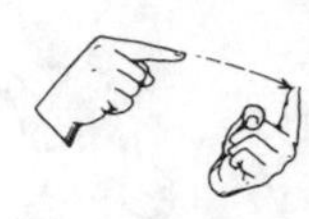

1. **Mi** **consejo** **para** **él** **fue** **que**

DEI HC

  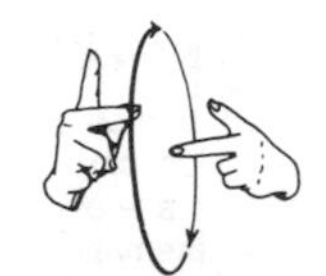 

dejara **de engañar** **a la* gente** **pobre.**

bajo la mesa

DSI DEI

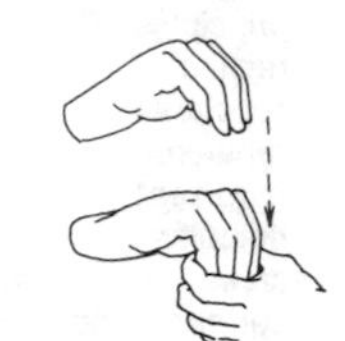  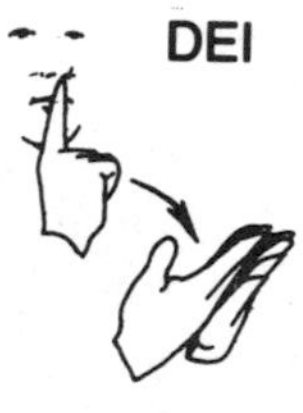 

2. **Su** **influencia** **en** **la* clase** **demostró que** **a él**

gran consejo "C"

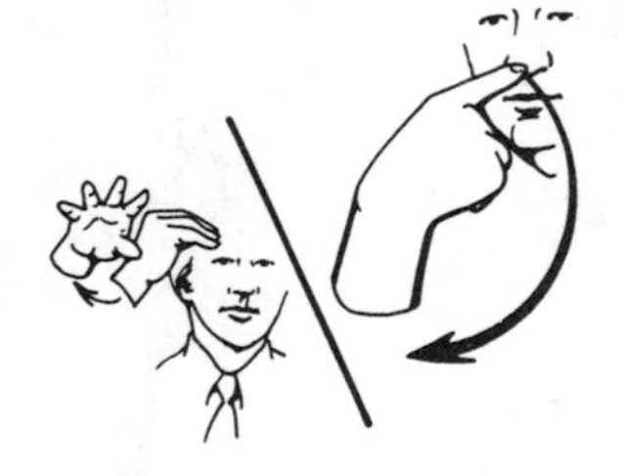

no le importaba.

3. **El** **inventó**

"4" mano frente a la frente

CR

  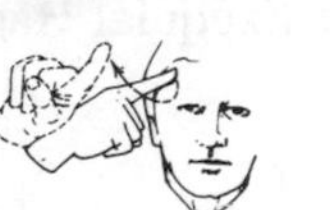  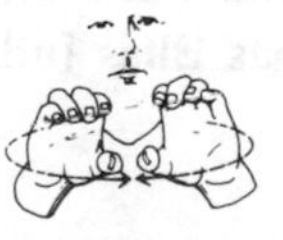

una razón **para** **faltar** **a la clase.**

"R" como pensar

DPEI AM

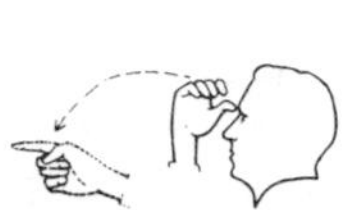

4. **Yo** **creo** (suponer, suposición) **que él** **está** **simplemente** **loco.** ("5" agarrar mano)

DI →

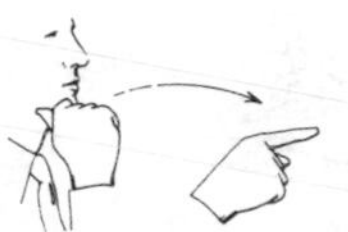

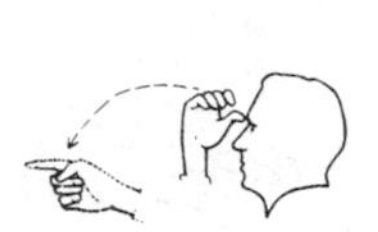

5. **Ella** **se mareó** ("5" agarrar mano frente a los ojos) **después que** **él**

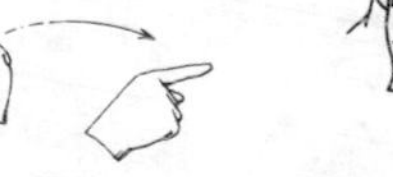
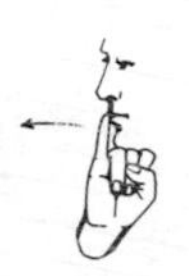

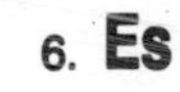

la **besó.** (boca-mejilla)

6. **Es** **bueno**

2X

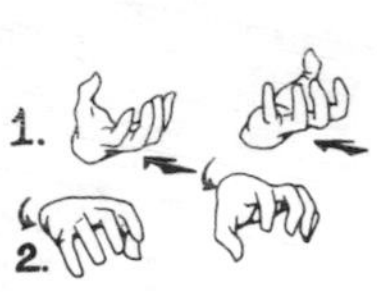

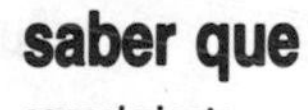
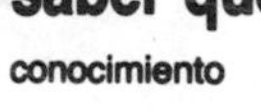

saber que (conocimiento) **él** **no quiere** (querer + echar fuera) **venganza.** (desquite)

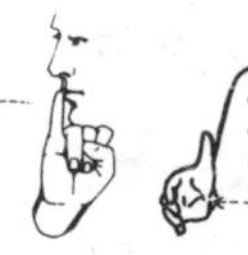

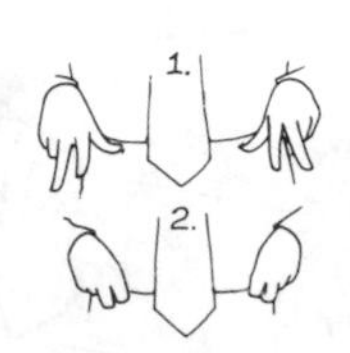

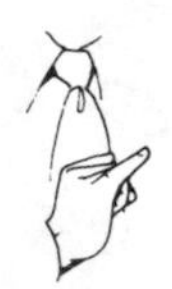

7. **El** **es** **tan** **egoísta** ("3" manos hacia las caderas) **que** **yo**

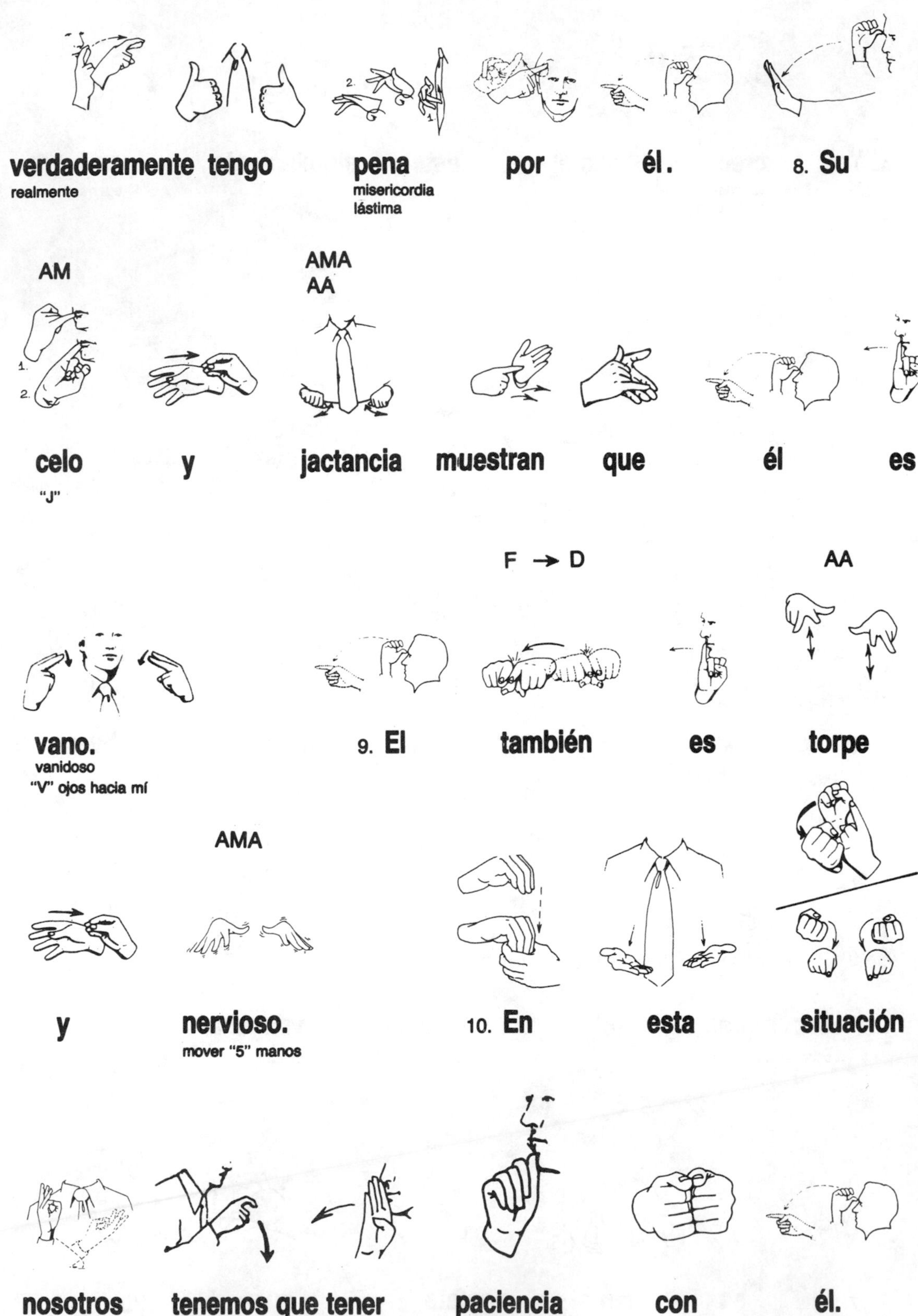
verdaderamente
realmente
tengo
pena
misericordia
lástima
por
él.
8. Su
AM
AMA
AA
celo
"J"
y
jactancia
muestran
que
él
es
vano.
vanidoso
"V" ojos hacia mí
9. El
F → D
también
es
AA
torpe
y
AMA
nervioso.
mover "5" manos
10. En
esta
situación
nosotros
tenemos que tener
necesitamos
debemos
paciencia
R "A" bajando por boca
con
él.

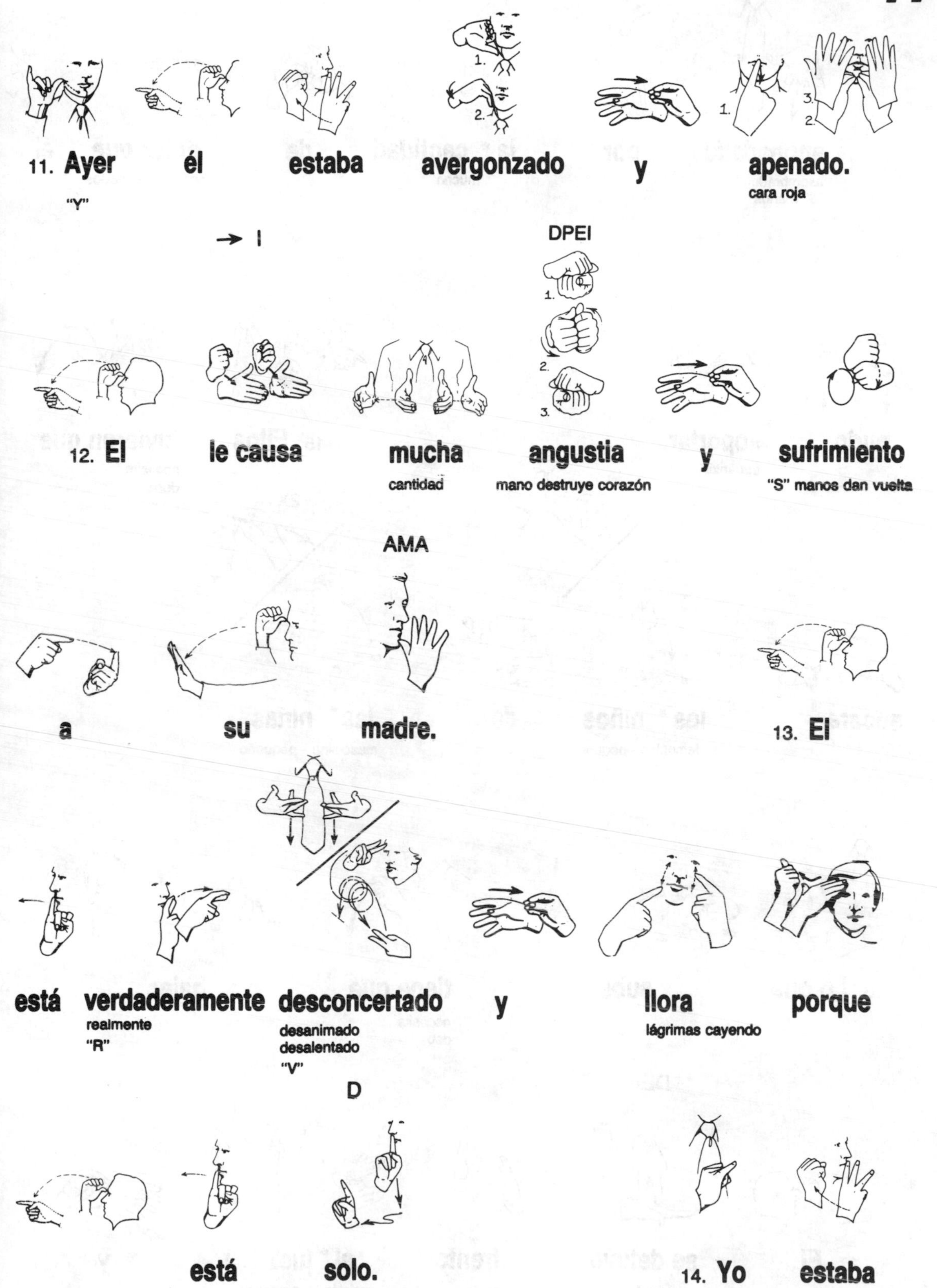
1.
2.
3.
11. Ayer él estaba avergonzado y apenado.
"Y"
cara roja
→ I
DPEI
12. El le causa mucha angustia y sufrimiento
cantidad
mano destruye corazón
"S" manos dan vuelta
AMA
a su madre.
13. El
está verdaderamente desconcertado y llora porque
realmente
"R"
desanimado
desalentado
"V"
lágrimas cayendo
D
está solo.
14. Yo estaba

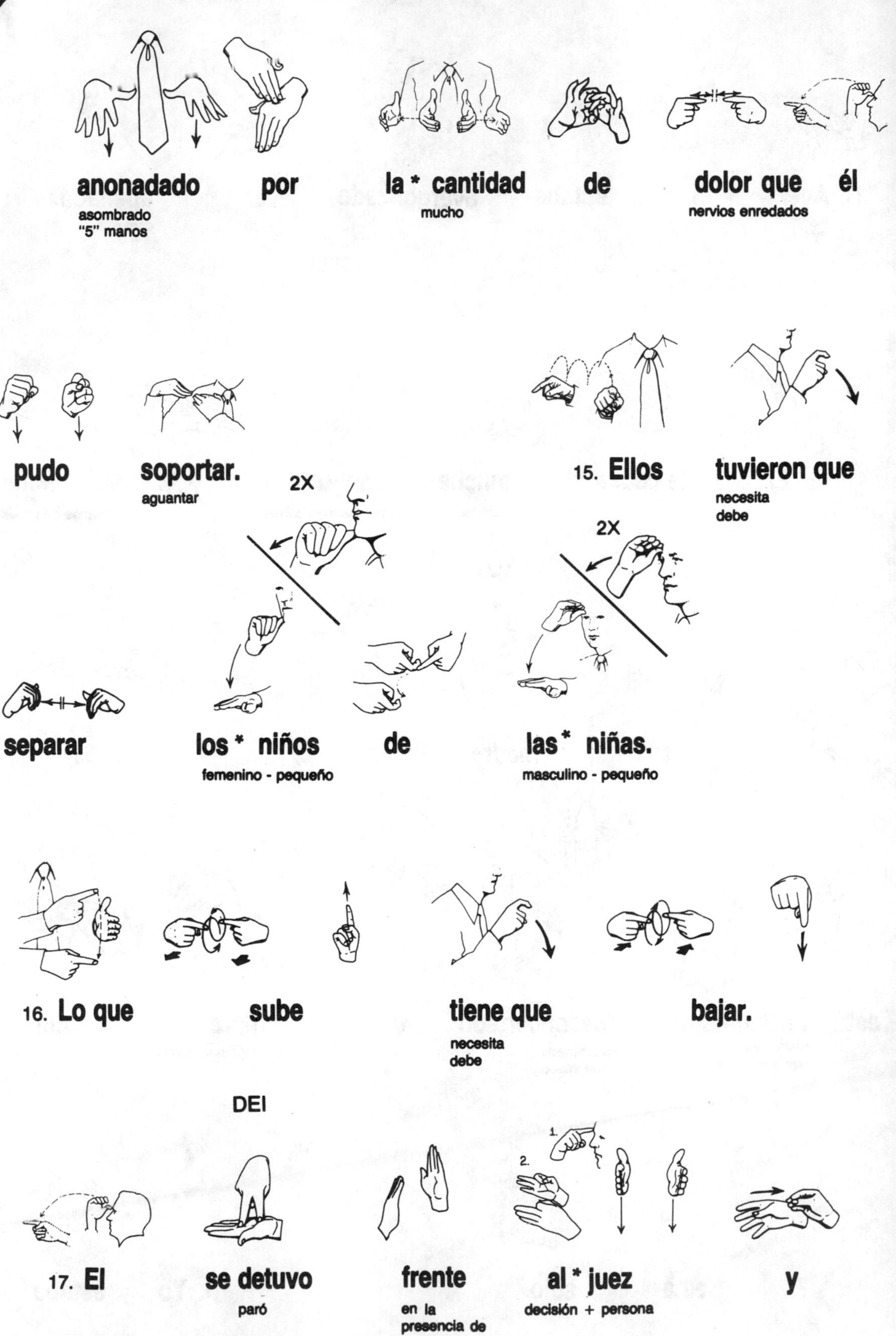
anonadado
asombrado
"5" manos
por
la * cantidad
mucho
de
dolor que
nervios enredados
él
pudo
soportar.
aguantar
15. Ellos
tuvieron que
necesita
debe
2X
2X
separar
los * niños
femenino - pequeño
de
las * niñas.
masculino - pequeño
16. Lo que
sube
tiene que
necesita
debe
bajar.
DEI
1.
2.
17. El
se detuvo
paró
frente
en la
presencia de
al * juez
decisión + persona
y

2X

suplicó

su inocencia.
dos "H" sobre labios

18. Nosotros

→ D

→ D

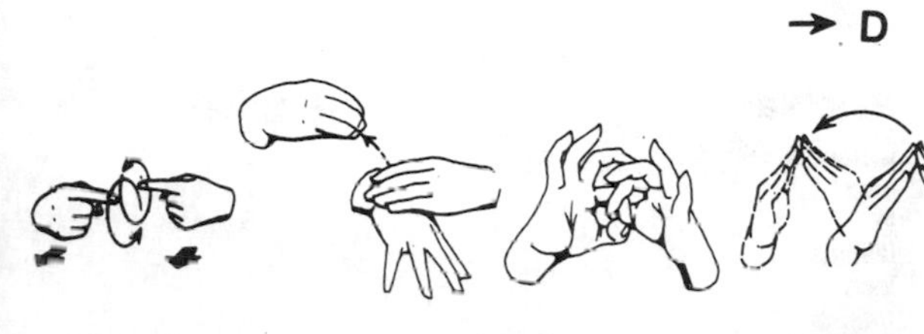

nos fuimos **del*** **pueblo** **antes que** **los demás.**

techos

HC

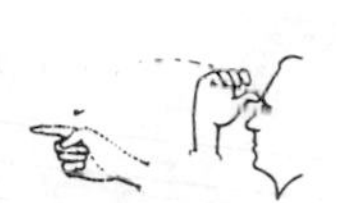

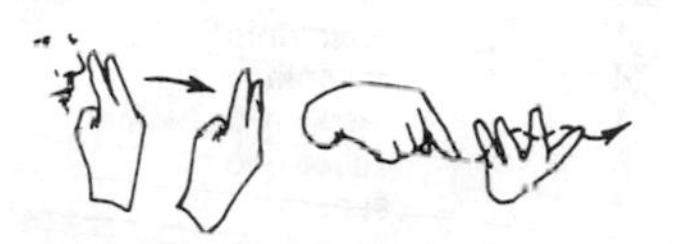

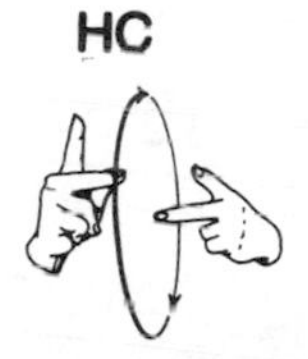

19. Nosotros **lo** **vimos** **entre** **la * gente,** **despues**

"P" manos

de repente **él** **se desapareció.**

rápido
inmediatamente

resolvió problema
desvanecer

DEI

→ D

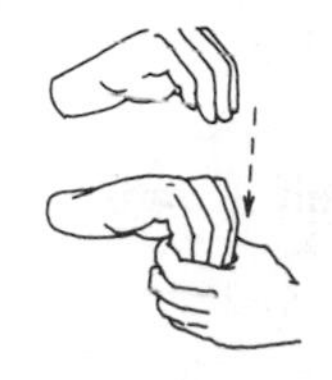

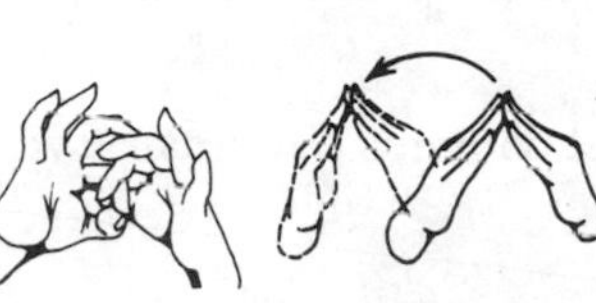

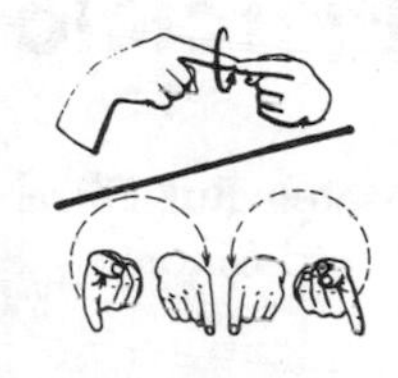

20. Estaba **en** **el * centro** **del*** **pueblo** **cuando**

"M"

techos

Lección
17

mi **carro** **se detuvo.**
paró

Indice

Ejercicio de palabras

Mateo Rut Elizabet Timoteo Set Adán Eva Caín Ester Sarah Abram Word Sinonys

D-I

1. El cruzó la * calle y se cayó contra
camino

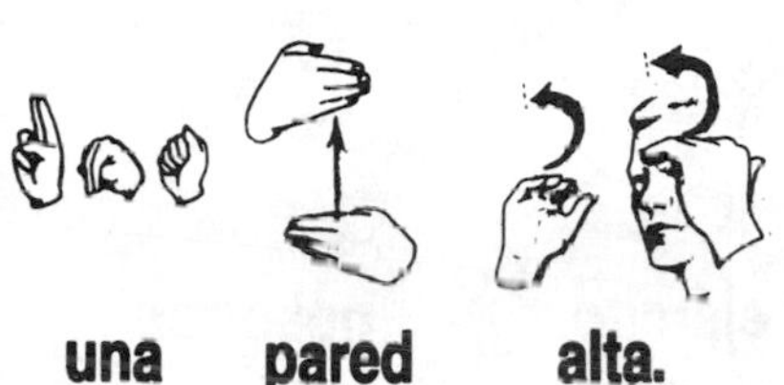

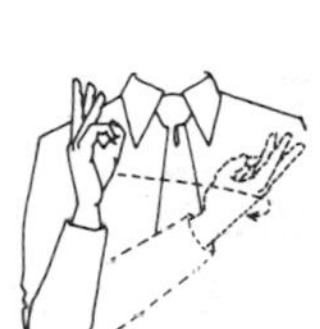

una pared alta. 2. Nosotros creemos en vida
confiar

F → D

DEI

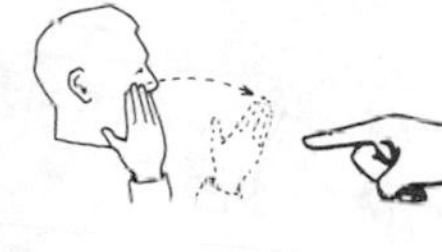

después de la muerte. 3. Por favor, ¿podrías acostarte
gustar
placer
disfrutar

DEI DPEI

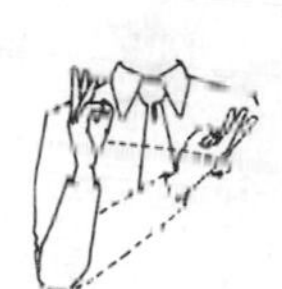

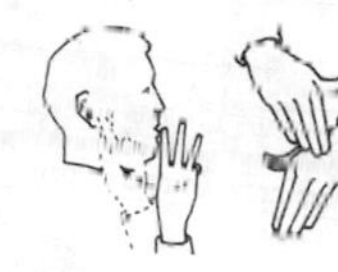

y dejar de brincar? 4. Nosotros estábamos en una fiesta
saltar "P" como jugar

DEI DPEI

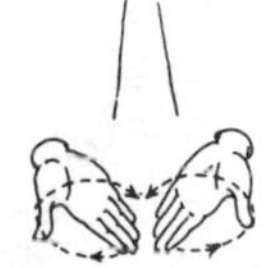

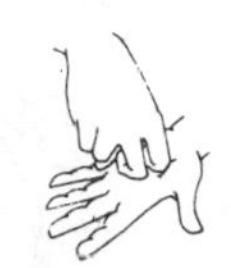

donde tuvimos que estar de rodillas todo el * tiempo.
tener
deber

5. ¿Has tú viajado mucho?
jornada
cantidad
DEI
6. Mientras estuvimos en el * ejército, nosotros
F → I
AMA
AA
tuvimos que marchar, trepar y correr sin
debemos
necesitamos
descansar. 7. El por fin se sobrepuso a su hábito
finalmente
ya
conquistó
derrotó
vencer
mente + cauterizado
MD
D
de flirtear. 8. Un gato negro se apresuró a
coquetear
bigotes

DI →

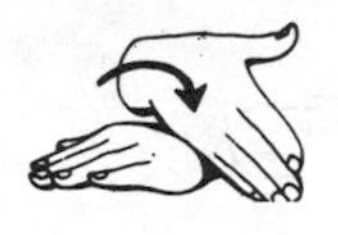  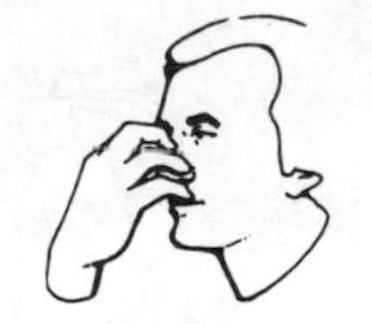

cruzar **la *calle.** 9. **El* payaso**

después · nariz grande

F → I · DDI → D

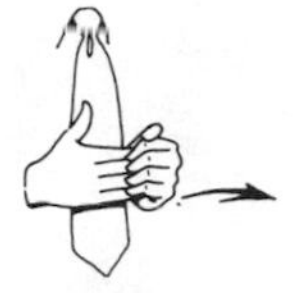 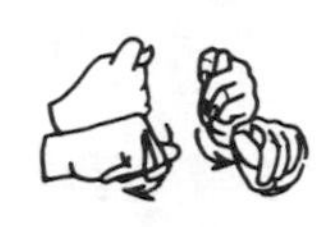  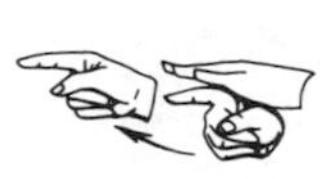

dirigió **el *atentado** **de** **escapar.**

tratar "T"

10. **Nos** **dijeron que** **nos alineáramos** **y**

hablaron contaron · "5" manos

→ I MD

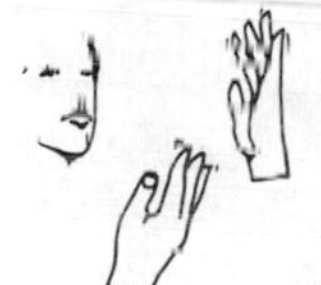  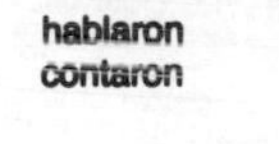 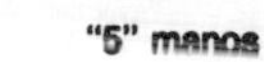 

que esperáramos **el * tren.** 11. **Es**

rieles

DEI

   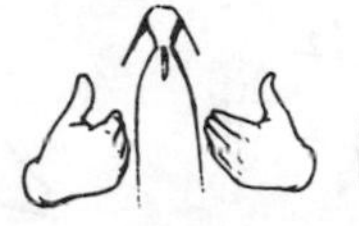 

importante **que** **tú** **tengas** **los * boletos.**

especial valor

2X

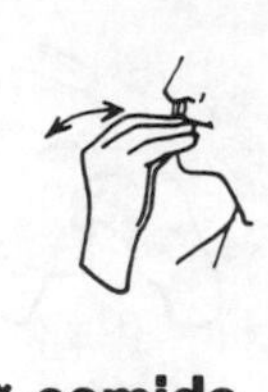

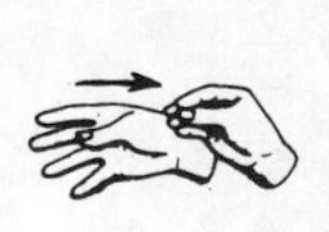

12. **La * comida** (comer) **sabía y olía horrible,** (terrible)

2X

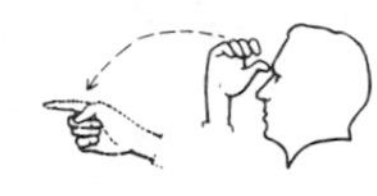
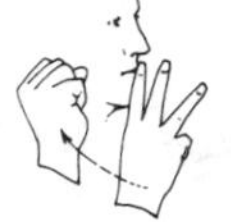

pero él fue muy cortés. (como "fino")

DPEI

13. **Mientras yo tocaba la * carne, yo noté** (desde ojo a palma de mano L)

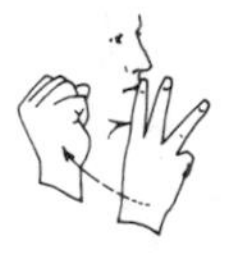

que estaba ruinada. (aruinada)

DEI

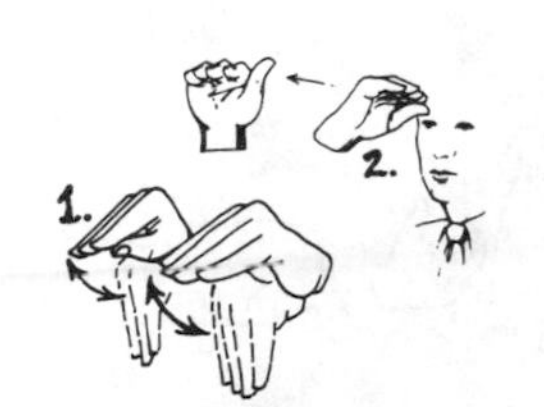

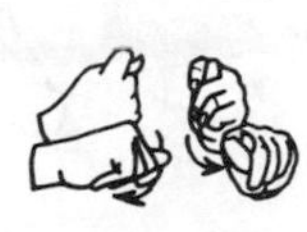

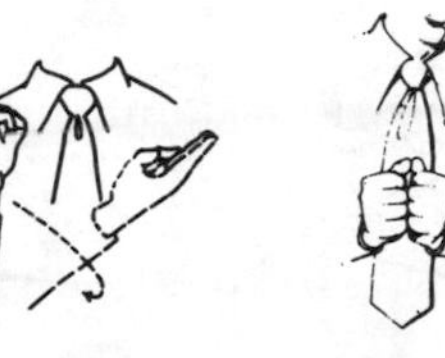

14. **El * vendedor trató de impresionarnos con** (tratό: atentado "T"; impresionarnos: enfatizar recalcar)

2X

su habilidad de debatir.
debate

D

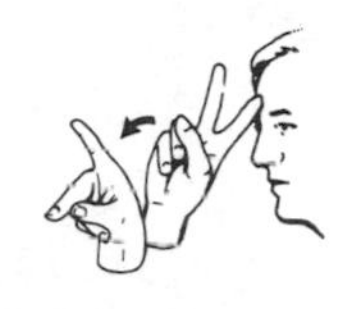    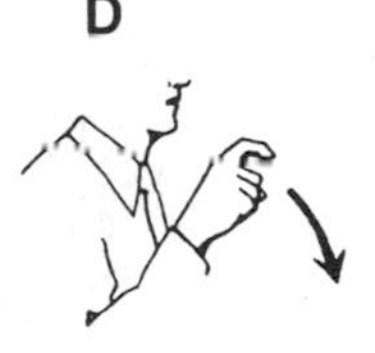 

15. **El* vice presidente nos dijo que tenemos que negar a**

dijo: hablar, contar
tenemos que: necesitamos, debemos
negar: empujar hacia abajo deseos

D

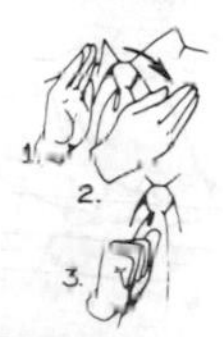 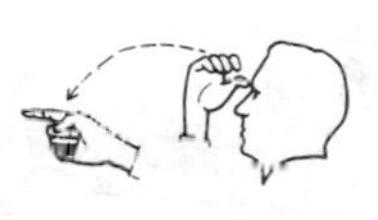  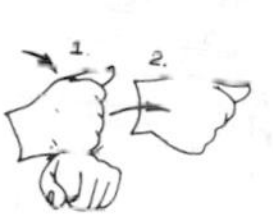

nosotros mismos. 16. **El me acusó de**

acusó: condenar, culpa

AMA
AA

  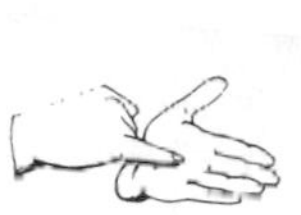 

robo, pero yo lo negué.

negué: no

AMA
AA

F → D

17. **La* persona que verdaderamente sirve, también**

persona: "P"
sirve: llevar

compartirá todo. 18. Yo les

2X

advertí a los campeones que dejaran el * salón.
cuarto
"R" manos

AMD

19. ¿Está cualquiera de ustedes dos dispuesto

2X

a debatir?
discutir

20. El esparcía

DPEI
2X

papeles mientras cortaba el cesped.
navajas moviéndose

Indice

Palabia	Oración
acostarte	3
acusó	16
advertí	18
alta	1
apresuró	8
atentado	9
boletos	11
brincar	3
calle	1
campeones	18
cayó	1
compartirá	17
condenar*	16
conquistó*	7
contra	1
coquetear*	7
cortaba el césped	20
cortés	12
cruzó	1
cualquiera	19
culpa*	16
debatir	14
dejaran	18
derrotó*	7
descansar	6
dirigió	9
dispuesto	19
dos	19
ejército	6

Palabia	Oración
escapar	9
esparcía	20
especial*	11
esperáramos	10
estar de rodillas	4
estuvimos	6
fiesta	4
fin	7
flirtear	7
habilidad	14
horrible	12
importante	11
impresionarnos	14
marchar	6
mientras	13
negar	15
negué	16
nos alineáramos	10
nosotros mismos	15
noté	13
pared	1
payaso	9
recalcar*	14
robo	16
ruinada	13
sabía	12
saltar*	3
sin	6
sobrepuso a	7
terrible*	12
tocaba	13
tratar*	9
trató	14
trepar	6
tuvimos que	6
vencer*	7
vendedor	14
vicepresidente	15

Ejercicio de palabras

Mateo Rut Elizabet Timoteo Set Adán Eva Caín Ester Sarah Abram
Word Sinonys

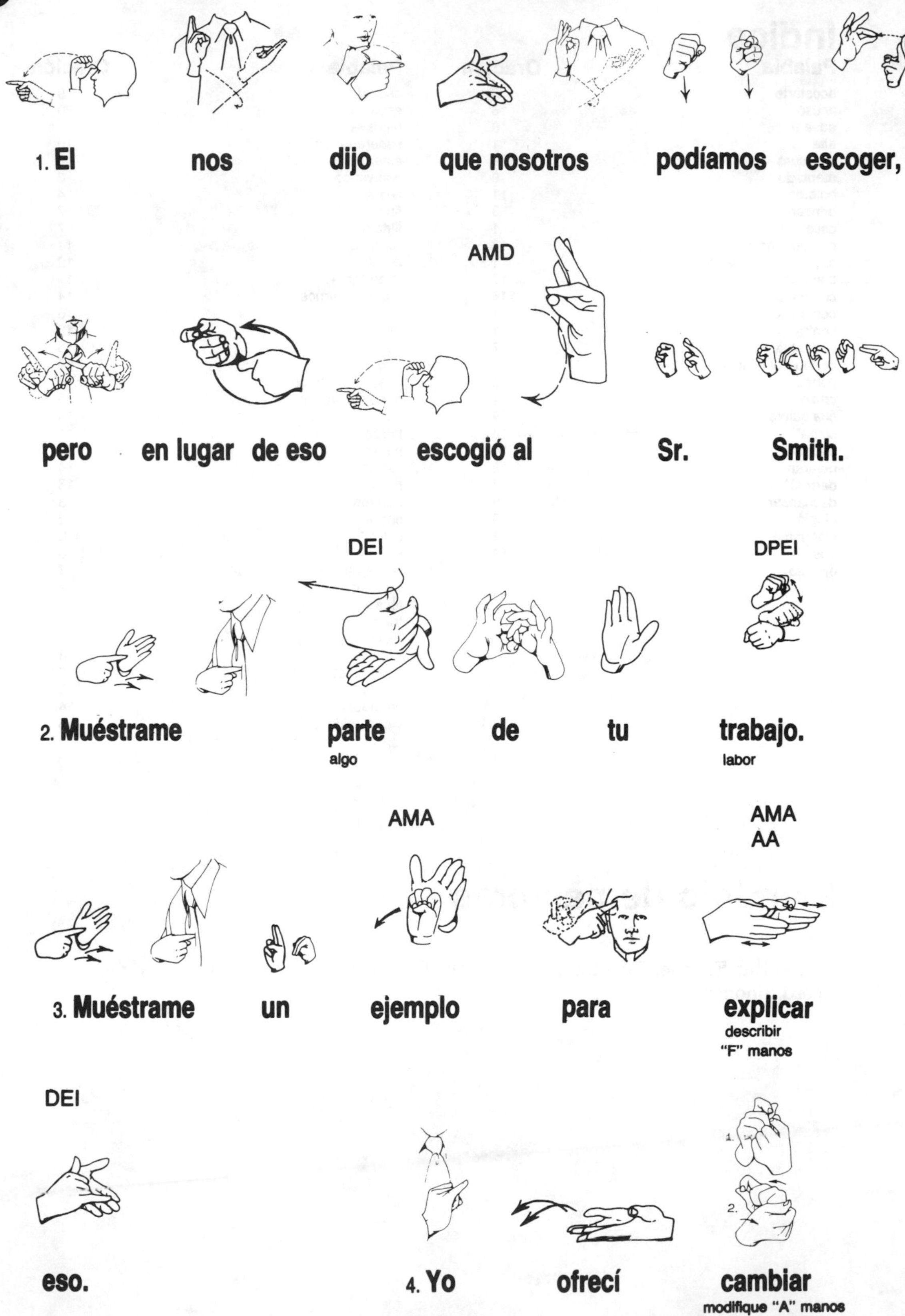
1. El nos dijo que nosotros podíamos escoger,
AMD
pero en lugar de eso escogió al Sr. Smith.
DEI
DPEI
2. Muéstrame parte de tu trabajo.
algo
labor
AMA
AMA
AA
3. Muéstrame un ejemplo para explicar
describir
"F" manos
DEI
eso. 4. Yo ofrecí cambiar
modifique "A" manos
1.
2.

3.

de interpretes "F" manos **a causa del*** **vocabulario.** "V" como palabra

2X

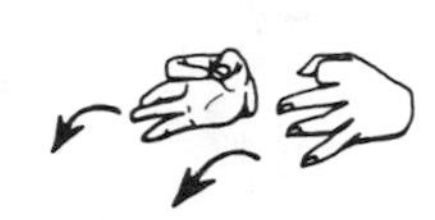

5. **Yo** **ofrecí** solicitar como un trabajo **posponer** tardar demorar **el* castigo.**

AMA

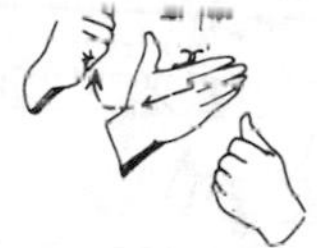

6. **Ellos** **se rindieron** renunciar **antes de** **defender**

AC
LC
AMA

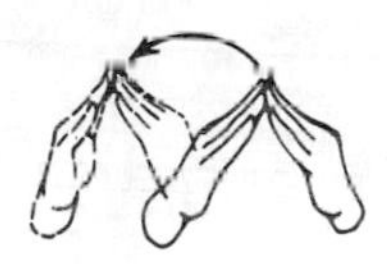

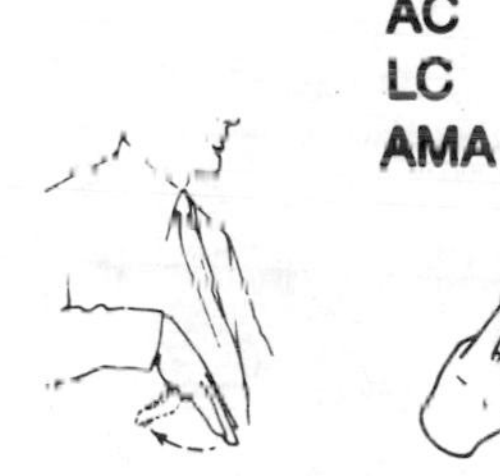

la* ciudad. techos

7. **¿Ya** aún **visitaste** "V"

la tumba? enterrar montaña de tierra sobre tumba

8. **Él** **trató** "T"

DDI

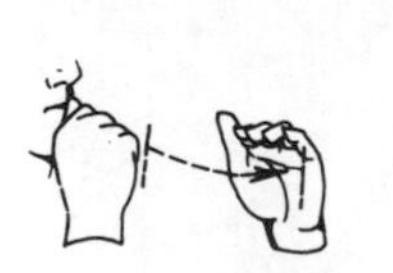
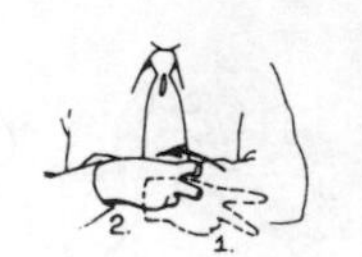

de esconder **lo que** **había robado,** **pero** **él** **era**

IED

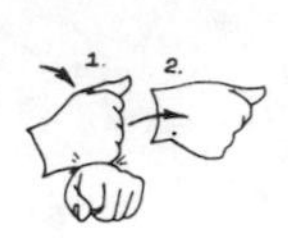
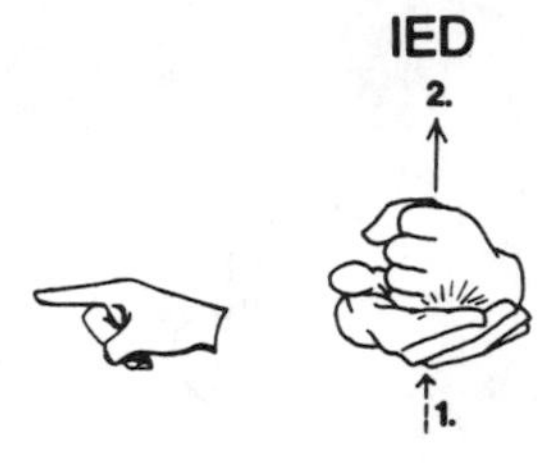

culpable. **9. ¿Ayudarías** **a**

acusado

DSI

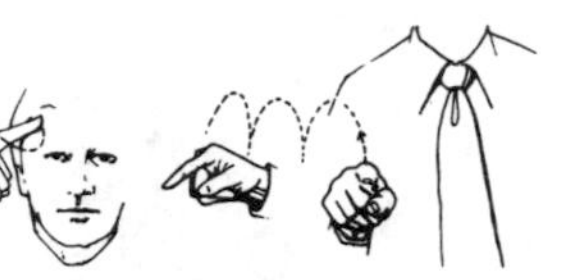

establecer **un** **hogar** **para** **aquéllos que**

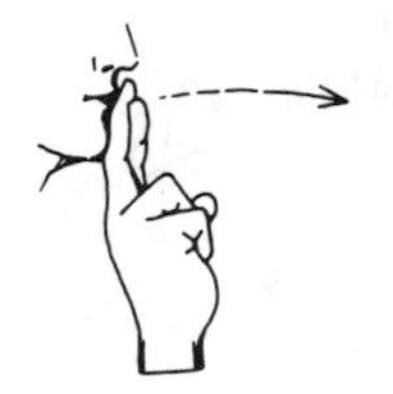
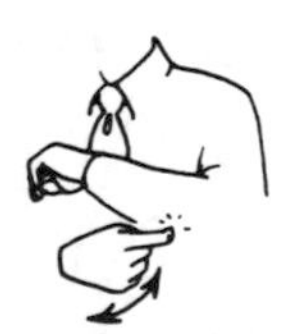

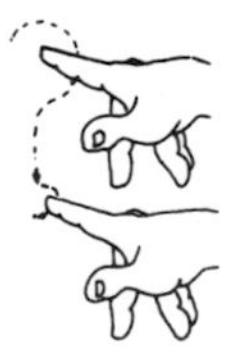

son **tentados** **a robar?**

tentación — subiendo por la manga

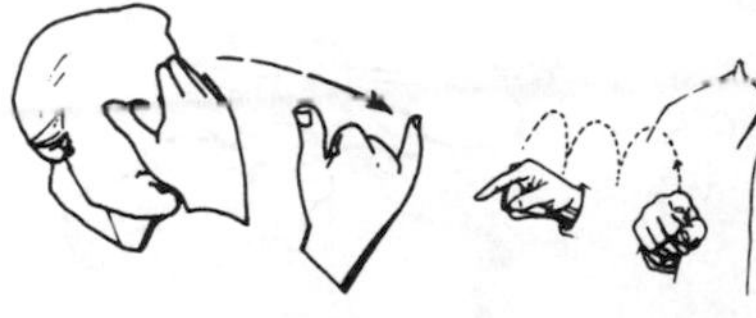

10. No entiendo **por qué** **ellos**

enciende la luz

I → C

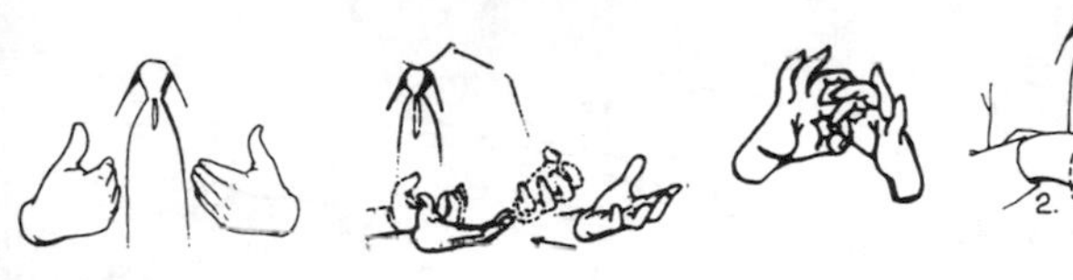
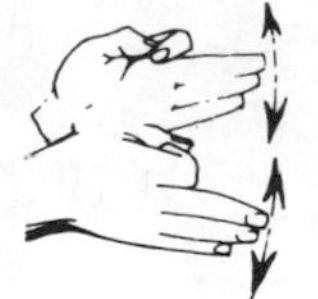

tienen el * deseo de robar. **11. Si**

querer · subiendo por la manga · "F"

MD

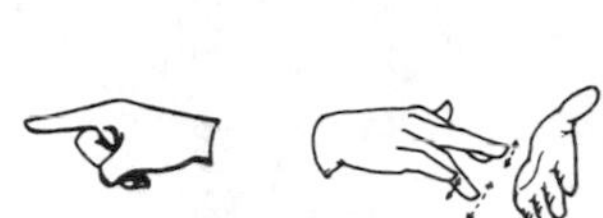
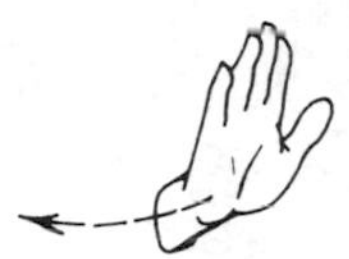

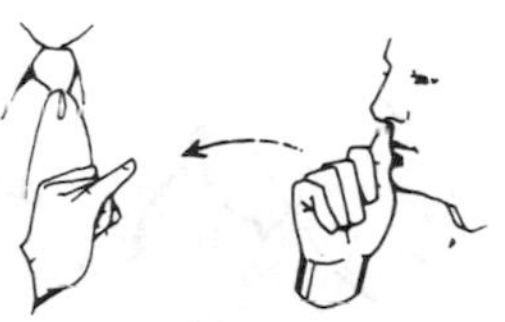

estudias sus caminos estoy seguro

"W" · verdad

DEI

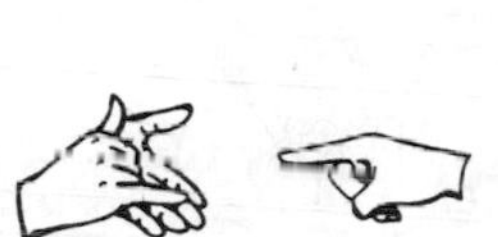

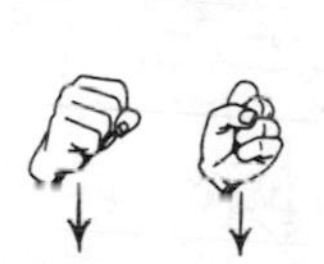
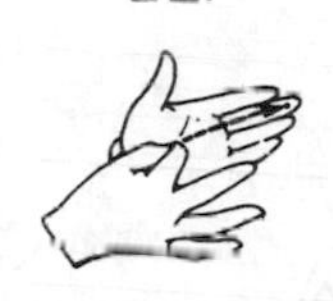
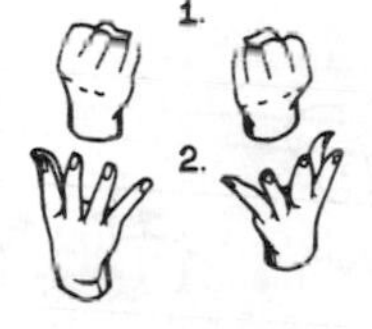

que podrás contar a muchos que fracasan.

DAR DAR

12. ¿Te graduaste de la escuela secundaria?

"G" en la palma · "E" · "S"

DPEI

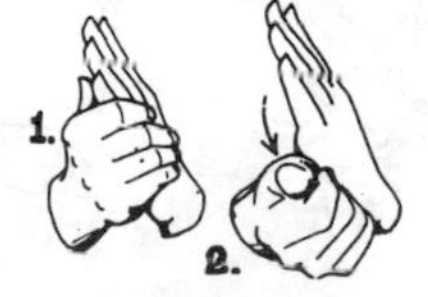

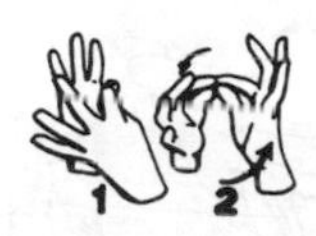

13. Tu habilidad para interpretar está mejorando.

experiencia · "F" manos · subiendo por el brazo

DEI
14. Su
sermón
lección
mensaje
era
tan
extenso
que
necesitaba
debe
tiene
ser
condensado.
AMA
15. Yo
no puedo
medir
"Y"
cuánto
cantidad
él
DEI
gana.
16. Yo
sé
que
él
gasta
2X
DPEI
todo
el* dinero
que
toma prestado
"V" manos hacia adentro
y

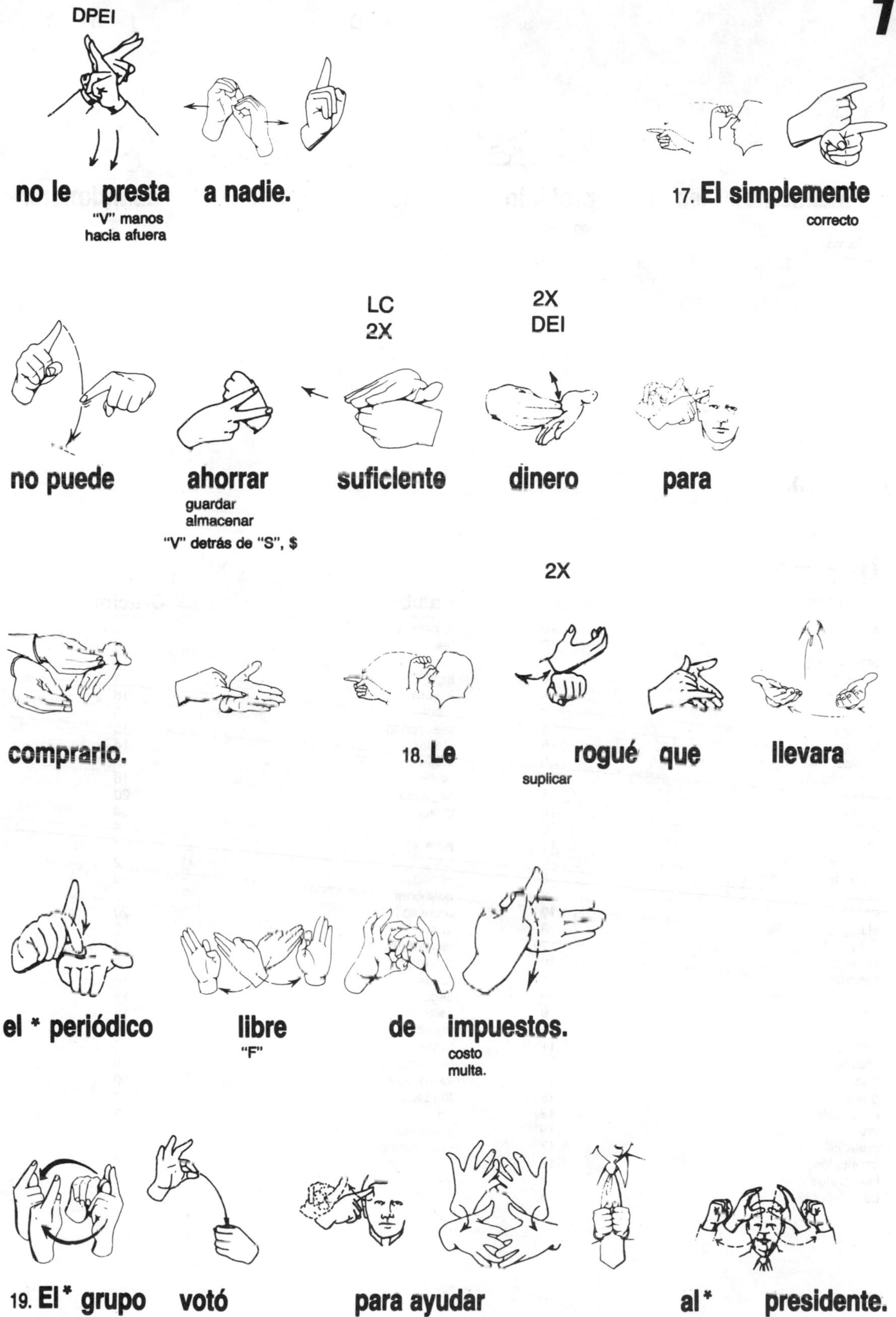
DPEI
no le presta a nadie.
"V" manos hacia afuera
17. El simplemente
correcto
LC 2X
2X DEI
no puede ahorrar suficiente dinero para
guardar
almacenar
"V" detrás de "S", $
2X
comprarlo.
18. Le rogué que llevara
suplicar
el * periódico libre de impuestos.
"F"
costo
multa.
19. El * grupo votó para ayudar al * presidente.

→ D I → C

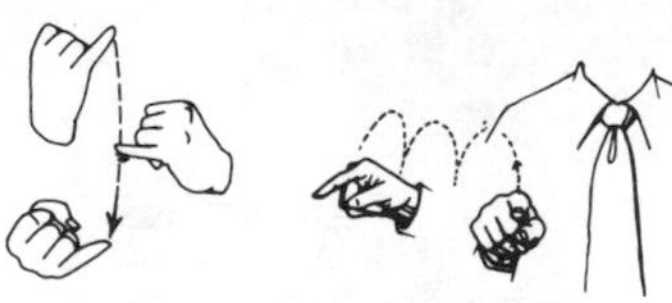

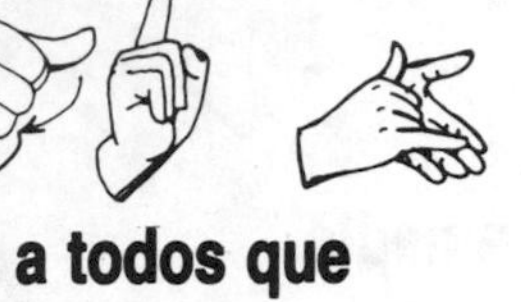
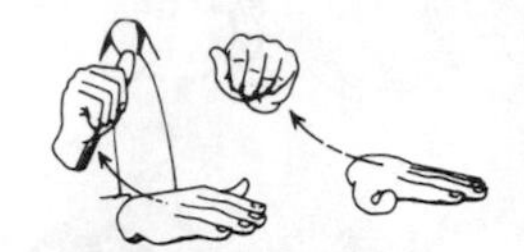

20. **Finalmente** **les** **prohibió** **a todos que** **abandonaran**

fin
último

negativo

el * salón.

Indice

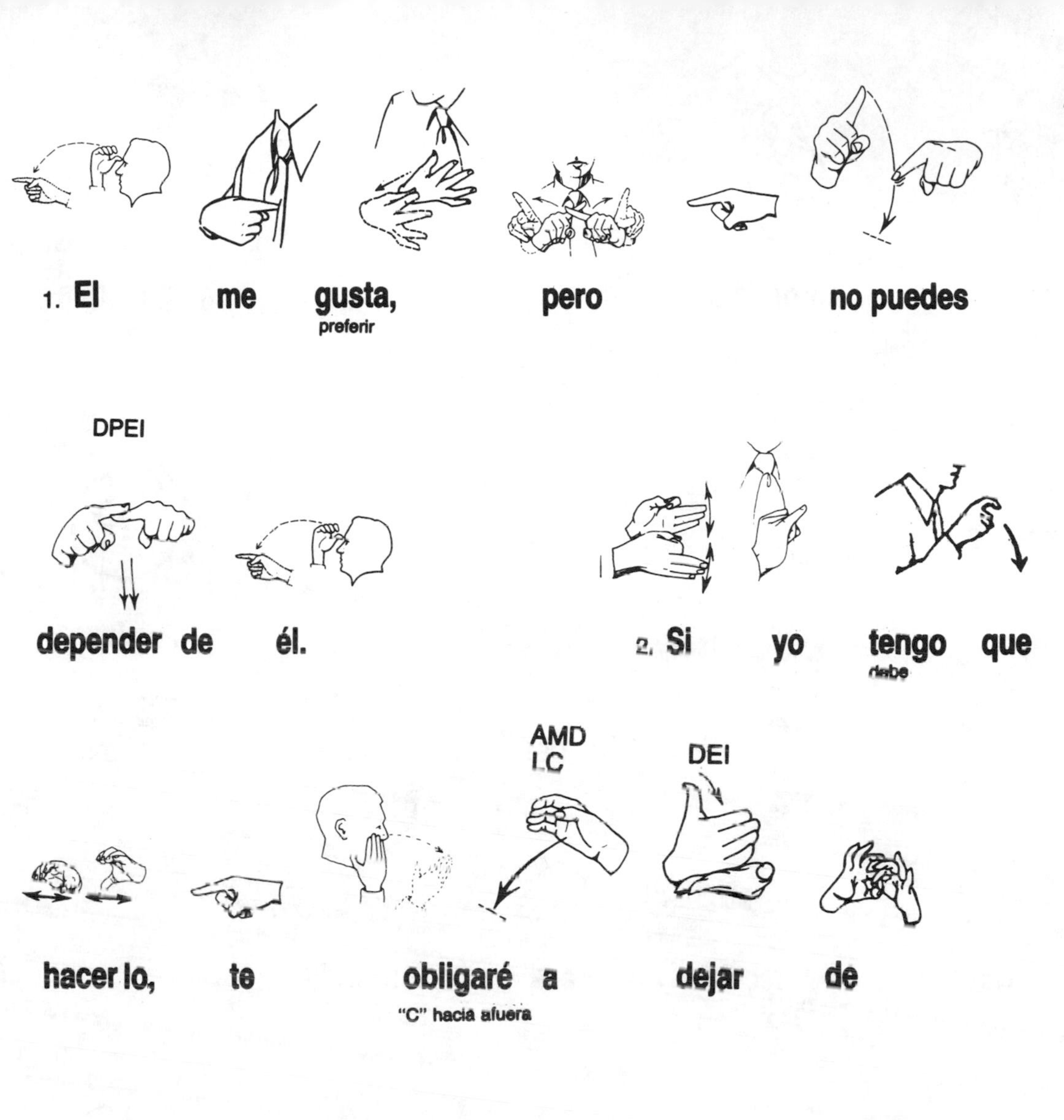

1. El me gusta, pero no puedes
preferir

depender de él. 2. Si yo tengo que
debe

hacer lo, te obligaré a dejar de
"C" hacia afuera

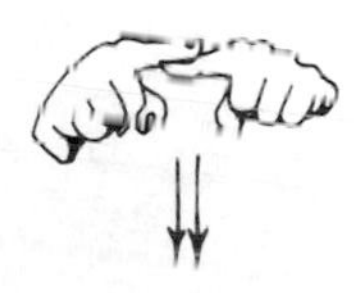

molestarlo. 3. Yo te aliento a que dependas de
exhorto
jalar

DDI → arriba

mi sostén.

AA

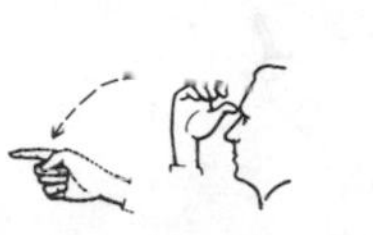

4. El reina
controla
gobierna

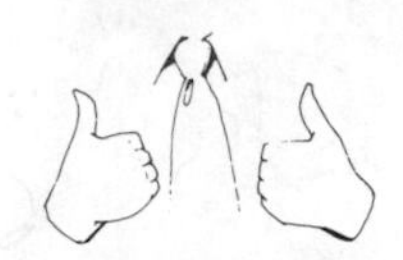

con **autoridad.**
"A" + fuerte

5. **Yo** **tengo** **que**

planchar **y** **coser.**

6. **Por favor,**
disfrutar
gustar
placer

DEI

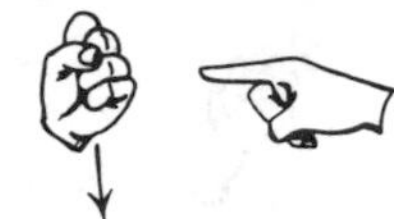

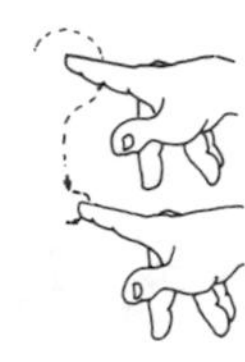

¿podrías **recortar** **esa** **fotografía?**
cuadro

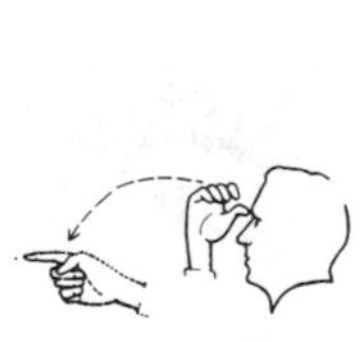

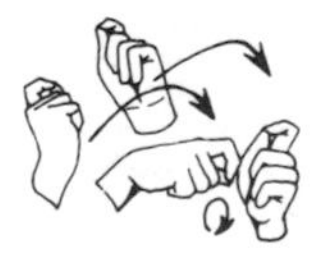

7. **A él*** **le encanta** **cazar** **y** **pescar** **desde que**
revolver
tirar cana de pescar

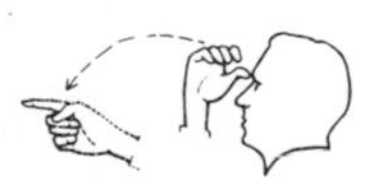

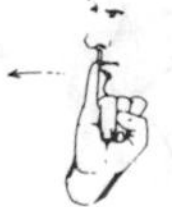
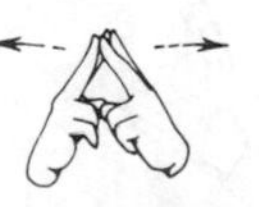

se **retiró.**
"R" como vago

8. **El** **es** **muy**
"V"

DEI

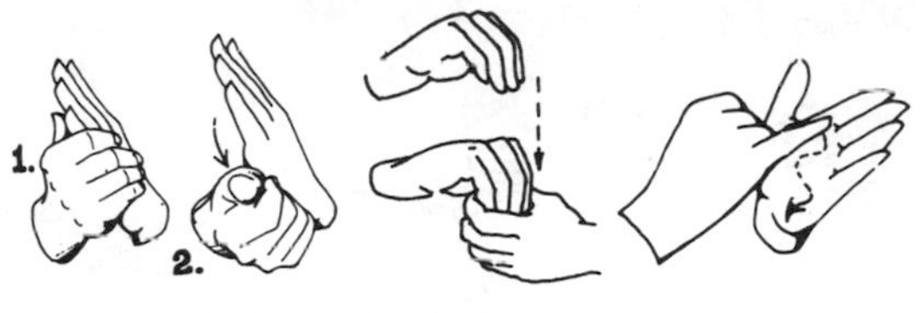

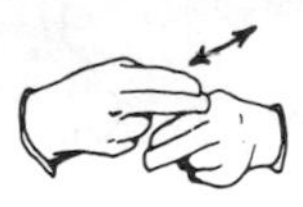

talentoso en **arte.** 9. **Pronto**

experiencia dibujar enseguida

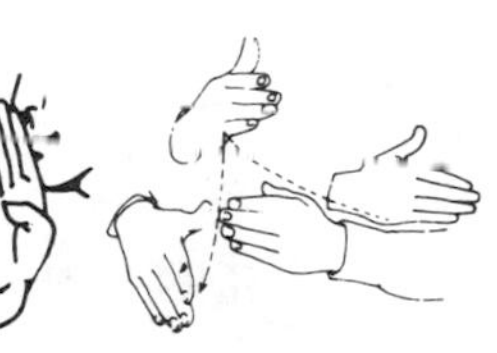

el * tiempo **de** **cosechar** **terminará.**

"T" siega completado

F → D CR

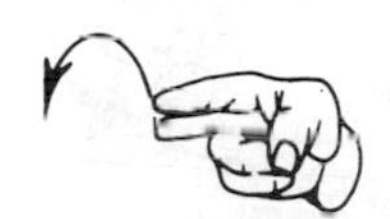

10. **El** **es** **medio sordo,** **pero** **lee labios**

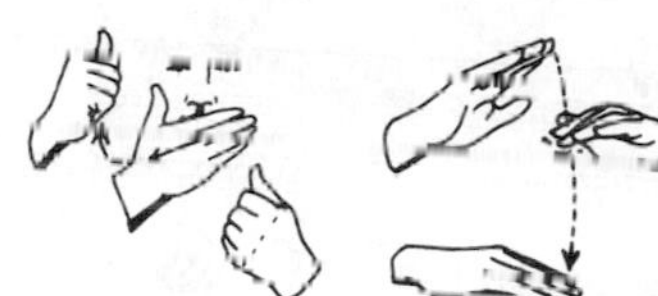

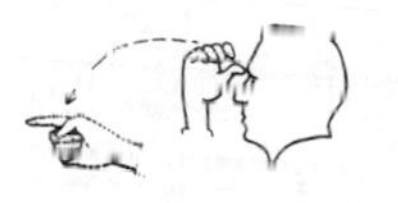

mejor **que** **la*** **persona** **promedio.** 11. **El verdaderamente**

entre
medio

verdad
R como verdad

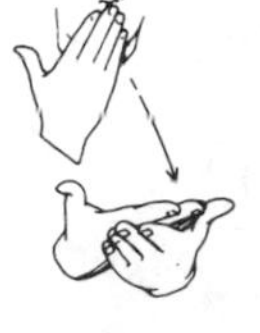

tiene **una** **buena** **voz.** 12. **Por favor,**

"V" subiendo por la garganta

disfrutar
gustar

DPEI

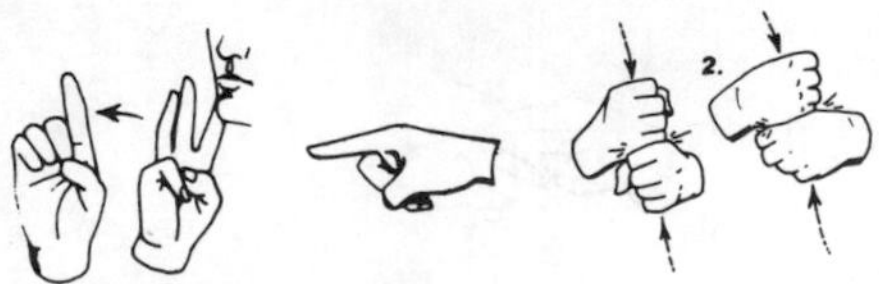

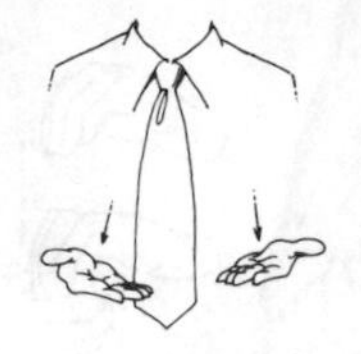

¿podrías hacer los * anuncios ahora?

proclamar

AMA

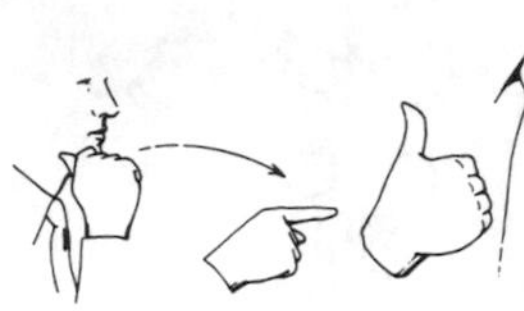

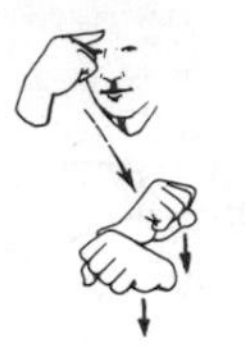

13. Ella tiene el * mal hábito de murmurar.

mente cauterizada

DEI AMA

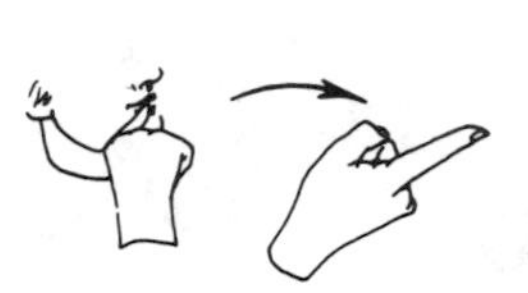

14. Yo te ordeno que dejes de hacer

decir grande

DEI

eso.

15. Yo les

2X

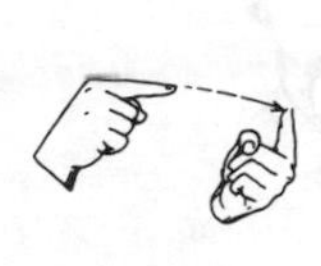
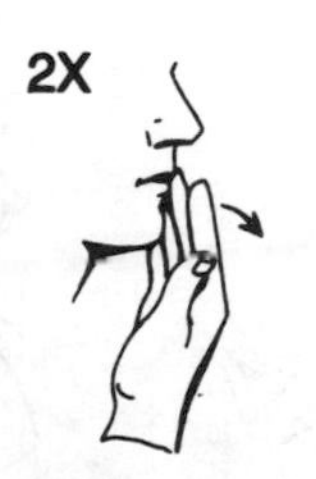
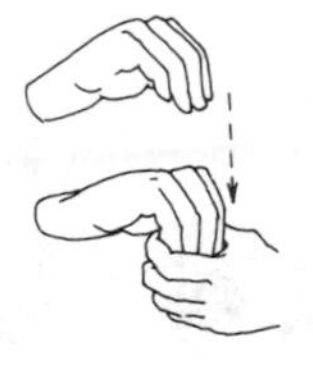

dije que no susurraran en clase.

decir
hablar

grupo
"C" grupo

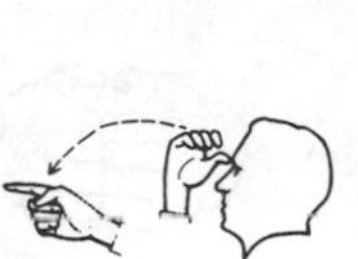

16. **Yo prometí no regañarlo más.**

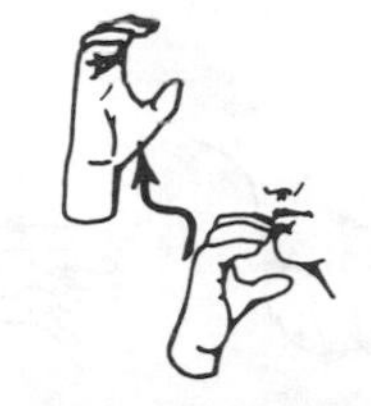

17. **Ellas gritaron y se burlaron**
"C" arriba

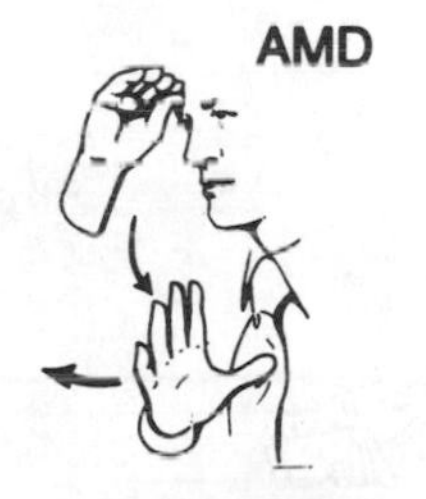

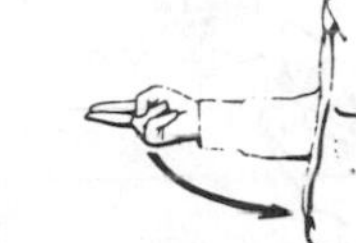

del * hombre alto que emplearon.

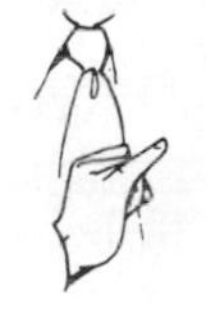
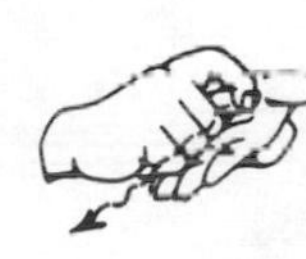

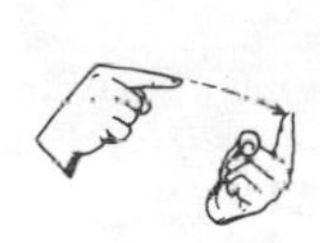

18. **Yo le escribí una carta a la* estación**

de radio.

19. **Las * nubes están oscuras**

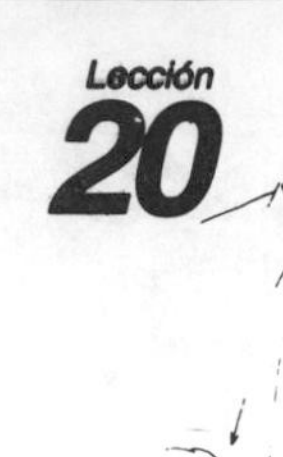

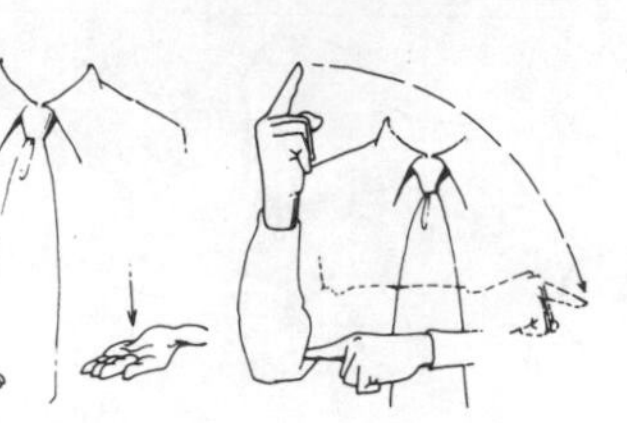

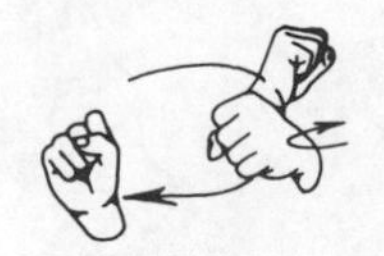

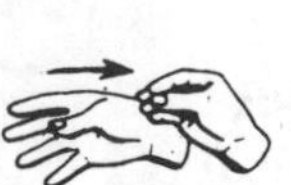

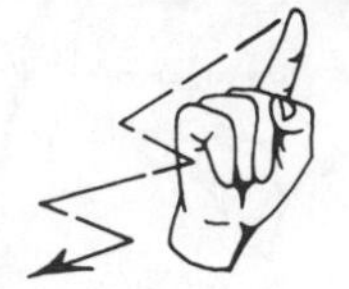

hoy **con** **truenos** **y** **relámpagos.**

Ahora + día

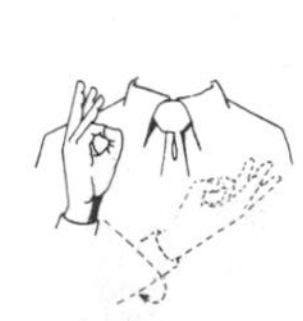

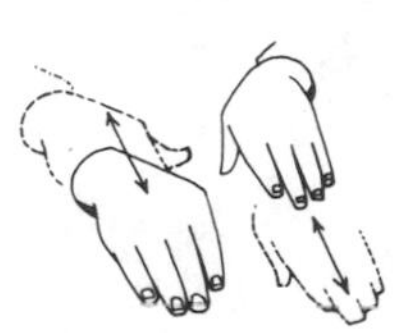

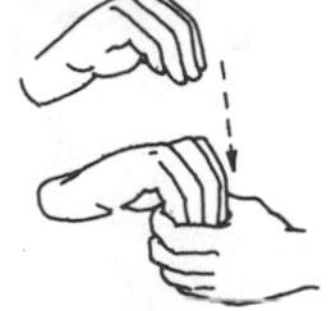

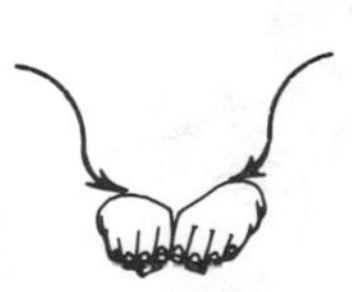

20. **Nosotros** **caminamos** **en** **el* valle** **y**

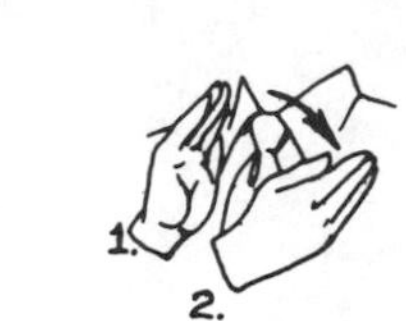

luego **subimos** **nuestra** **propia** **montaña.**

piedra + loma

Indice

AMA
AA

2X

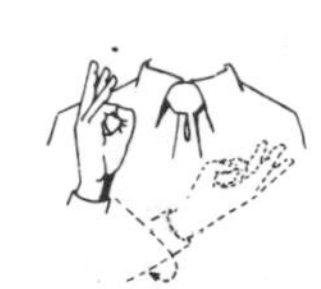
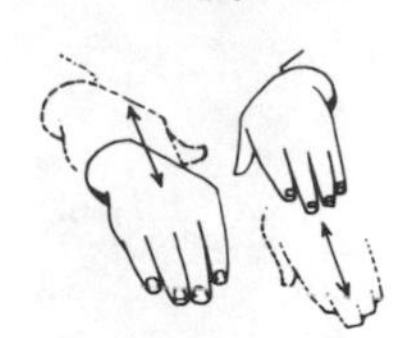

1. **Nosotros caminamos a la* orilla del mar**
olas

HC

cuando regresamos. 2. **¿Podrías tú**
otra vez

CR

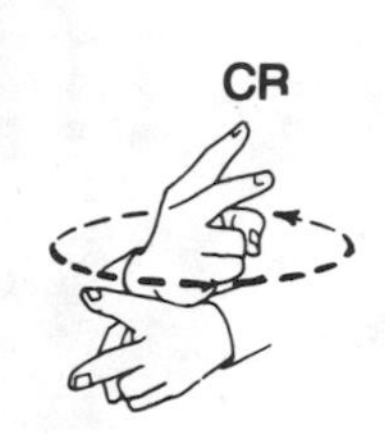

cuidar el* césped y las flores en mi
mantener lado del reloz — crecer + verde — oler

→ I

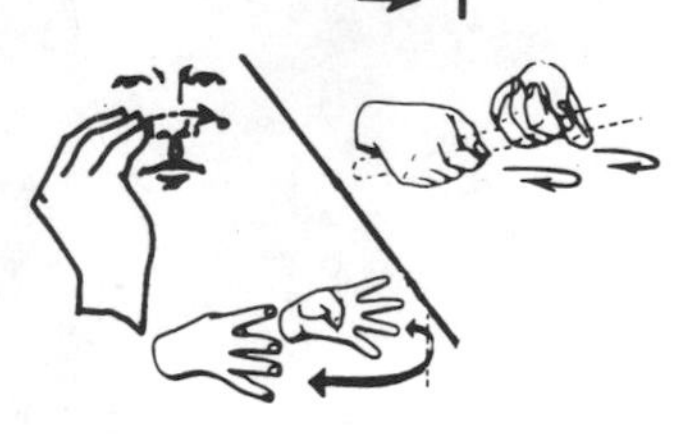

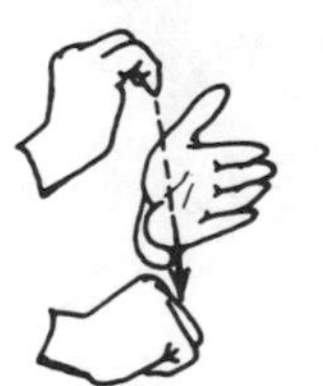

jardín? 3. **El substrajo**
omitió
quitó

DEI

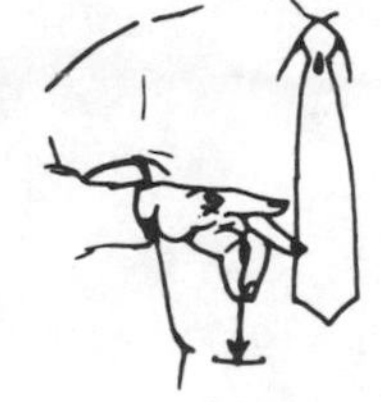

mi parte de las* ganancias. 4. **¿Qué**
dinero en el bolsillo del reloz

porcentaje te pagó él después que ellos

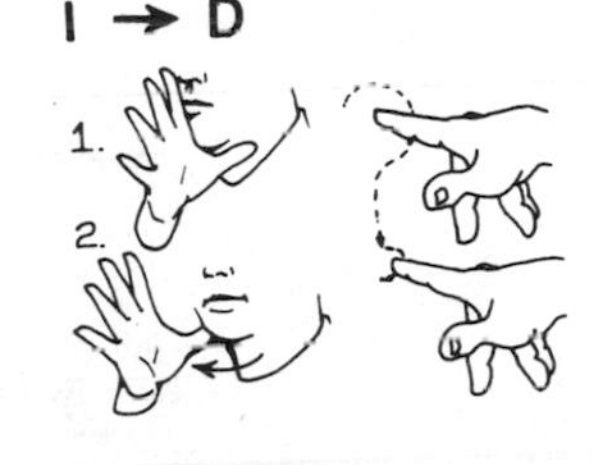

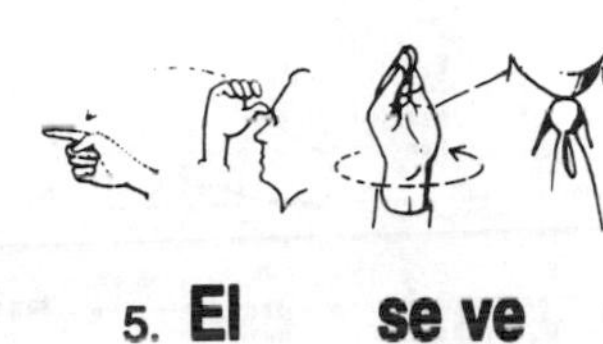

dividieron la * finca? (barba) 5. El se ve (parece)

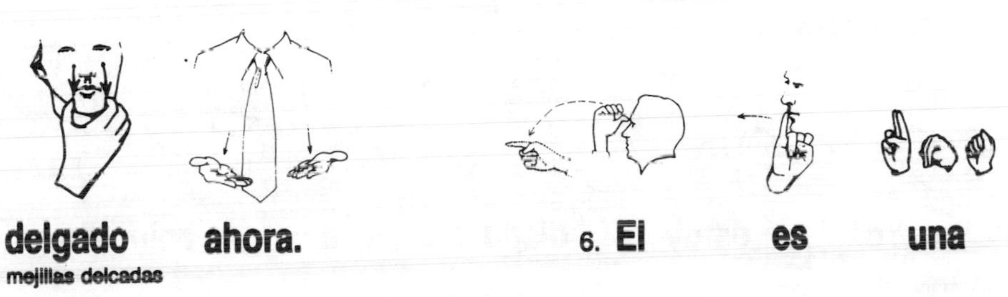

muy delgado (mejillas delcadas) ahora. 6. El es una

persona (individuo) famosa. (pequeños anuncios) 7. El es un

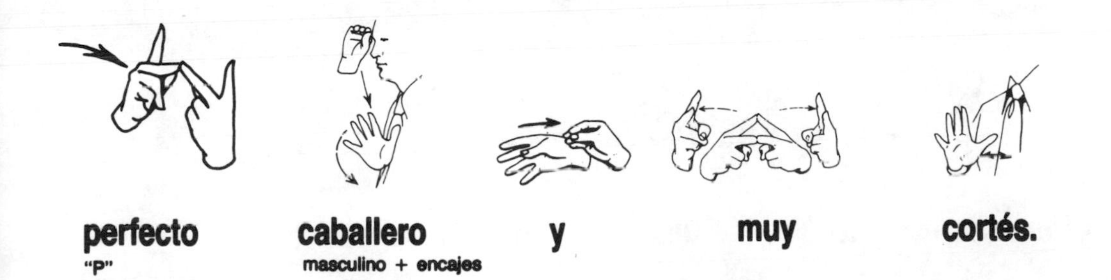

perfecto ("P") caballero (masculino + encajes) y muy cortés.

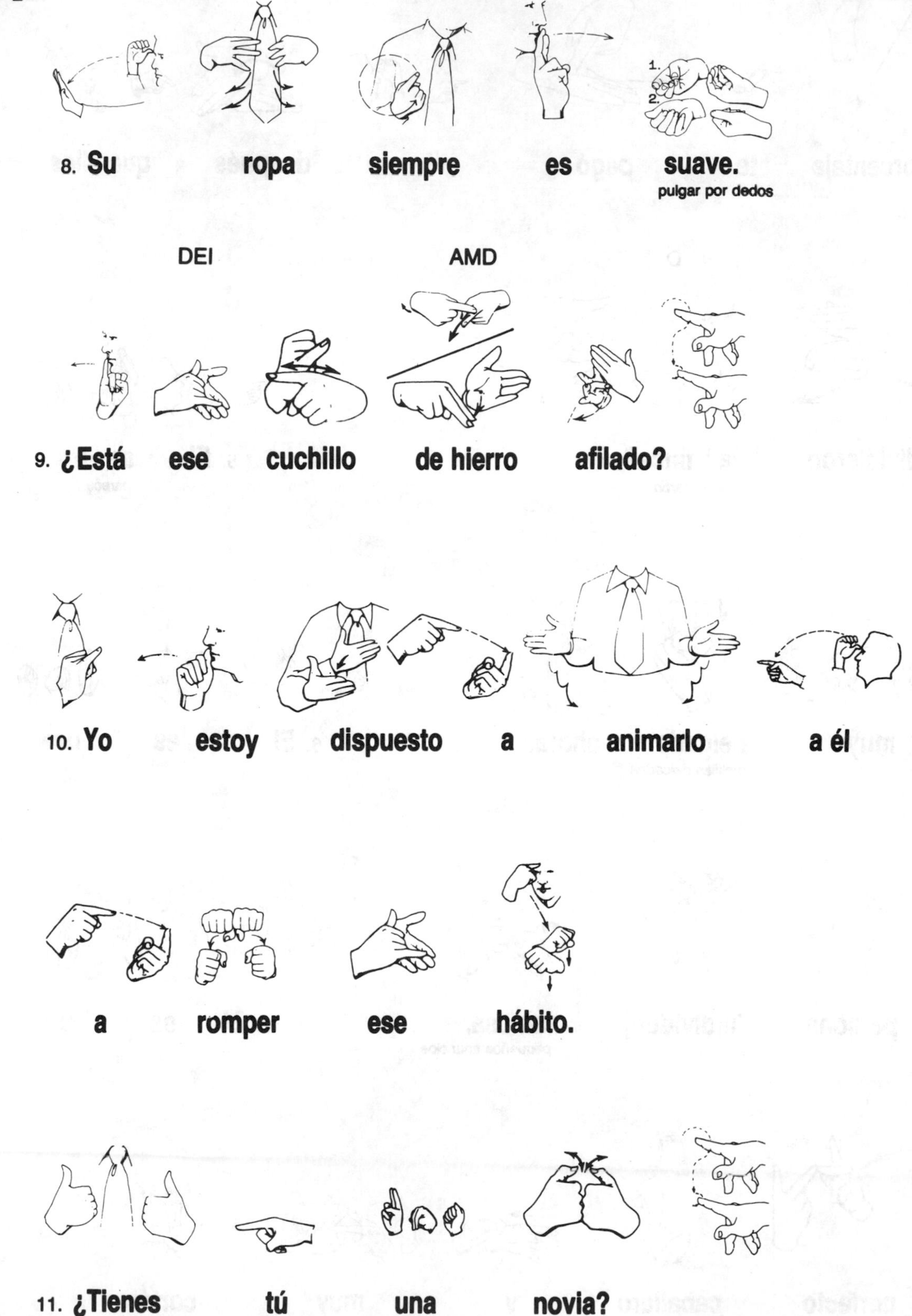
1.
2.
8. Su ropa siempre es suave.
pulgar por dedos
DEI
AMD
9. ¿Está ese cuchillo de hierro afilado?
10. Yo estoy dispuesto a animarlo a él
a romper ese hábito.
11. ¿Tienes tú una novia?

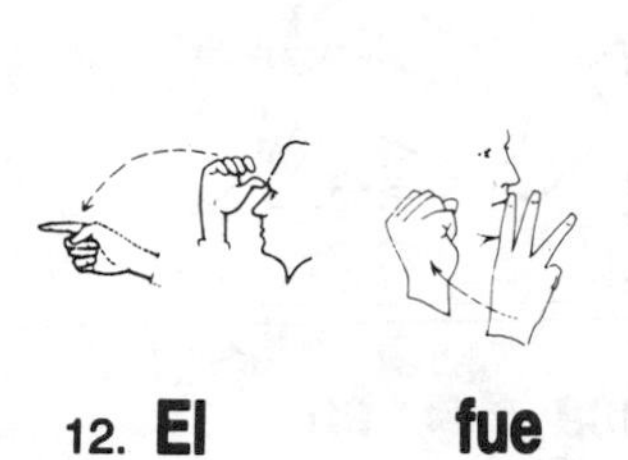

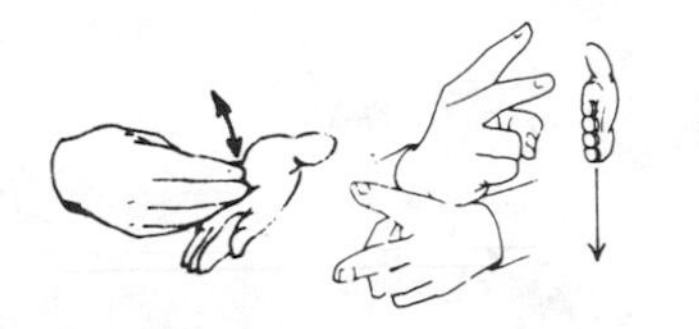

12. **El** **fue** **elegido** **secretario-tesorero**
escritor + persona dinero + guardador

DSI

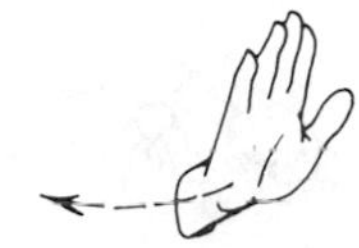

de **su** **iglesia.** 13. **Juan** **es**

DSI DEI DSI

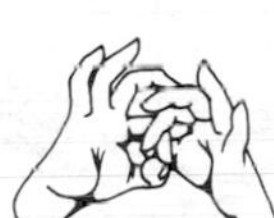

el director **de** **esa** **escuela.**

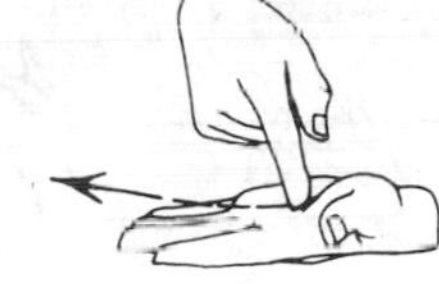
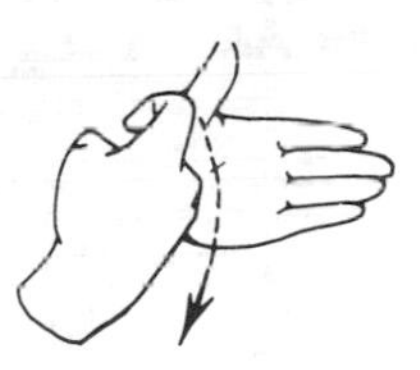

14. **El * gobierno** **requiere** **que** **paguemos** **impuestos.**
capital demanda costo cargos

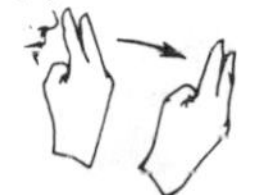

15. **¿Viste** **tú** **al* rey** **y** **a la* reina?**
"R" real "R" real realeza

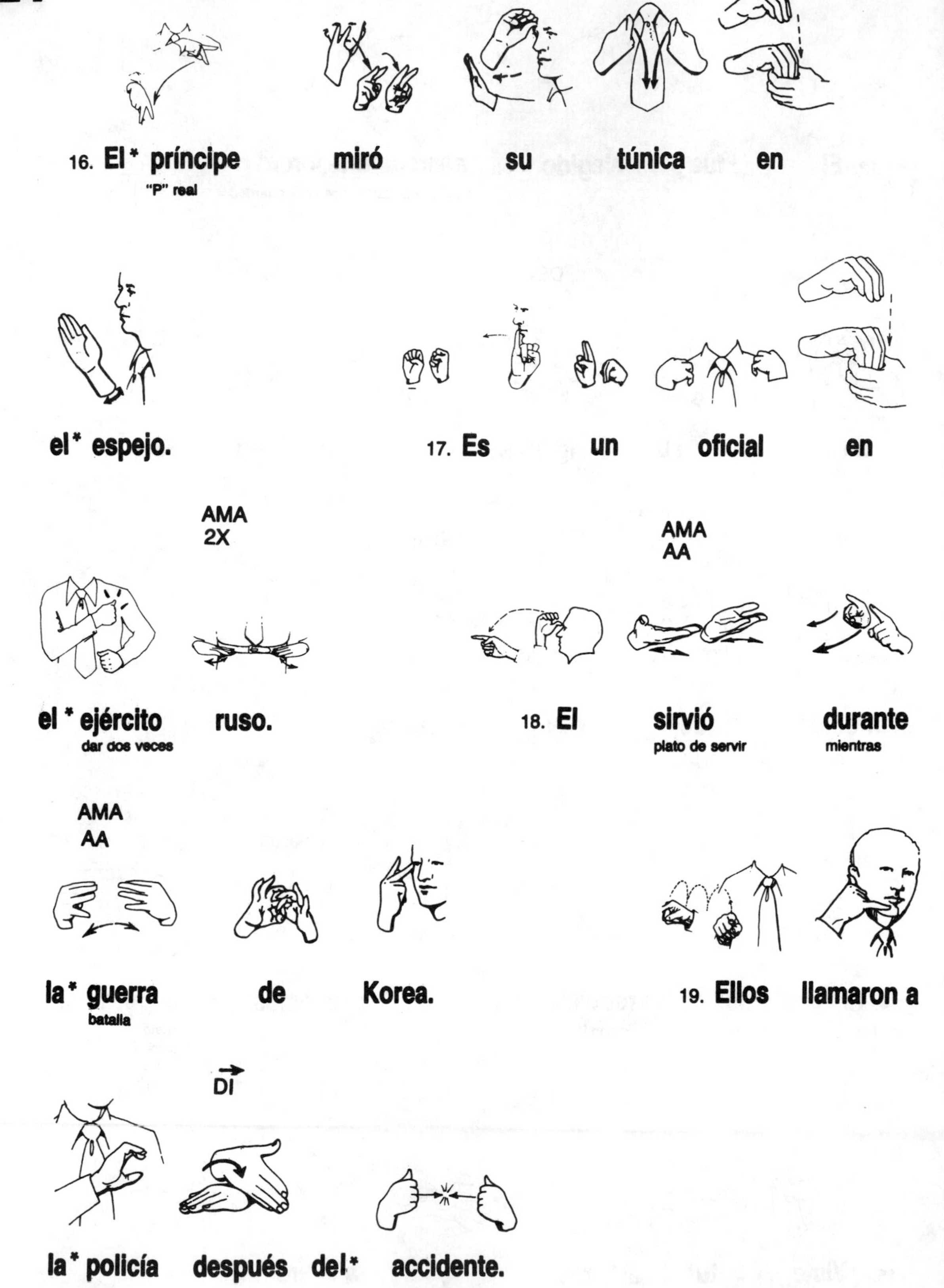
16. El* príncipe miró su túnica en
"P" real
el* espejo.
17. Es un oficial en
AMA
2X
el* ejército ruso.
dar dos veces
AMA
AA
18. El sirvió durante
plato de servir
mientras
AMA
AA
la* guerra de Korea.
batalla
19. Ellos llamaron a
DI
la* policía después del* accidente.
"C"
"A" → ← "A"

20. **La* enfermera vino con el* médico para examinar**
"N" en el pulso — "D" or "M" en el pulso — revisar

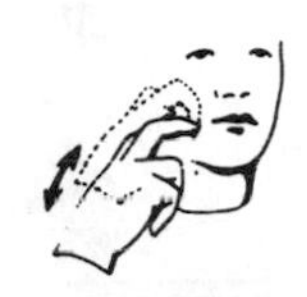

sus huesos.

Indice

1. El* ladrón rompió el* bombillo.
máscara en la cara — foco

2. Cuesta trescientos dólares

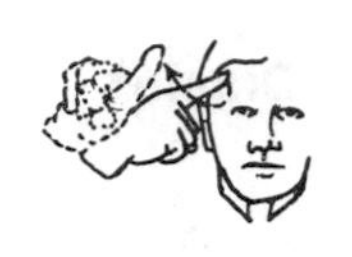
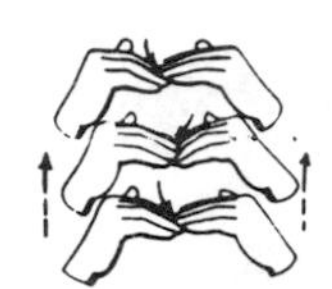
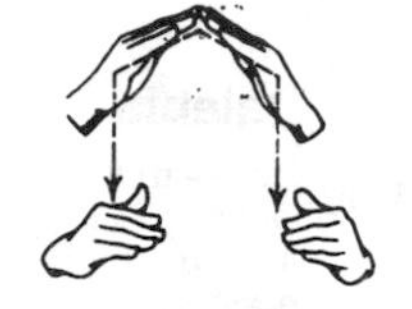
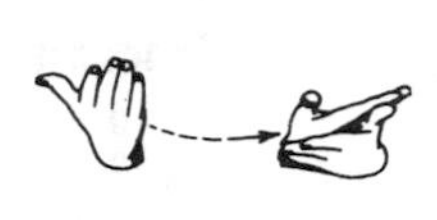

construir la* casa nueva de muñecas.

F → D

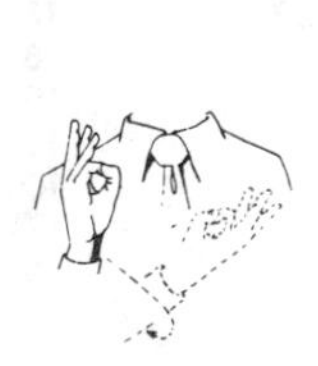
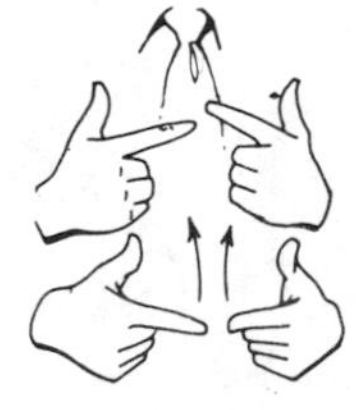
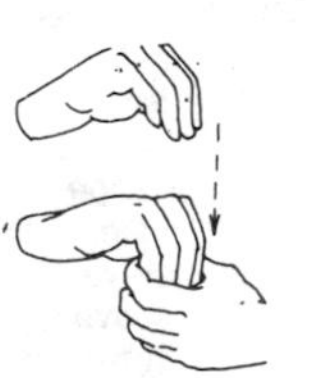

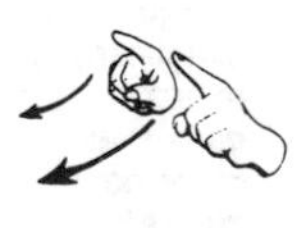

3. Nosotros vivimos en una carpa durante
"V" — mientras

F → D MD

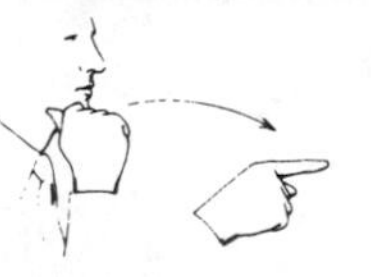

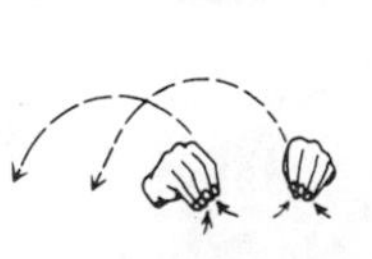

la* campaña. 4. Ella puso las velas
servicios cultos — colocó — candela

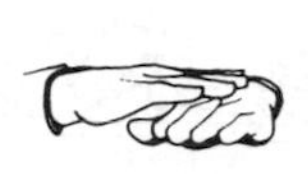
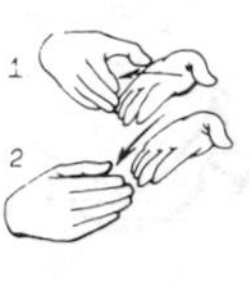
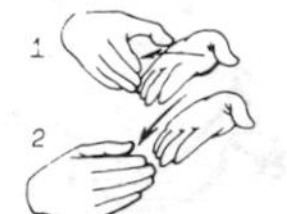

I → D

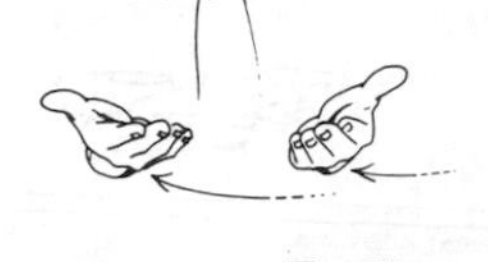

en **el* pastel.**
caliente cruzando pan

5. ¿Trajiste

DSI
AMD

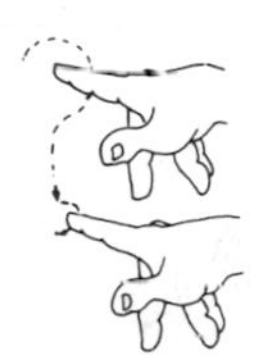

tu **sombrilla o paraguas?**

DPEI

DEI
2X

6. ¿Te **lavaste** **con** **jabón?**
"A" manos

7. Yo

DEI

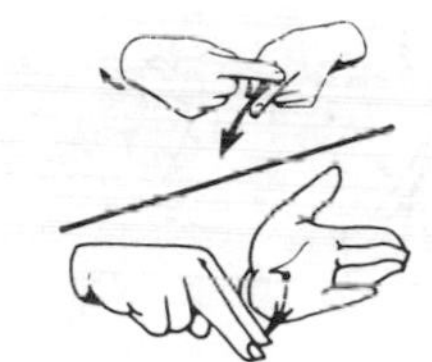
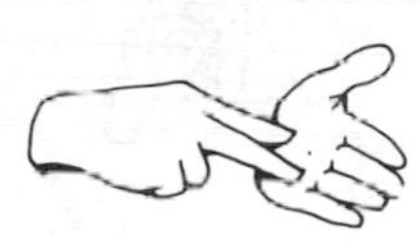

necesito **un** **cuchillo,** **tenedor** **y** **una**
debe
tiene
"V"

2X

D

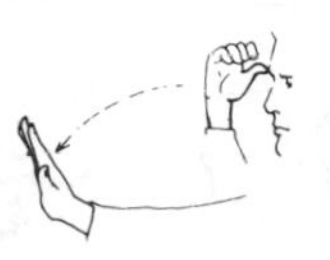

cuchara.

8. El se **olvidó** **su** **cepillo de dientes.**
borrar de la mente

DDI DAR

9. **Pablo escapó usando** ("U" círculo) **una canasta y**

AMA
AM

una soga. (lazo "R" dedos)

AMA
AM

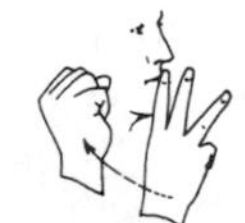

10. **Un hilo** ("I" dedos hebra) **estaba**

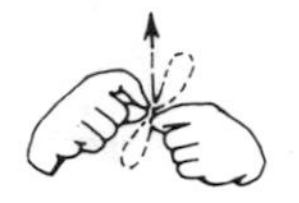

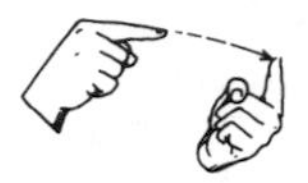

atado (amarrar lazo) **$\bar{a}$ la* soga.** ("R")

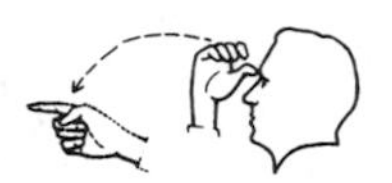

11. **El**

perdió los* botones de su abrigo. ("A" manos bajando solapas)

DEI

12. **Cuando lo despidieron quedó sin dinero.**

CR
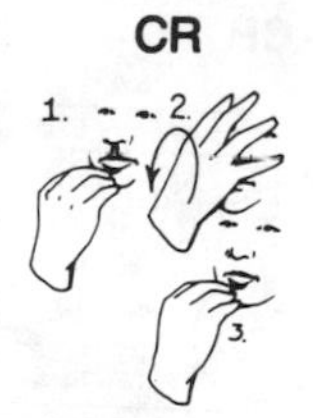

13. **Yo** **escuché** "C" en oído D **que** **la* boda** mano D en I **estaba** **preciosa.** bella hermosa

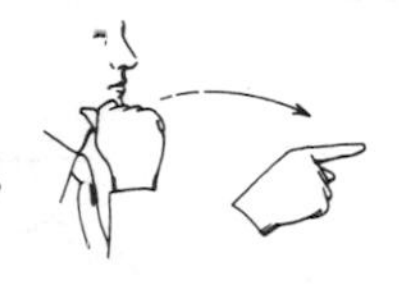

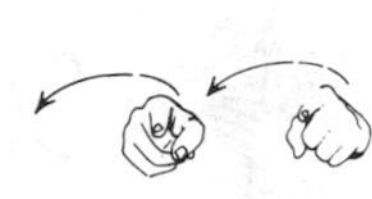

14. **El** **le dio** **a ella** **un** **diamante** "D" en dedo de sortija **como**

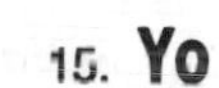

sortija **de compromiso.** "E" en dedo de sortija 15. **Yo** **tenía**

DSI

AMA

otro **compromiso,** **así** **que** **yo** **no**

AMA → D

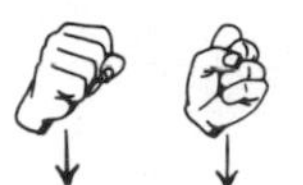

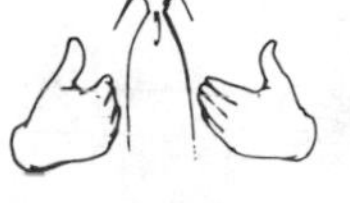

pude **ir.** 16. **El** **tiene** **una**

CR

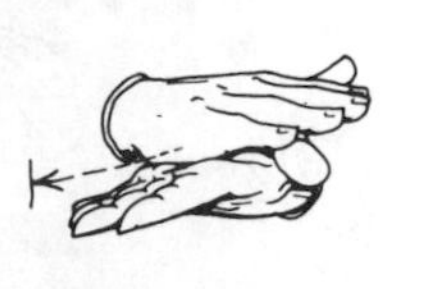
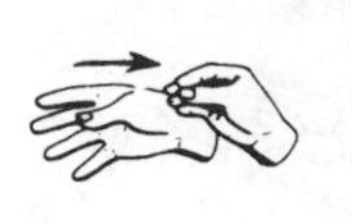

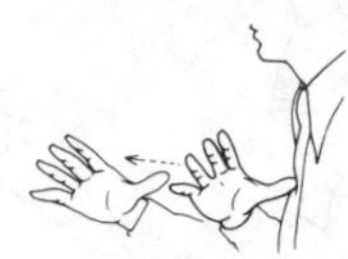

personalidad "P" sobre pecho I círculo **agradable** limpio **y** **un** **carácter** "C" como personalidad **bueno.**

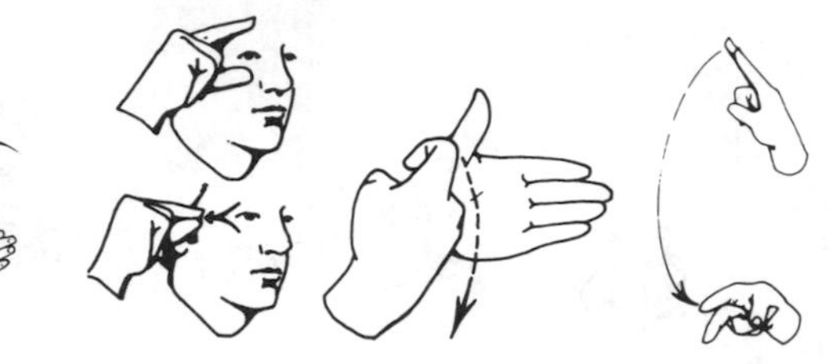

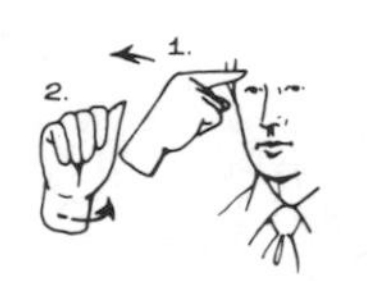

17\. **Mis** **lentes** **costaron** **dos dólares** **y** **10 centavos.** centavo diez

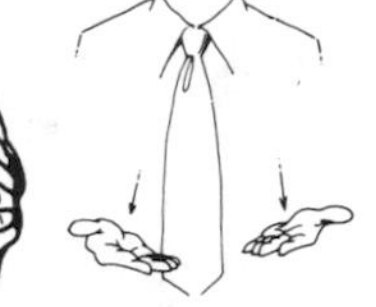

DEI DEI

18\. **Por favor,** placer disfrutar **llévate** **esta** **lista** **de** **reglas** "R"

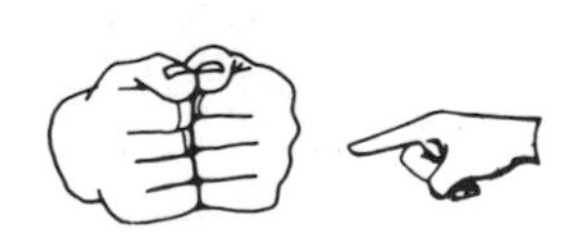

contigo.

19\. **El*** **fundamento** esfuerzo en brazo I **del***

DEI

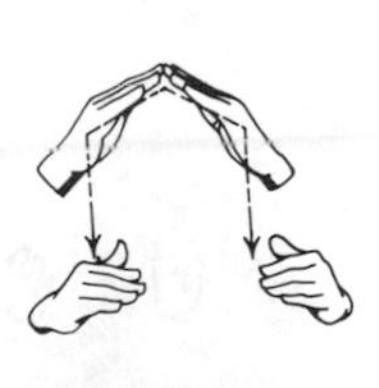

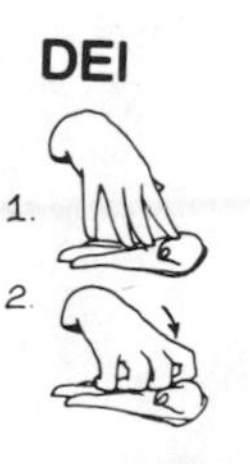

edificio casa **es** **muy** **débil.**

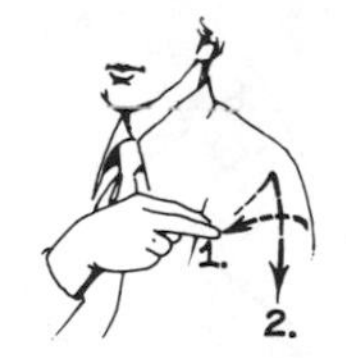

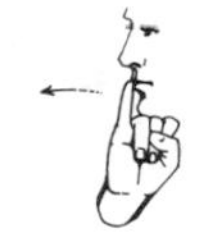

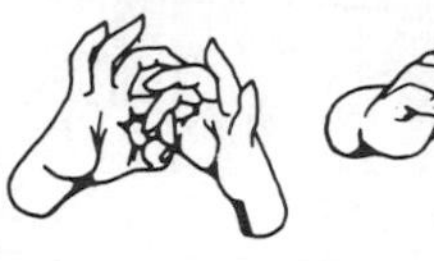

20. **El* hospital es una institución de medicina**
cruzar hombro I

beneficiosa para el * paciente.

Indice

AM

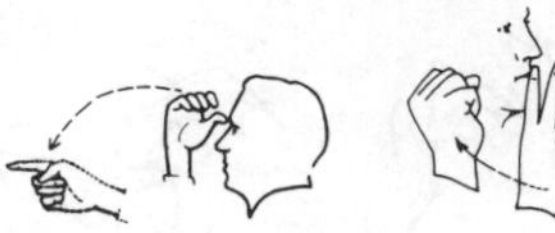

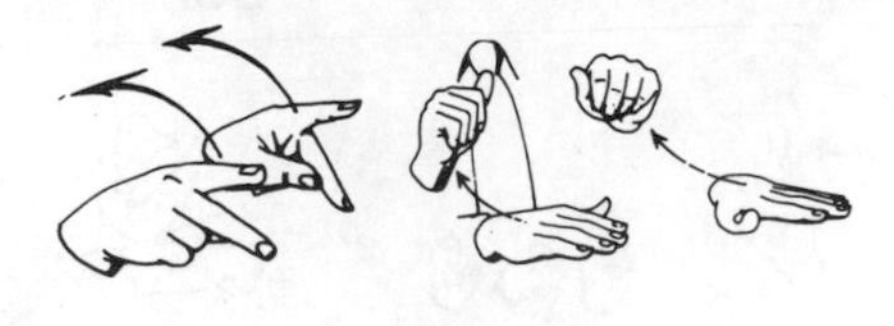

1. **A él** **se** **le permitió** **salir** **de** **la* prisión**

dejar con "P" — barras con "cuatro" manos

AM F → I

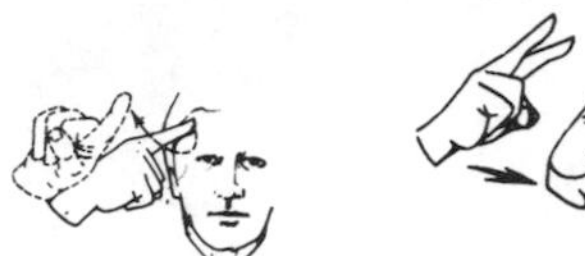

para **el* funeral.** **2. El**

"V" detrás de cada uno

DEI LC AA AMA DDI

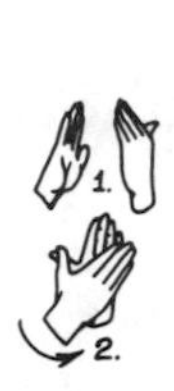
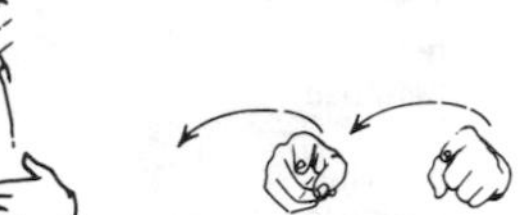
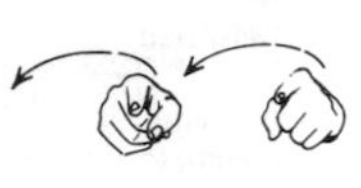
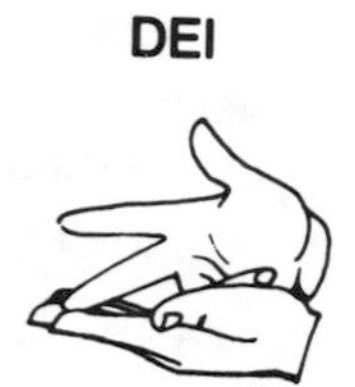
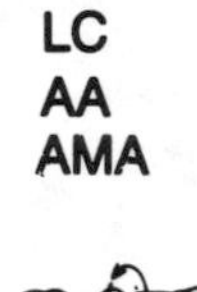
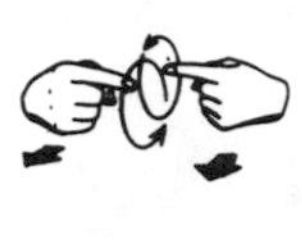
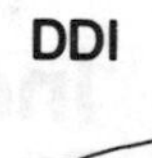

se **infermó** **mientras** **el *barco** **pasaba** **bajo**

cabeza, estómago

DI →

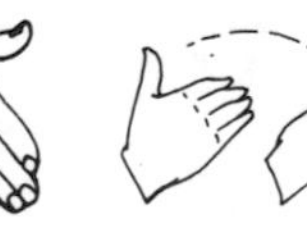
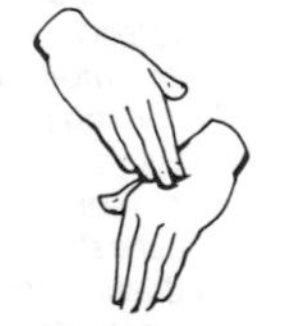

el* puente. **3. Después** **de llegar** **a**

cruzar

LC AA AMA

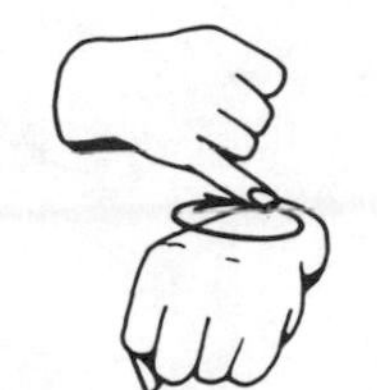

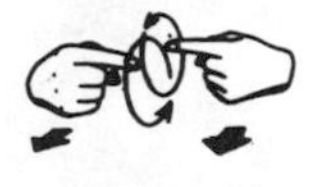

la* isla, **ellos** **fueron** **a cabalgar.**

"I"

F → D

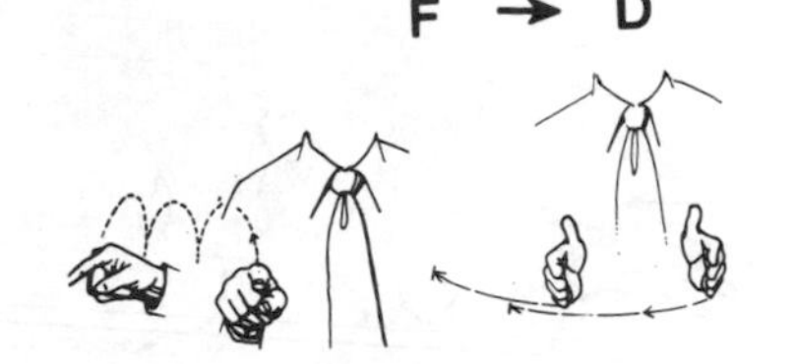

4. **Ellos** **planificaron** **enseñar** **una** **película,** **pero**

mostrar
ejemplo

2X

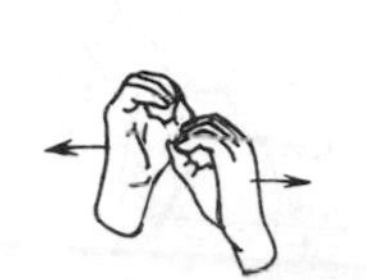
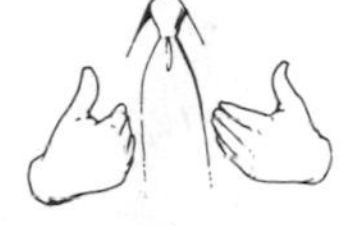

no **había** **electricidad.** 5. **Nuestro**

AMA
2X

DSI

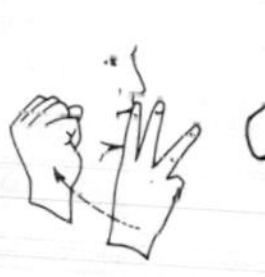

análisis **mostró** **que** **la * bola** **estaba** **hecha** **de**

2X

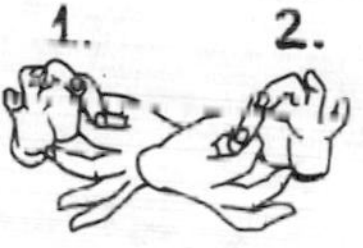

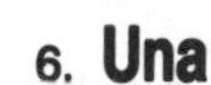

1. 2.

goma. 6. **Una** **cadena** **unía**

unidos
unían

2X

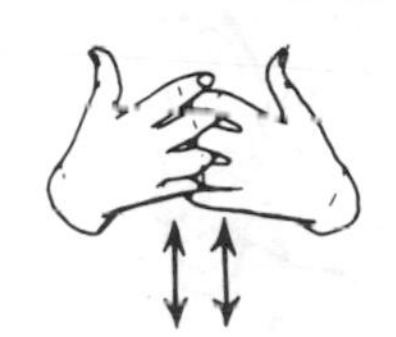
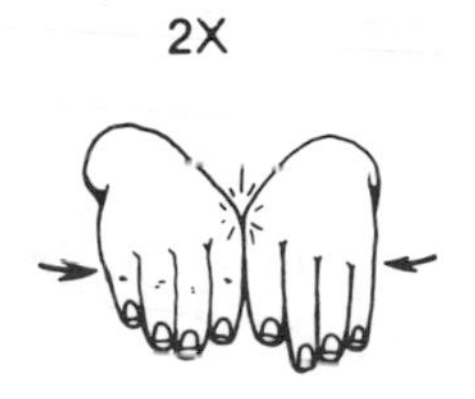
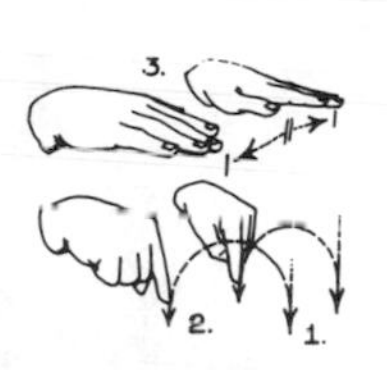

la * maquina **al *** **piso.** 7. **La * mesa**

motor
"B" manos
patas + encima

DSI

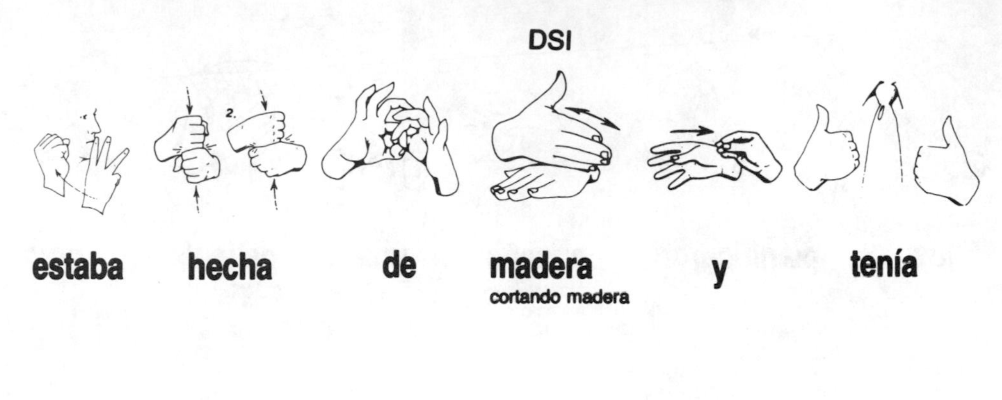

estaba **hecha** **de** **madera** **y** **tenía**
cortando madera

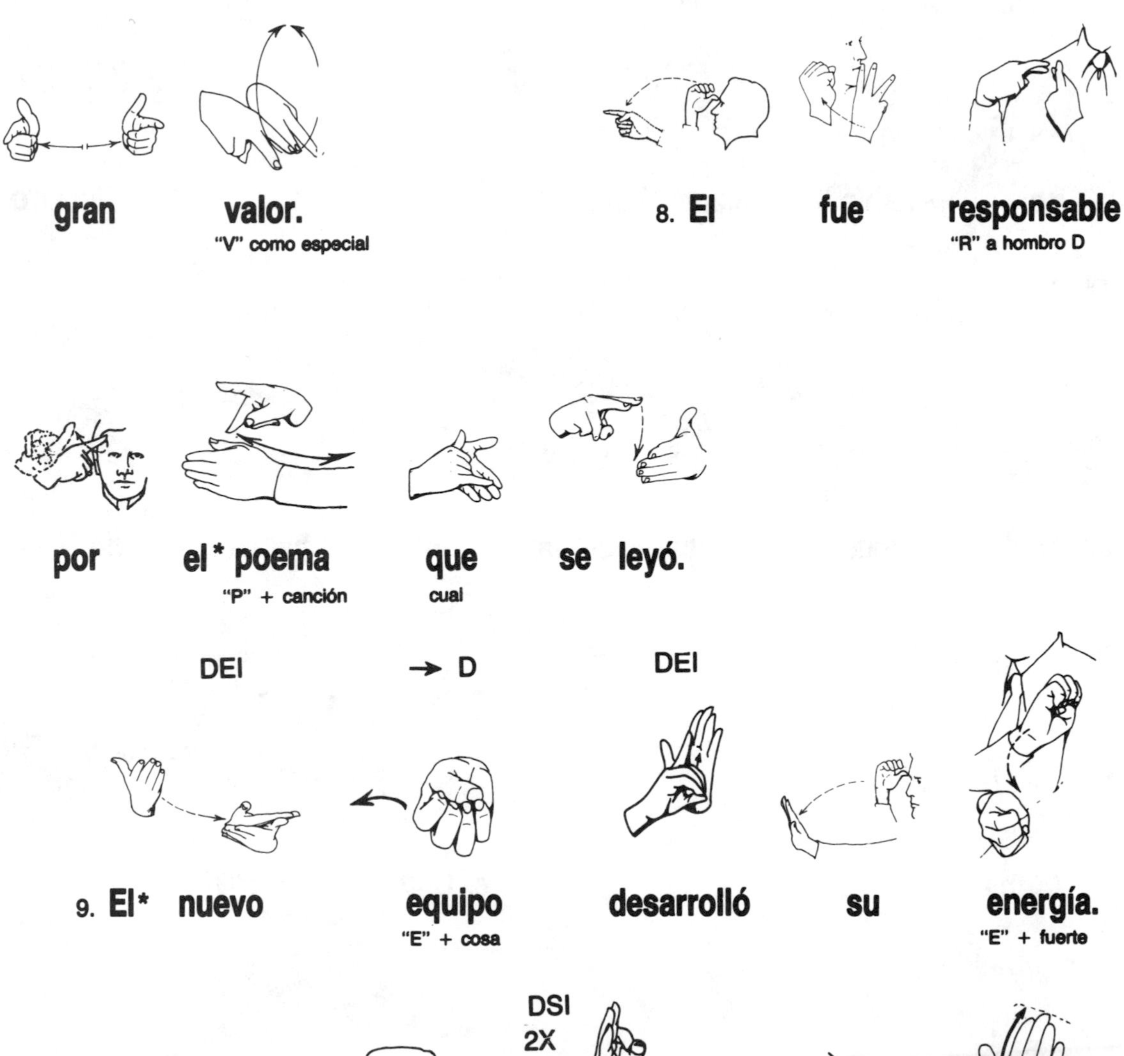

gran **valor.**
"V" como especial

8. **El** **fue** **responsable**
"R" a hombro D

por **el * poema** **que** **se** **leyó.**
"P" + canción — cual

DEI → D DEI

9. **El*** **nuevo** **equipo** **desarrolló** **su** **energía.**
"E" + cosa — "E" + fuerte

DSI
2X

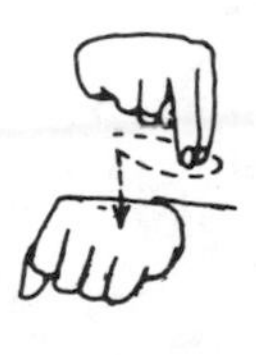

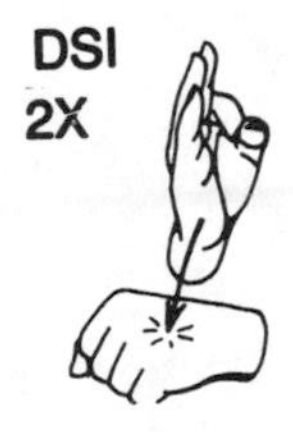

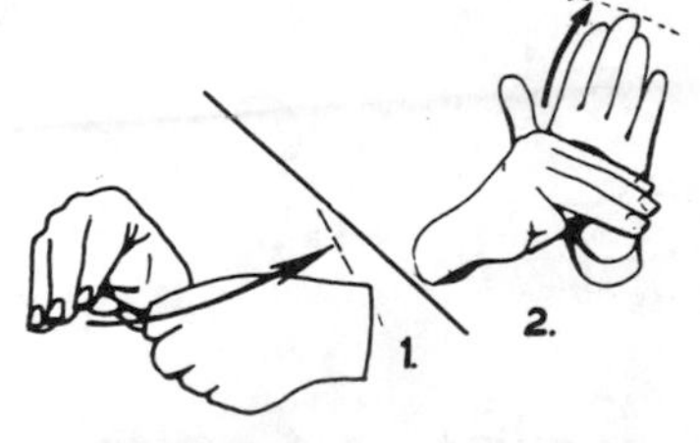

10. **La *** **persona** **normal** **actuará en forma** **madura.**
"P" — "N" — "F" funcianar — "M" + lleno
"M" + alto

AMA
DEI
DSI
11. Mi reacción fue que el* metal
"R" "R"
"M"
era seguro.
"R"
D
12. La* teoría
"T" + razón
D
1.
2.
1.
2.
de la* evolución cambió su actitud.
"E" + cambio
"A" sobre corazón, círculo
AA
AMA
13. El* efecto del* siquiatra en el* drama
"E"
"P" en pulso
actuar
DEI
lo dañó.
14. El* taller
"W" + "S"

AMA
AA

  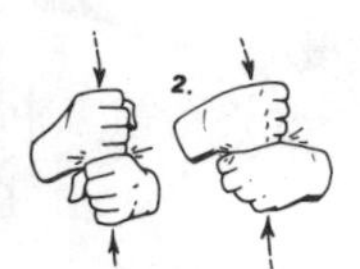 

de **sicología** (letra griega psi) **hizo** **diálogo.** ("D" + hablar)

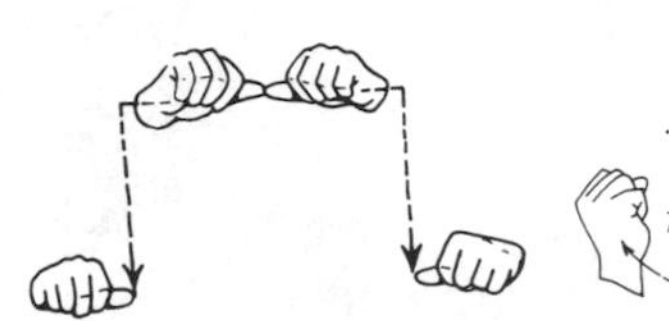  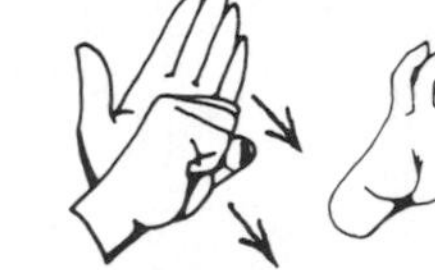  

15. **La * arquitectura** ("A") **era** **un** **símbolo** ("S" + mostrar) **de** **Egipto.** ("X" sobre frente)

DEI

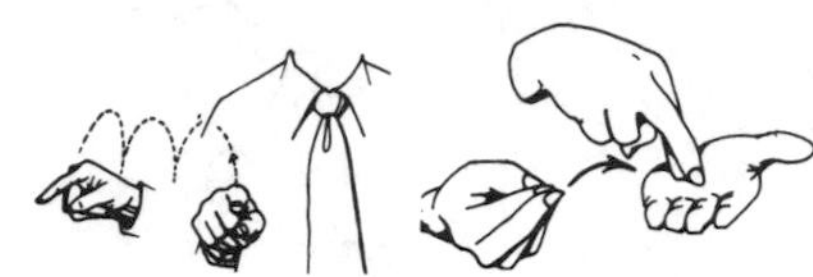  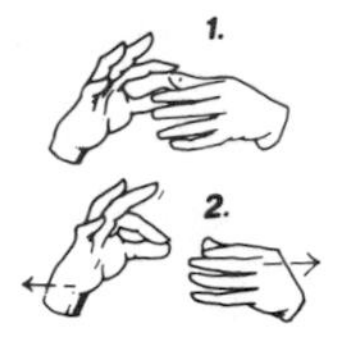  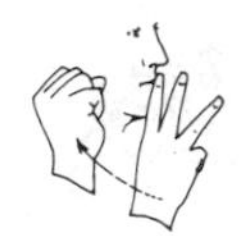

16. **Ellos** **repitieron** ("R" + otra vez) **la * historia** **aunque** **era**

D

ficticia. ("F" + imaginario)

17. **El * enfoque** **del ***

DEI
AM

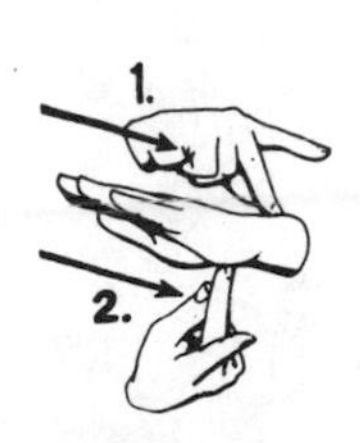   

programa ("P") **recalgó** (impresionar) **la actividad** **social.** ("S" + clase)

DSI DEI

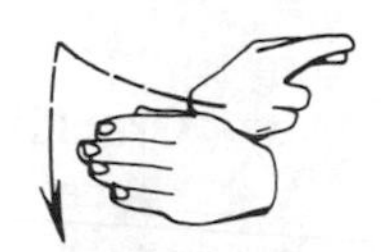
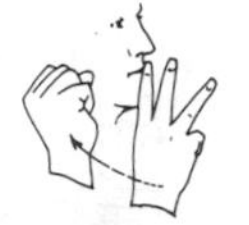

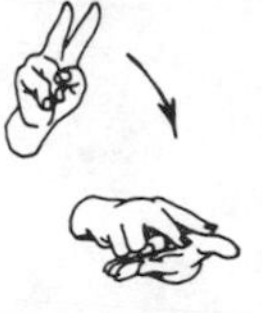
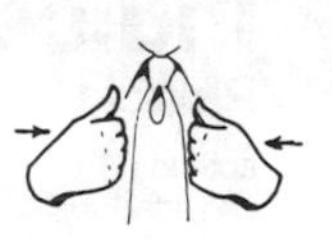

18. **El * resultado fue que el * equipo perdió *el* * juego.**
"R" + completo — "E" + clase — "V"

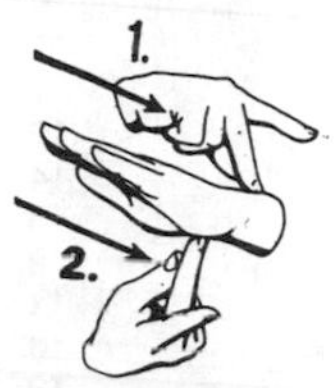
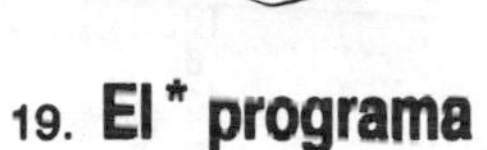

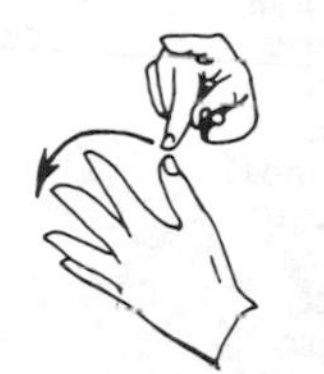

19. **El * programa progresista representaba la * población**
"R" + mostrar — D "P"

anual de la India.

2X

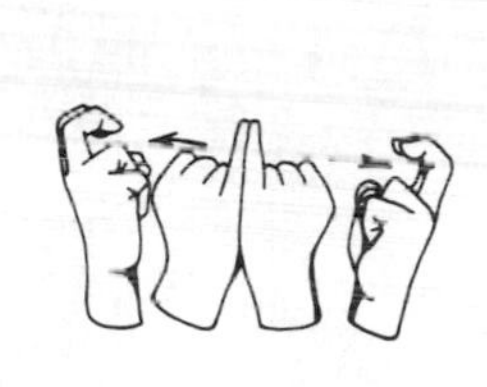
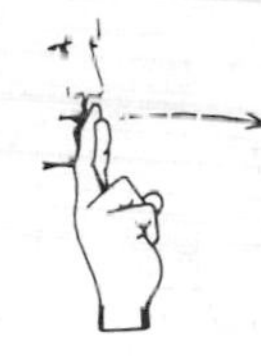
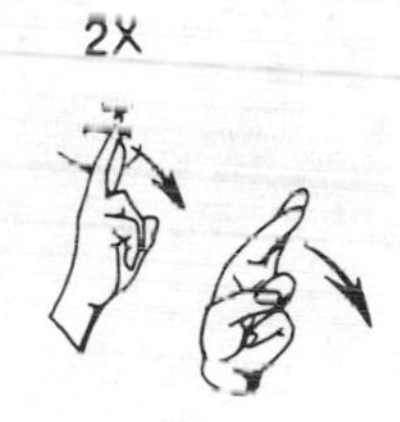

20. **Los modismos son una respuesta universal**
expresiones "I" + "" — "R" + respuesta — "U" + mundo

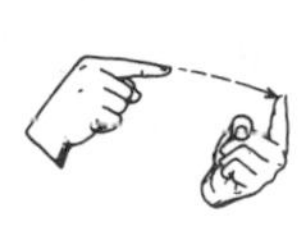

al * medio ambiente.
"E"

Indice

AM
2X

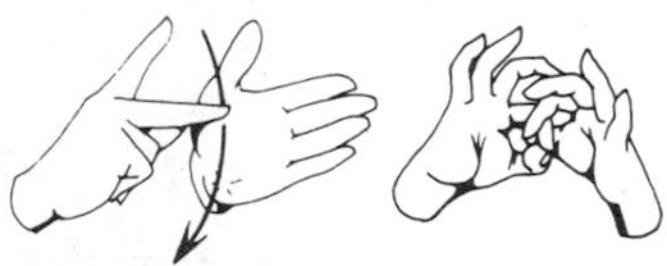

1. **El * precio** **del *** **diccionario** **era** **suficiente.**
"P" + casto — D "D" en palma de I — bastante

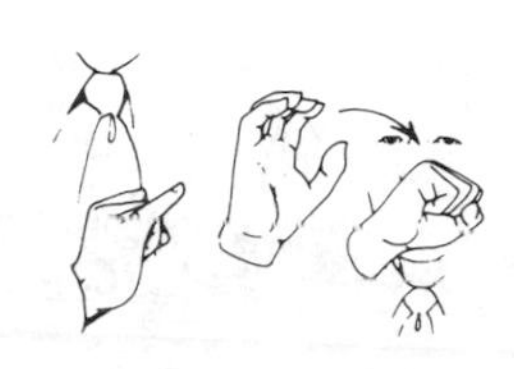

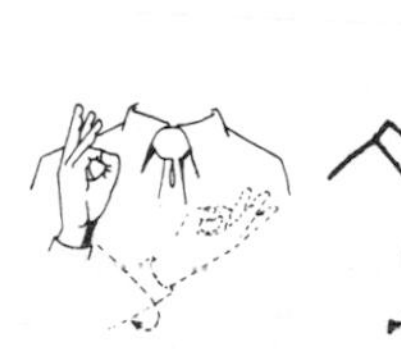
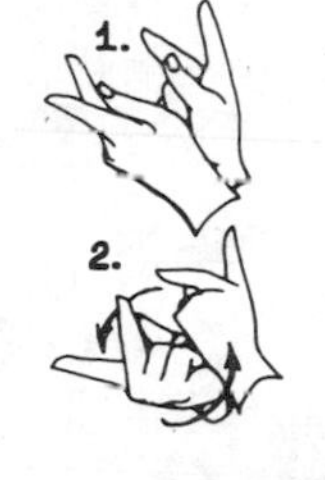

2. **Me** **imagino** **que** **debemos** **parafrasear** **ese**
estimar — "P" + canción

poema. 3. **El* maestro** **representó** **la * autoridad**
"P" + cambio — "R" + mostrar — "A" + fuerte

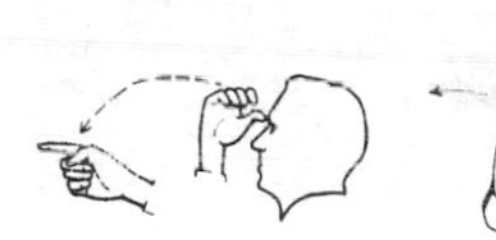

de la escuela **residencial.** 4. **El** **es**
"I" (instituir)

AMA

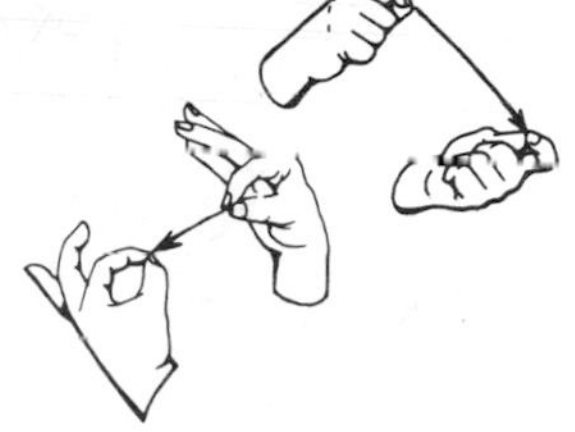

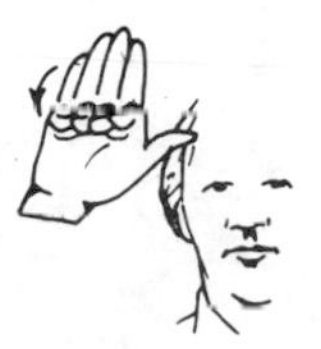

el* ejemplo **exacto** **de** **una** **mula.**
"E" + mostrar — "F" — burro

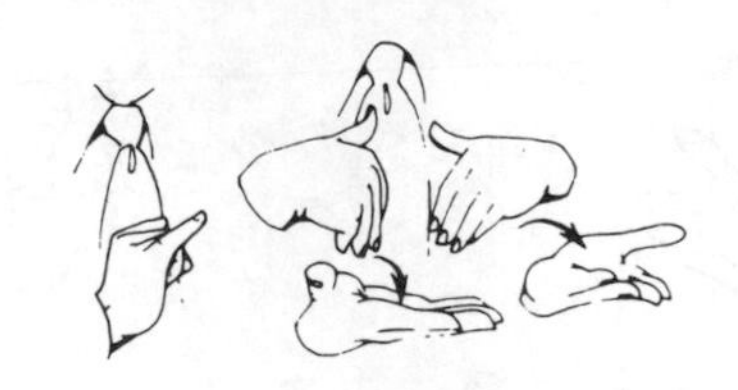

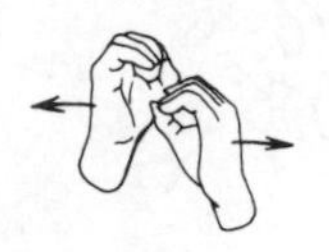

5. **Yo** **admito** (confesar) **que** **no** (ninguno, ningún) **soy** **un**

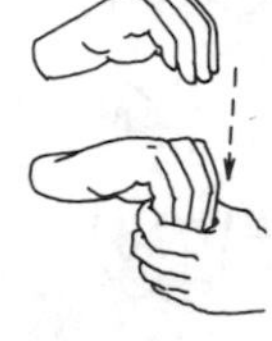

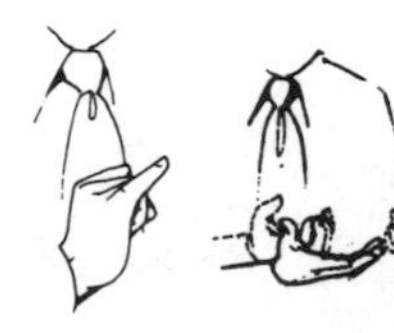

experto ("F" en barbilla) **en** **álgebra.** ("A" + matemática) 6. **Yo** **deseo** (quiero)

sustituirlo (cambiar, intercambiar, en lugar de) **por otro** **curso.** (lección, sermón) 7. **Yo** **estaba**

AM

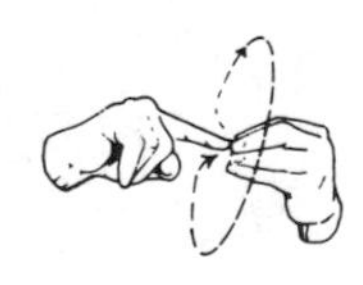
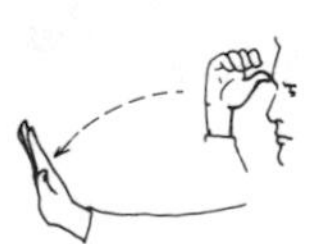

MD

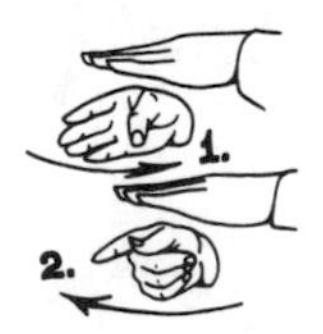

curioso ("F" en cuello) **acerca de** **su** **pasado** **complejo.**

8. **La*** **tasa** (contar) **de** **reproducción** ("R" "R" + multiplicar) **de** **la*** **población** ("5" + "P") **es**

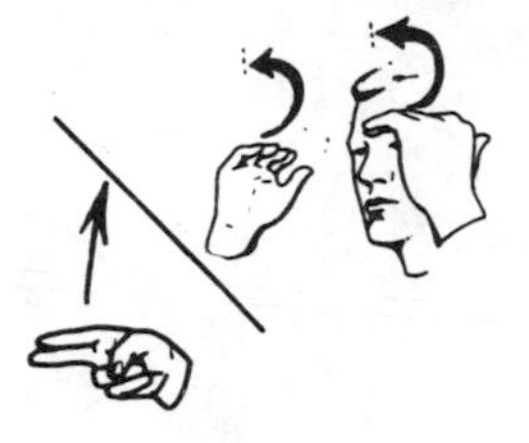

alta.
"A"

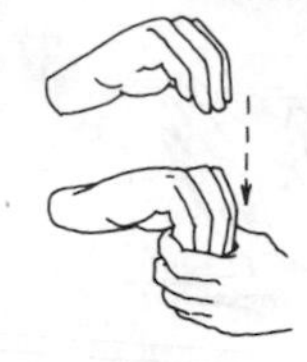

9. **Los órganos** **en** **el * cuerpo**
"O" "O"

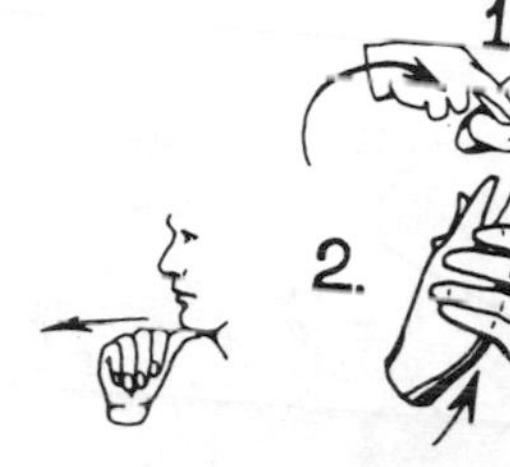

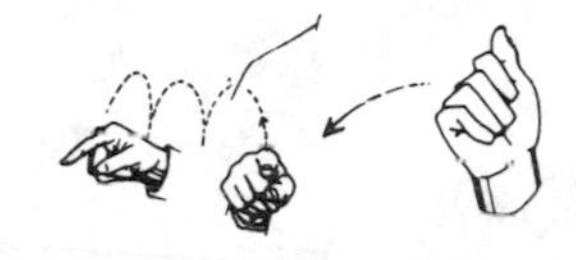

no se **regeneran** **por sí mismos.** 10. **Nosotros**
"R" + otrar vez + crecer

AA

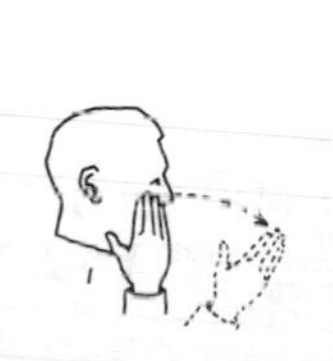

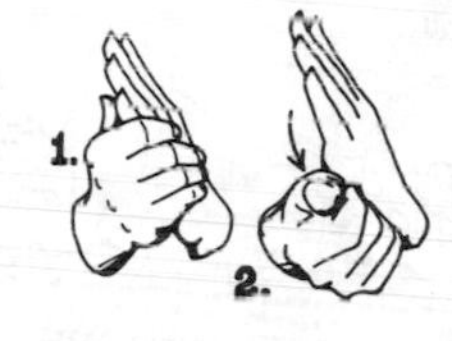

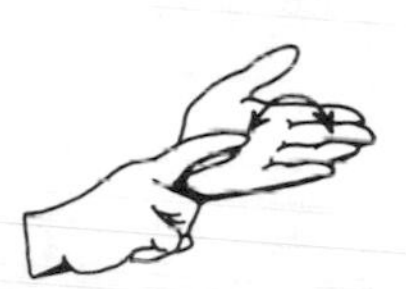

evaluaremos **nuestras** **técnicas** **de** **registracion.**
"E" + juez
experiencias
habilidades

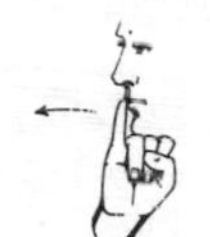

11. **Está** **bien** **demostrar** **emoción.** 12. **Yo**
"D" + mostrar
"E" + sentir

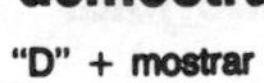

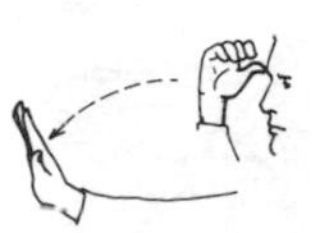

le **pedí** **que** **condensara** **su** **reporte.**
orar
condensar
abreviara
"R" en la muñeca

2X 2X

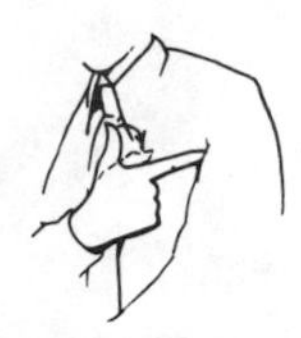

13. **La* ilustración comercial de Coca Cola estuvo graciosa.**

D en brazo I

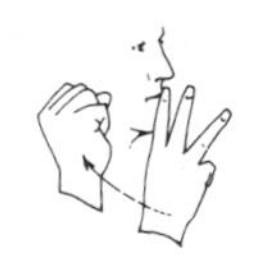

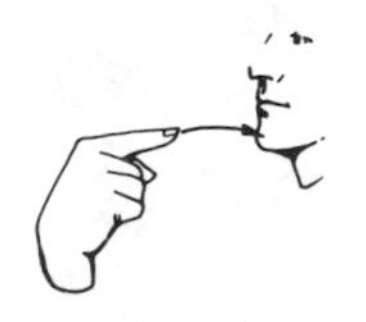

14. **El* drama fue una desilución aburrida.**

actuar — decepción — seco debajo de barbilla

15. **Felicidades por haber aplicado para**

alabanzas
aplaudir

2X

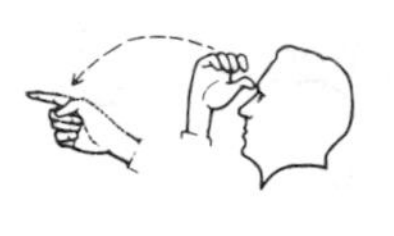

el* curso de correspondencia. 16. **El**

tema
lección

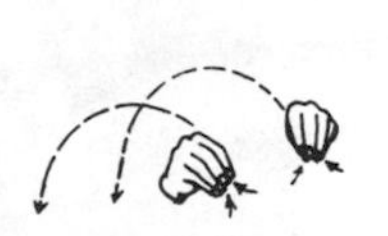

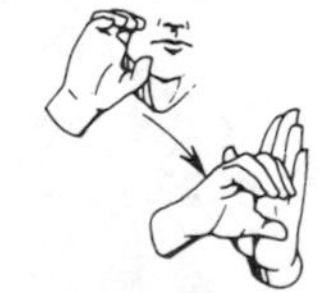

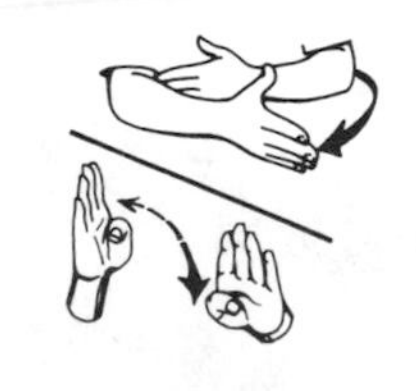

puso la* copia de la* fotografía en la* puerta.

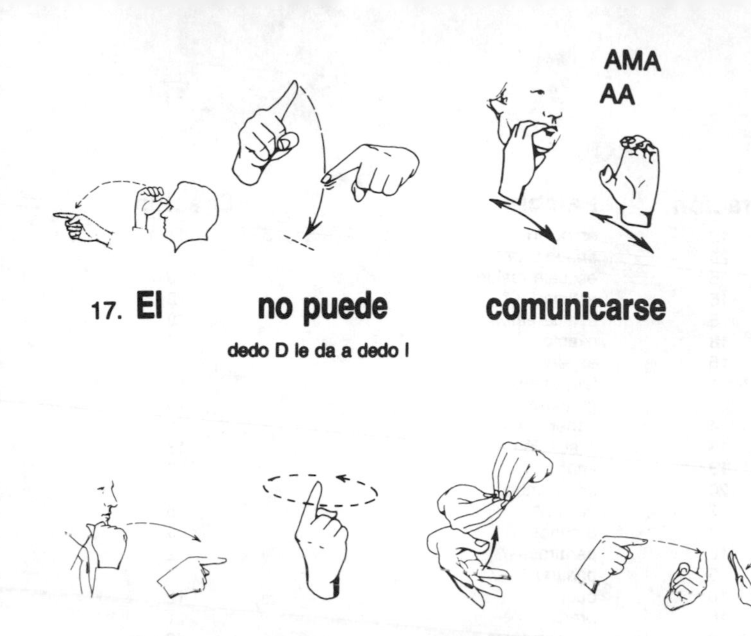

17. **El** **no puede** **comunicarse** **bien.**
dedo D le da a dedo I

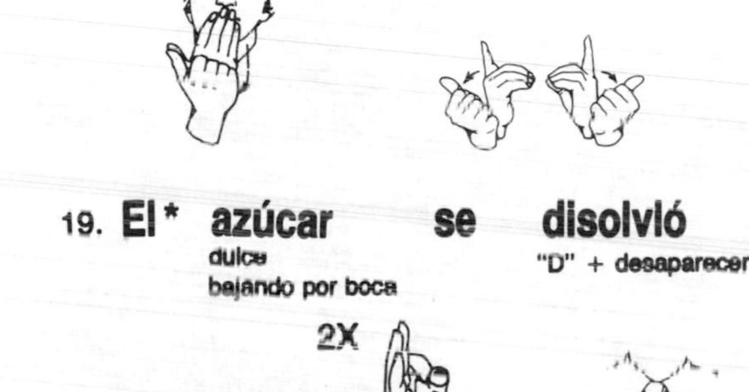
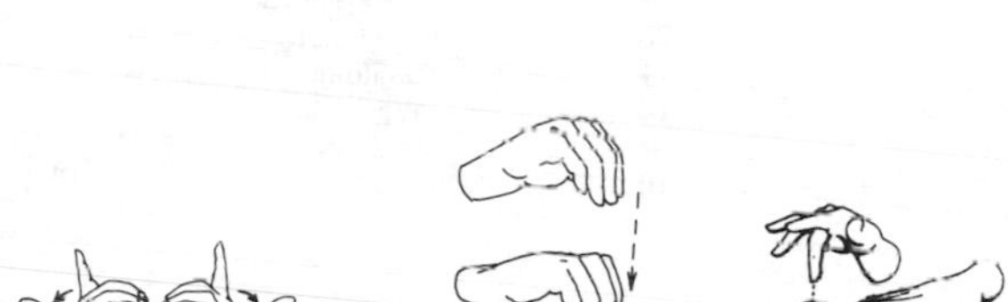
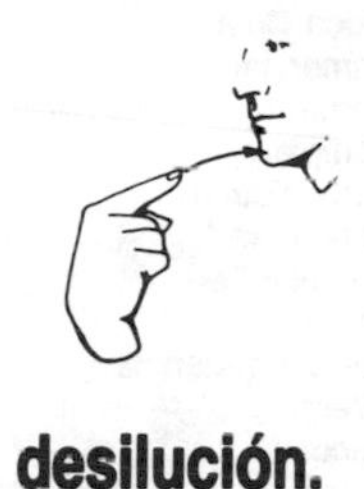

18. **Ella** **sólo** **añadió** **a** **su** **desilución.**
solo — D sobre barbilla

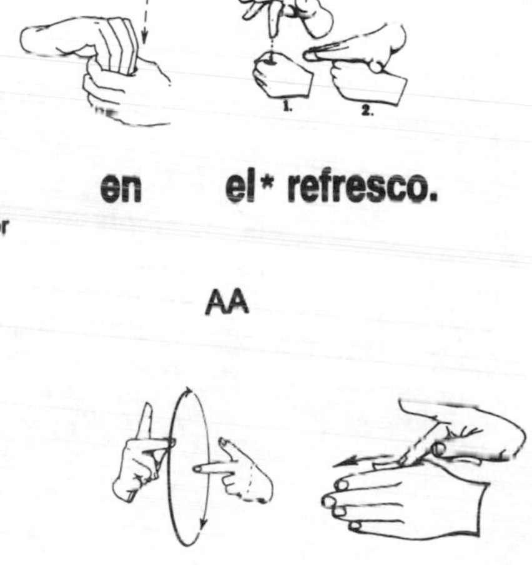

19. **El*** **azúcar** **se** **disolvió** **en** **el*** **refresco.**
dulce
bajando por boca — "D" + desaparecer

20. **Ellos** **actuaron** **como** **personas** **profesionales**
"F" + trabajo — "P" — "P" + derecho

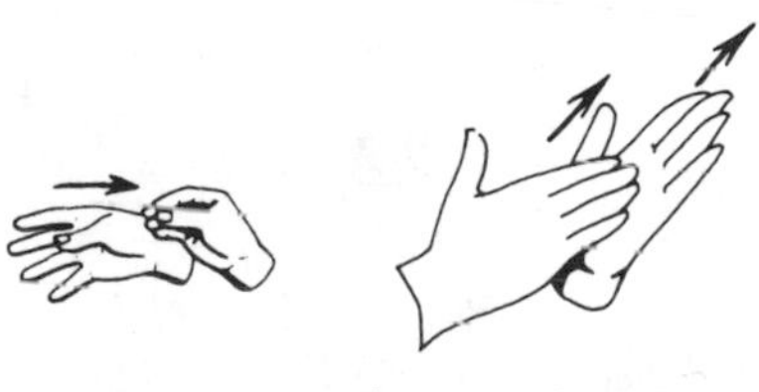

y **demandaron.**

Indice

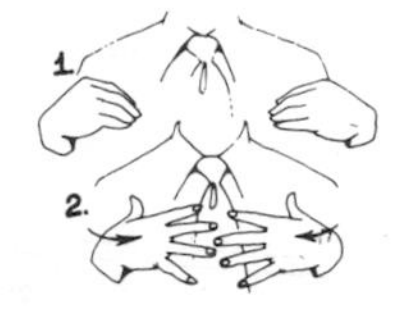

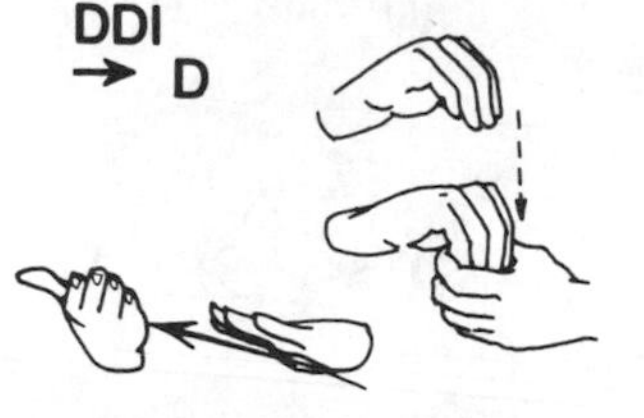

1. **Los * cerdos** **asustados** **corrieron** **hacia** **el* mar.**

D debajo de barbilla — miedo, temor, espanto — "a" en boca + olas hacia D

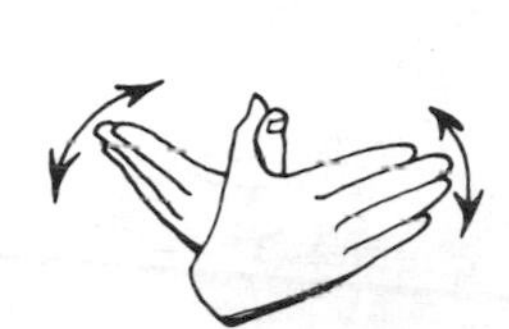

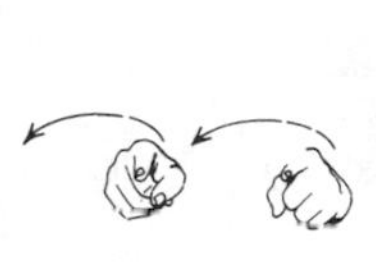

2. **La* mariposa** **no puede** **volar** **tan** **alto**

entrelazar pulgares

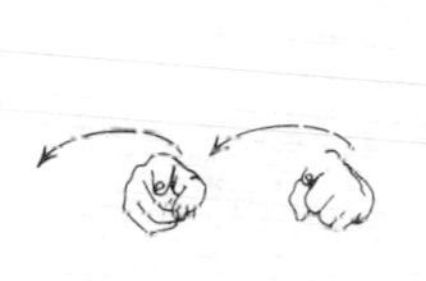

como **el * águila.** 3. **El * oso**

cruzar brazos dedos doblados

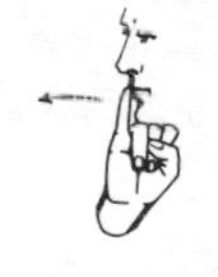

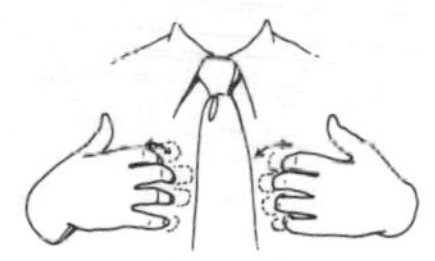

es **un** **animal** **que** **mueve** **lentamente.**

cerradas "y" manos

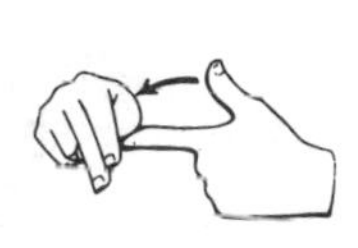

4. **Ni** **el* león** **ciego** **o**

cabellera sobre cabeza

AM CR

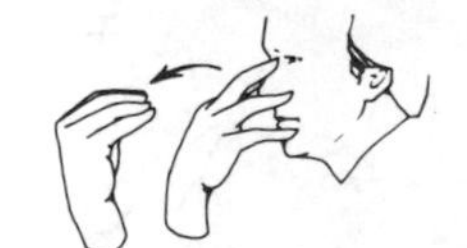
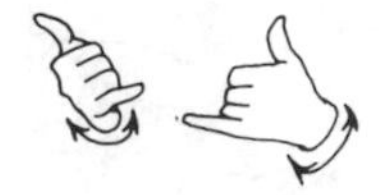

el * lobo — nariz
jugaron
juntos. — con y círculo

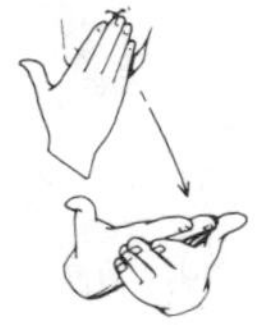

5. Africa — "A"
es
bien
conocido — sabiduría saber
por
sus

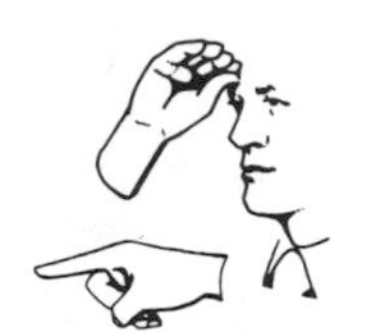

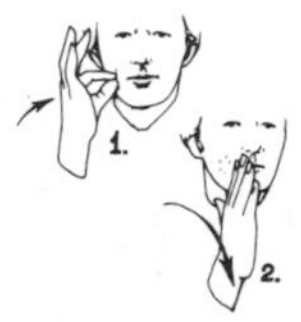

monos.

6. El
mata
gusanos, — mover cruzando mano I
abejas, — "F" en mejilla

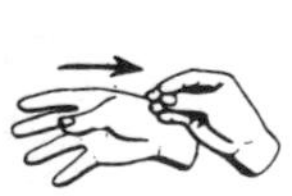

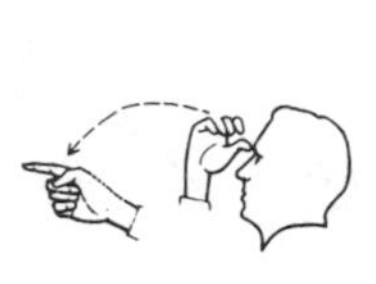

moscas
y
arañas. — entrelazar dedos y caminar

7. A él
le gusta — preferir

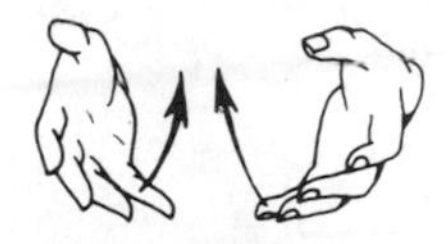
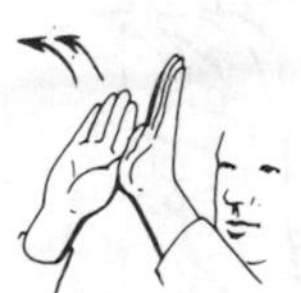
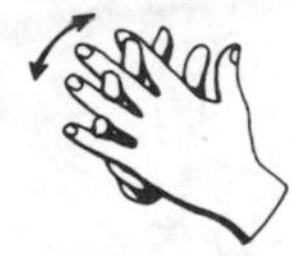

el * baloncesto, — pantomima
volibol, — pantomima
lucha libre
y
natación. — pantomima

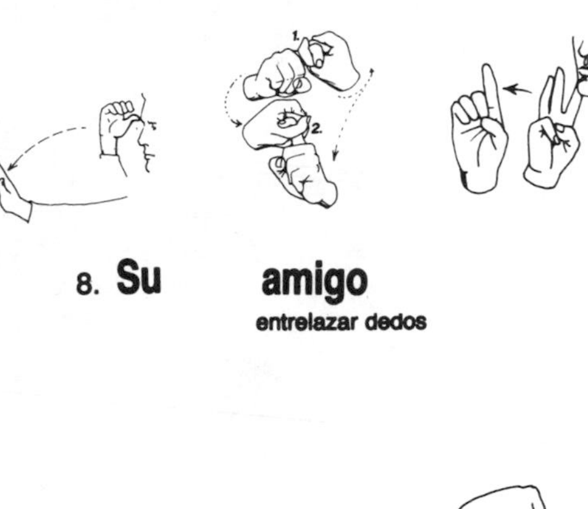

8. **Su** **amigo** **prefiere** **jugar** **tenis.**
entrelazar dedos · mejor · "Y"

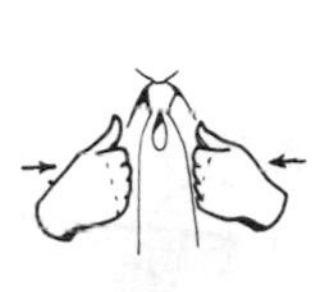

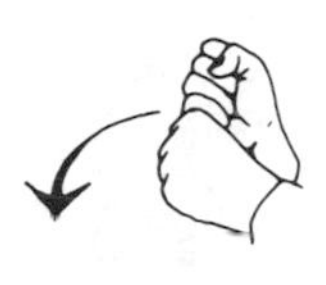
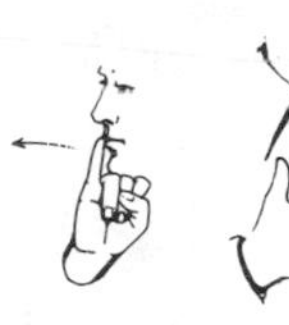

9. **El*** **juego** **nacional** **de** **béisbol** **es** **mi**
competencia · nación · pantomima

DSI
2X

favorito.
mascota

→ D

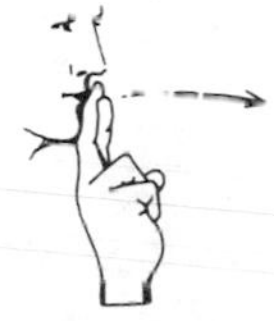

10. **Nosotros** **estamos** **planificando** **un**
"P" "P"

AMA
LC
AA

CR

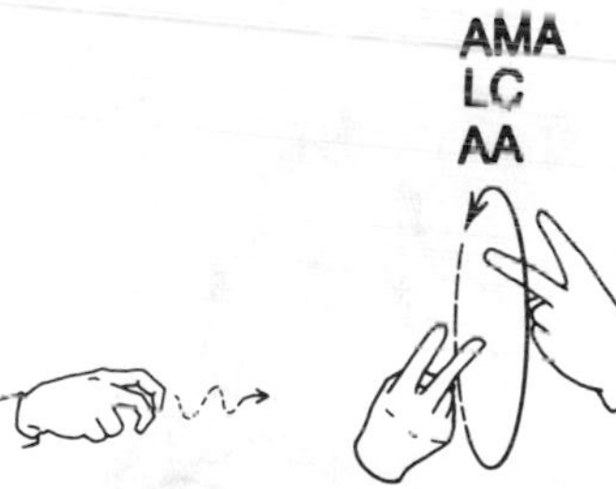

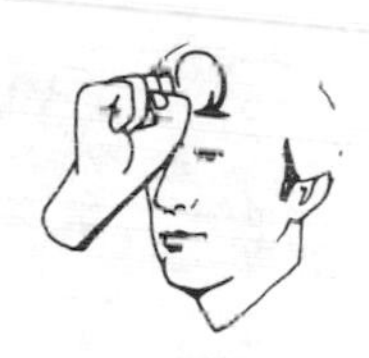

viaje **para** **visitar** **el*** **país** **de** **Suecia.**
"Y" en el codo · "S" en la frente

AMA
LC
AA

CR

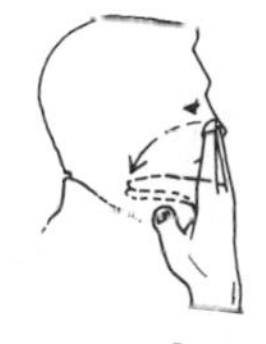
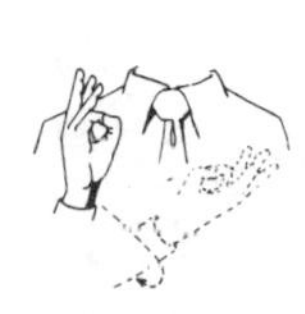
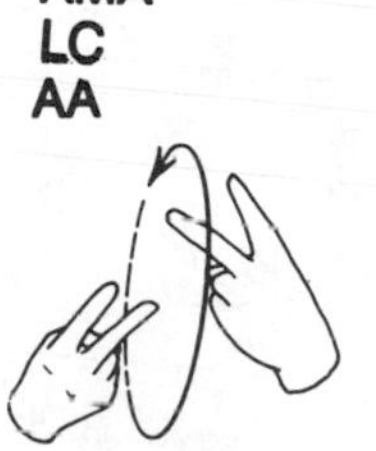
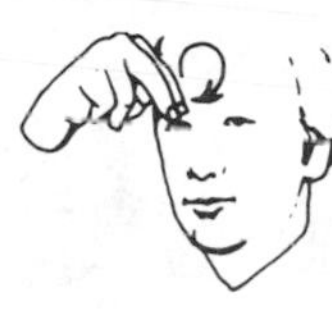

11. **El año** **pasado** **nosotros** **visitamos** **a** **Noruega,**
"V" · "N" en la frente

CR

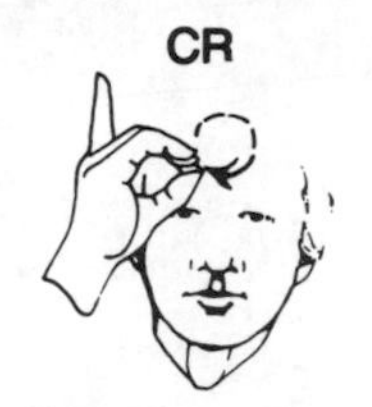

CR

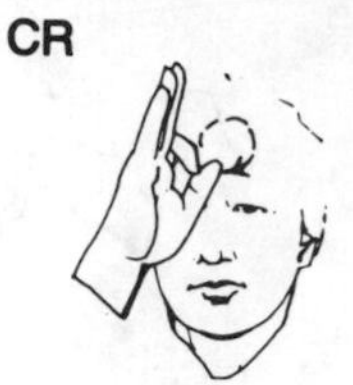

Dinamarca **y** **Finlandia.**
"D" en la frente — "F" en la frente

DAR

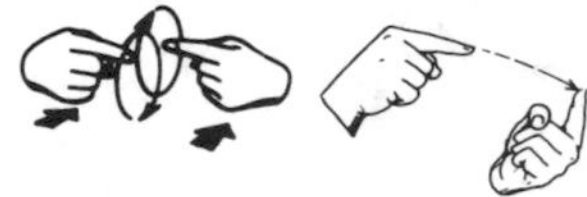

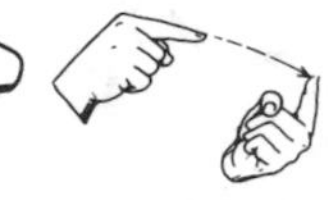

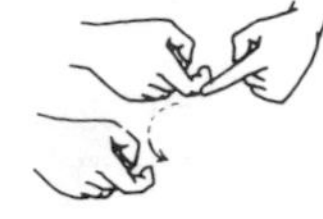

12. **El** **vino** **a** **los*** **Estados Unidos** **de**
círculo

AM

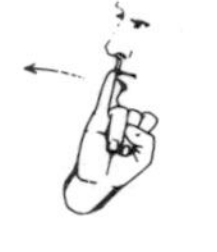

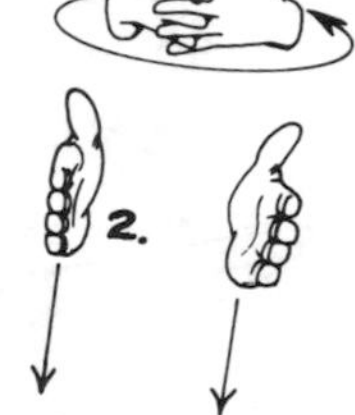

China.
dedo en el ojo D

13. **El** **es** **un** **indio** **americano.**
pintura de guerra

AA

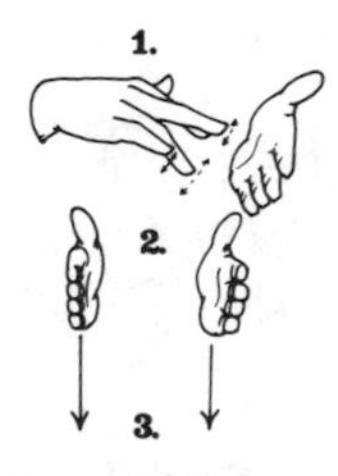

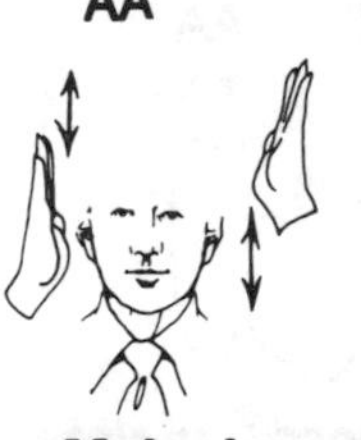

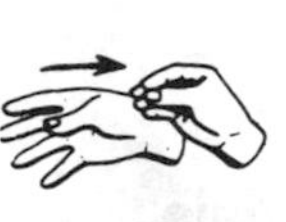

14. **Un** **estudiante** **vino** **desde** **Malasia** **y**
estudiar persona — para bailar

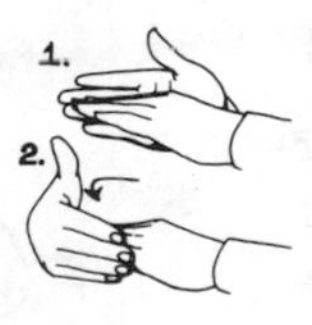

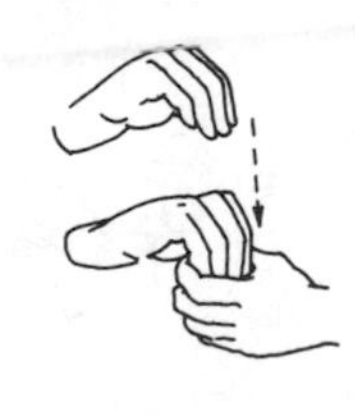

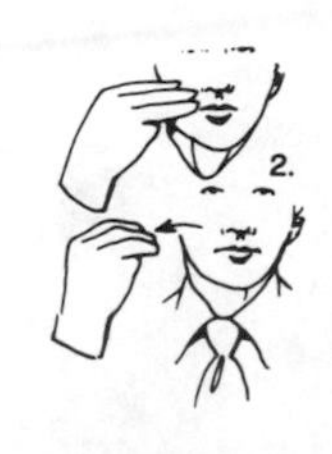

dos **de** **Jamaica.**
isla

15. **En** **Méjico**
"M" sobre mejilla D

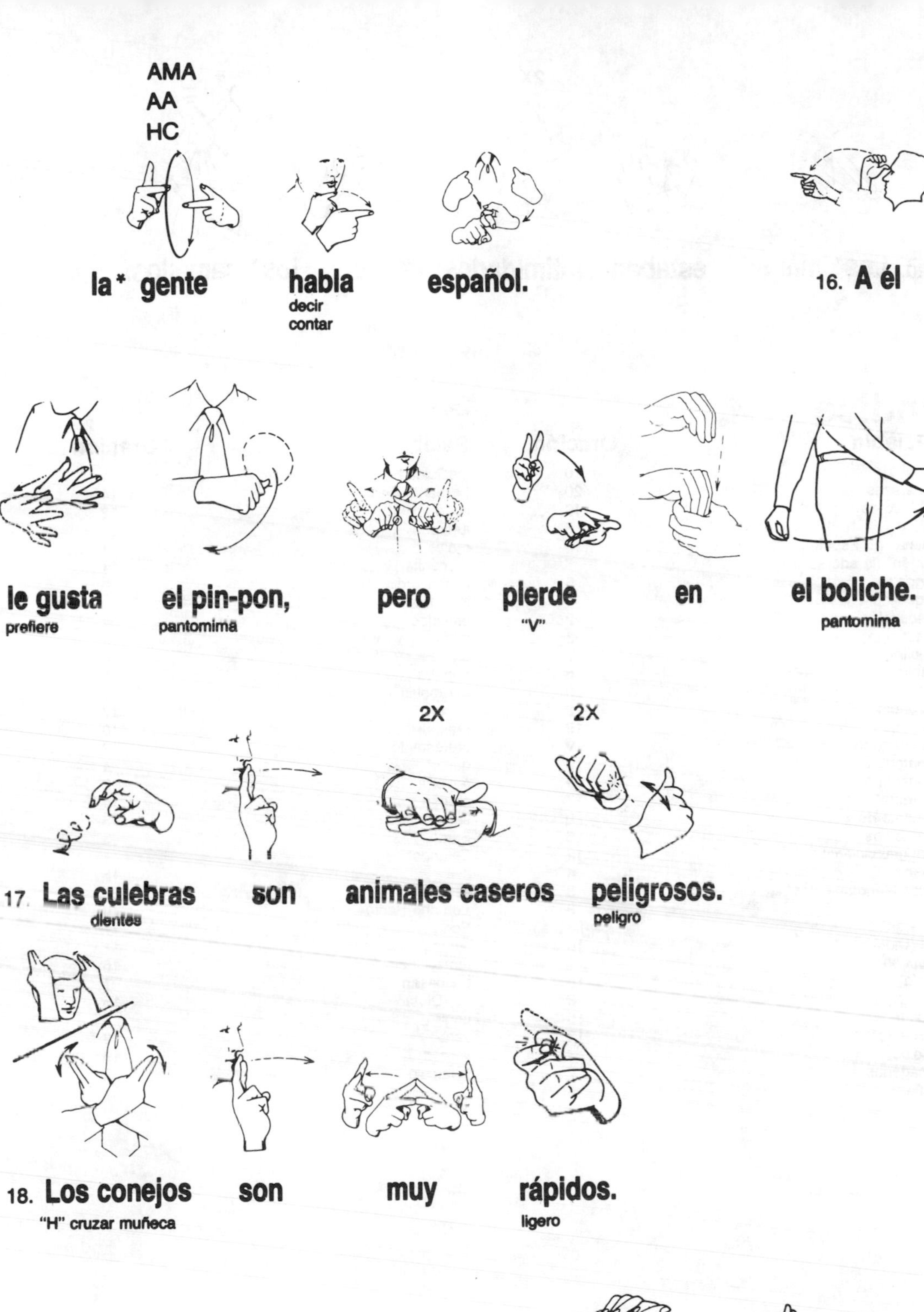

la* gente habla (decir, contar) español.

16. A él le gusta (prefiere) el pin-pon, (pantomima) pero pierde ("V") en el boliche. (pantomima)

17. Las culebras (dientes) son animales caseros peligrosos. (peligro)

18. Los conejos ("H" cruzar muñeca) son muy rápidos. (ligero)

19. Mi padre tiene varios (unos cuantos) caballos.

2X

20. **Los* niños estaban intimidados por los* camellos.**

Indice

D DSI

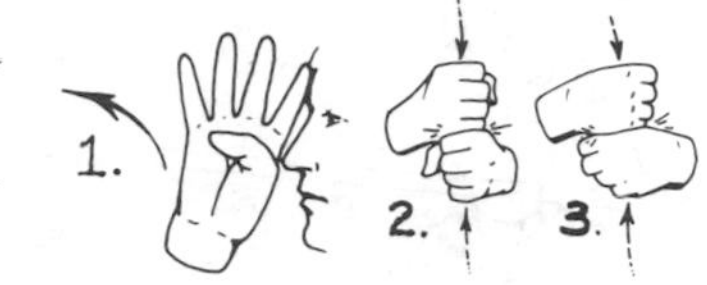

1. **Dios** **creó** **los * cielos** **y** **la* tierra.**
inventar + hacer

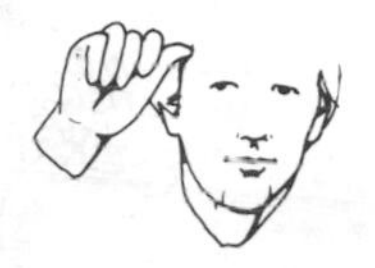

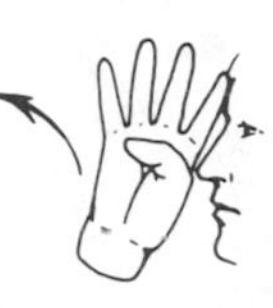
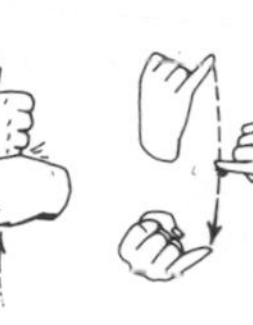

2. **Adán** **y** **Eva** **fueron** **creados** **últimos.**
"A" "E" inventar + hacer final

D 2X

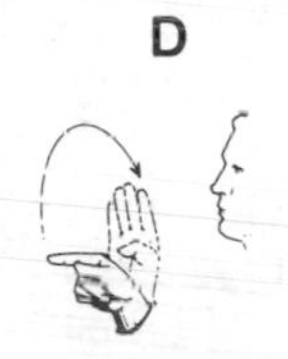

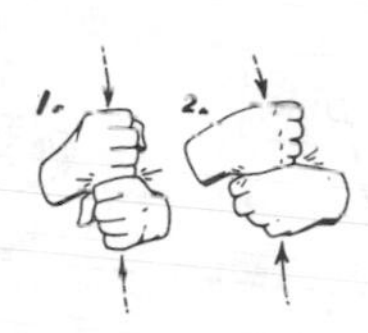
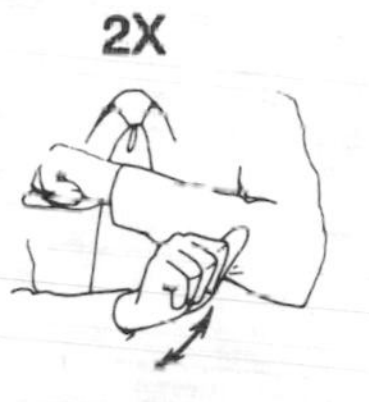

3. **El * pacto** **de** **Dios** **hizo** **que** **Abraham**
de acuerdo + "C" como "igual" "A" en codo

MD

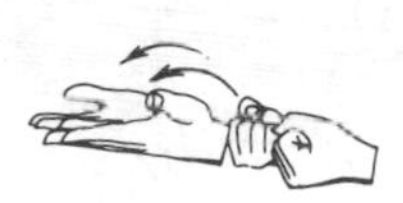

ofreciera **un** **sacrificio** **de** **sangre.**
"S" + ofrecer rojo + manar

AMD
DSI

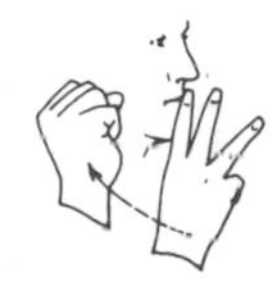
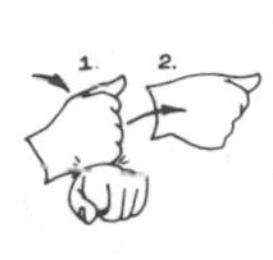

4. **David** **fue** **acusado** **de** **adulterio.**
"D" falta condenado I "V" D"A"

F → I

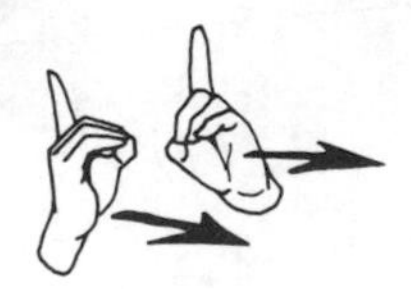

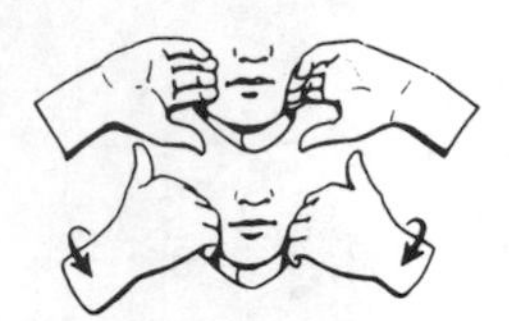
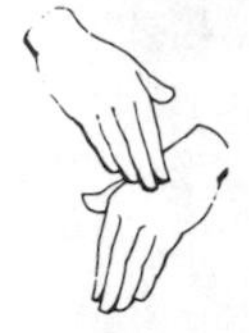

5. **Los* discípulos se encontraron la * prostituta en**
d + seguir

DEI

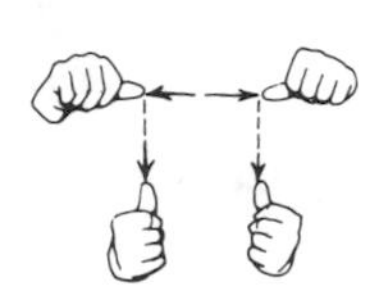
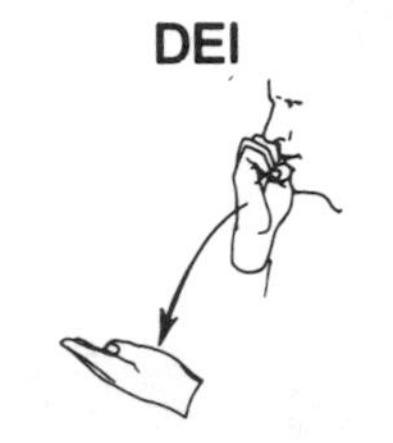

el * altar. **6. Las * Epístolas de**
"A" "A" "E" + carta

DDI DEI

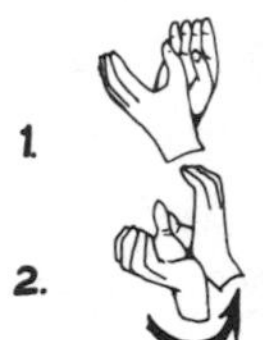

1. 2.

Pablo recalcaron la* conversión y el* arrepentimiento.
impresionar "C" + cambio "R" + cambio

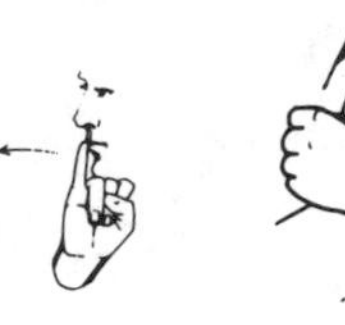

7. El* fruto del * Espíritu es amor,
"F" en barbilla fantasma

2X DEI

gozo y paz.
alegría

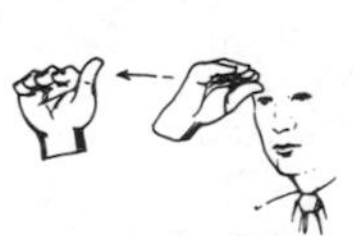
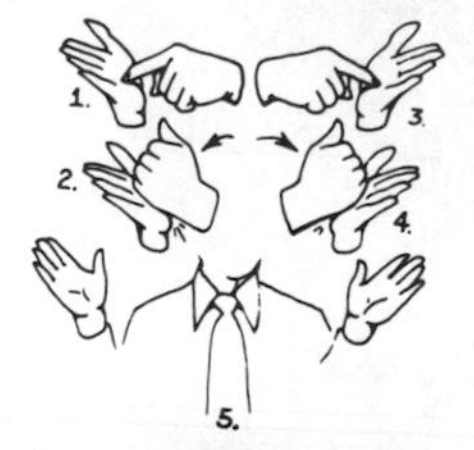

8. **Hombres** **malvados** **crucificaron** **a** **Jesús** **en**

w + malo — clavo - martillo Luego D y manos extendidas — señas de clavos

2X DEI

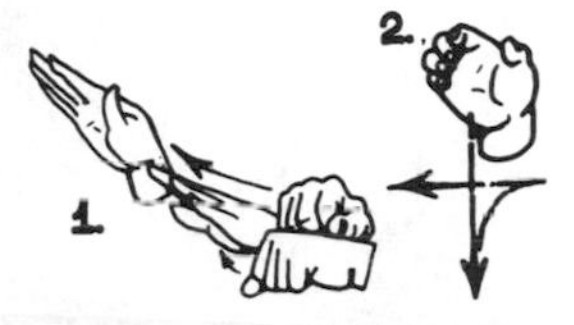

el* **Calvario.** 9. **El*** **evangelio** **recalca**

piedra + montaña — "E" en mano I — impresionar

DEI

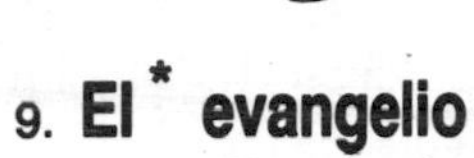
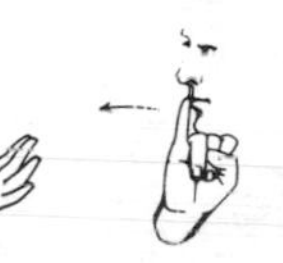
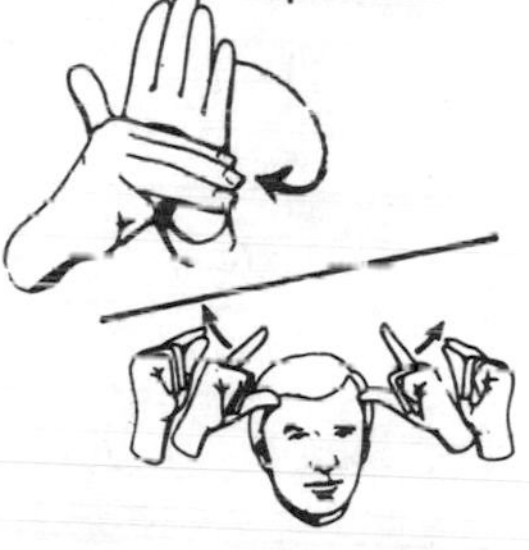

que **Jesús** **es** **El * Mesías.** 10. **Moisés**

señas de clavos — "M" + realeza

AMA
AA
HC

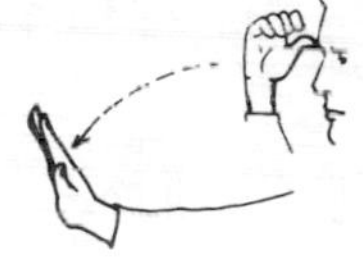
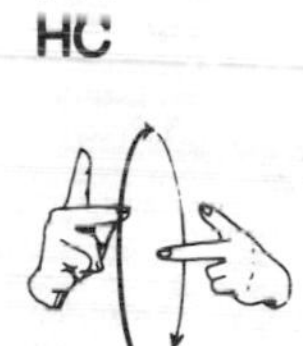

celebró **la Pascua** **con** **su** **pueblo.**

aniversario — "P"

2X AMA
AA

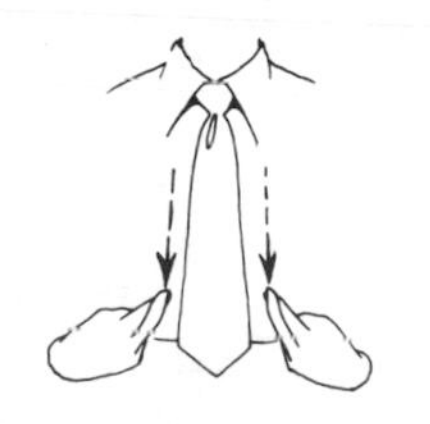

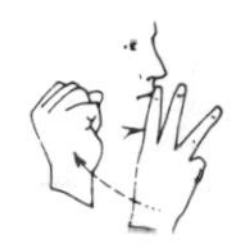

11. **El*** **rabí** **judío** **estaba** **a cargo**

en control
reglas

del* **templo.**
"T" + iglesia

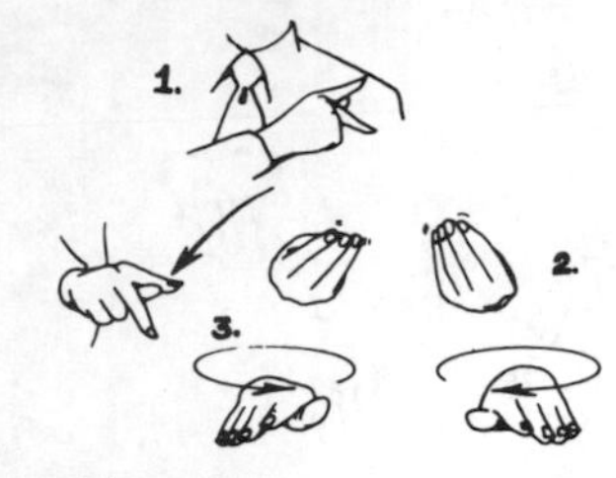

12. **El*** **reino**
rey + tierra

de

D

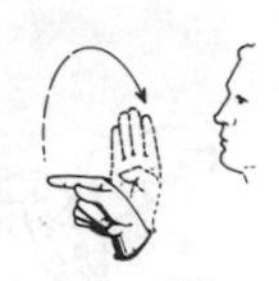

Dios

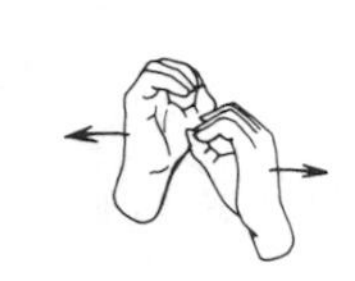

no
ningún

es

D

mito.

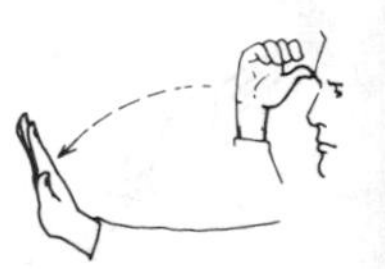

13. **Su**

testimonio
plática

del*

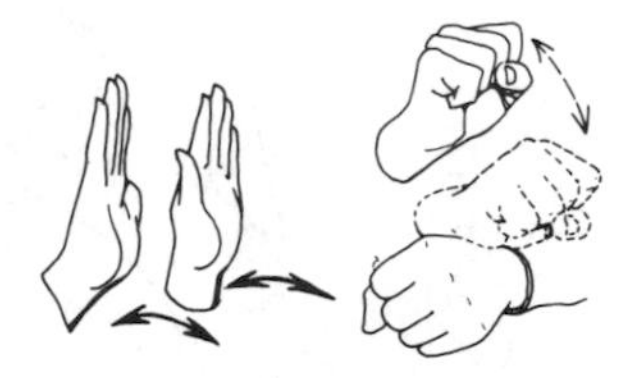

milagro
maravilloso + trabajo
obra

fue

una

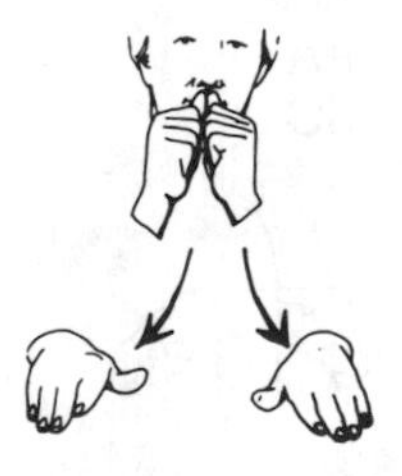

bendición.
"A" manos
bendecir

14. **Yo**

AC
2X

predico
"F" + lectura

nada
no + abiertos "5" manos

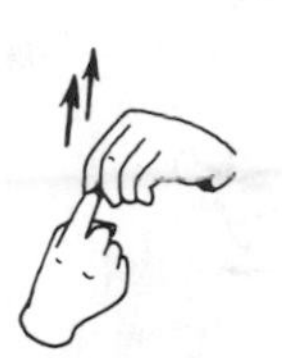

excepto a
I alza D

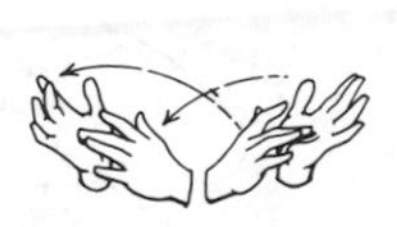

Jesucristo.
señas de clavos

D

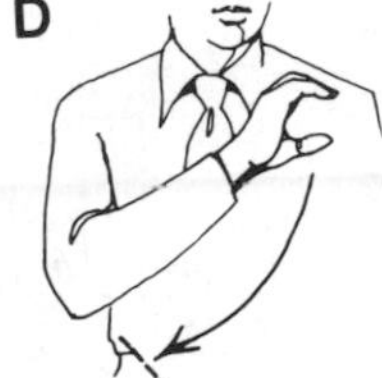

"C" + realeza

15. **Mi**

D

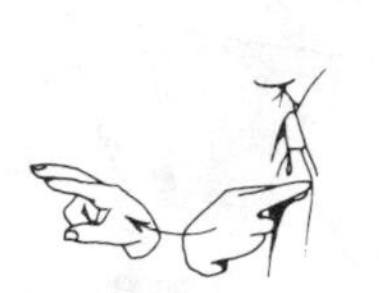

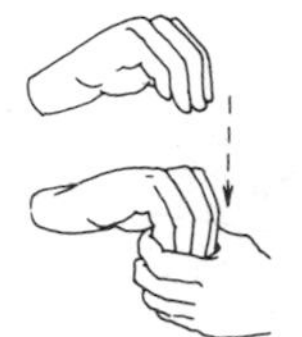
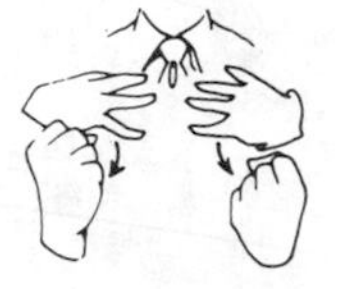
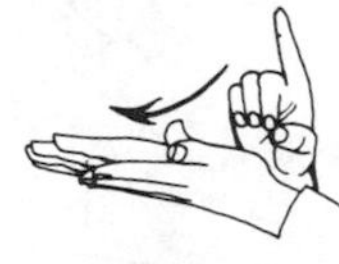
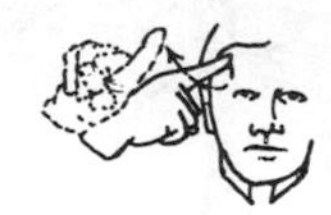

religión "R" en corazón abajo y hacia afuera — **cree** confiar agarrar mente — **en** — **la sanidad** salud entero bien — **divina** "D" + limpio — **por**

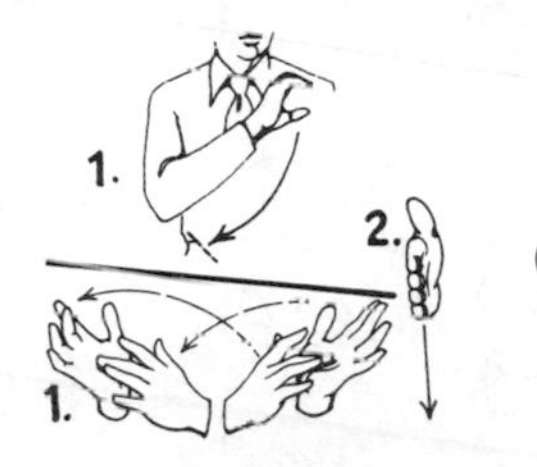

fe. — 16. **Los* cristianos** — **que** quien — **vuelven atrás**

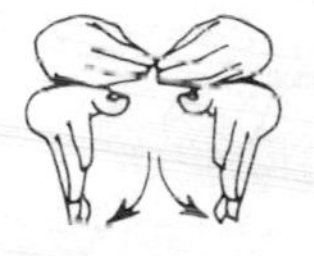
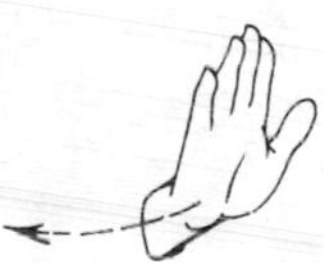

pierden — **su** — **corona.**

DEI — DEI

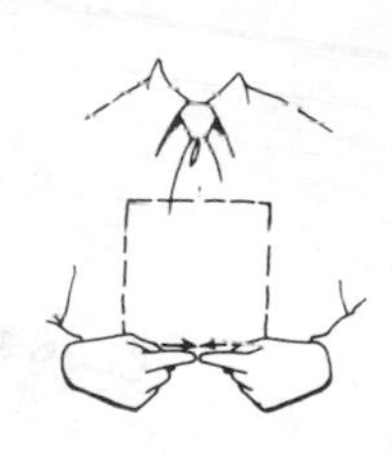
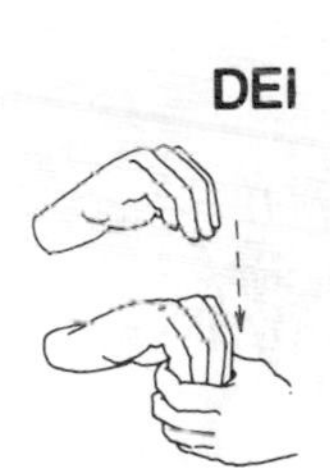

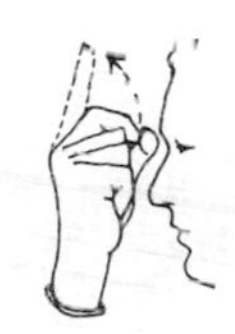

17. **El*** **sacerdote** — **en** — **el* Antiguo** edad viejo — **Testamento** — **comprendió**

D — D

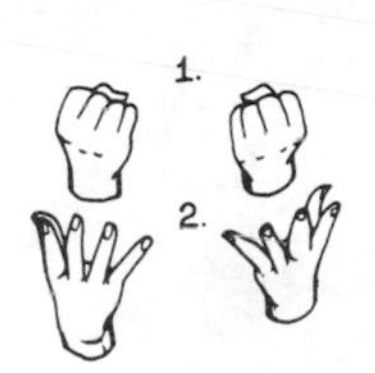

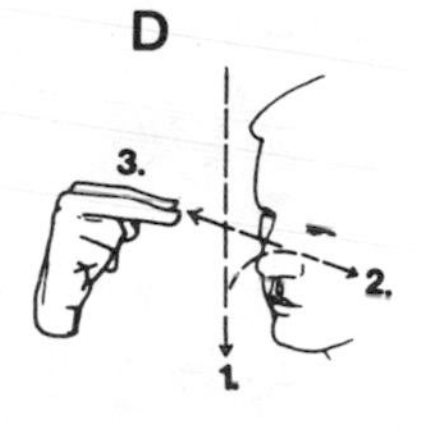

la* Trinidad. — 18. **Muchos** — **sacerdotes** — **católicos**

D

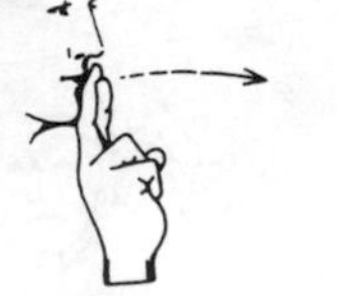

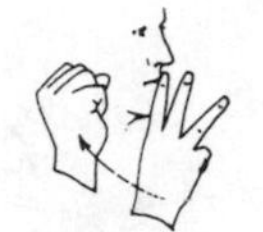

son misioneros. 19. **Isaías era**

DDI

DDI

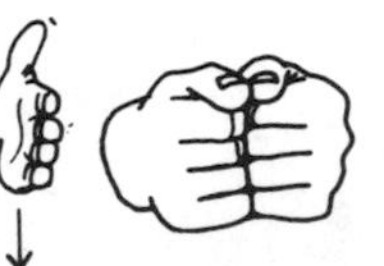

un profeta con una visión.

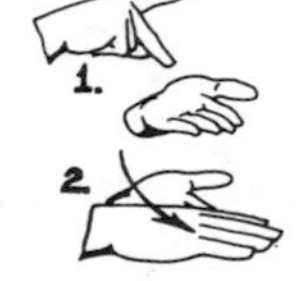

20. **Bienaventurado** son **los* de limpio corazón**

bendecido puro

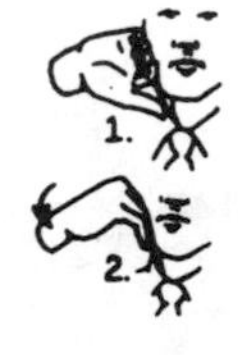

y mente, ellos no se averguenzan.

Indice

Palabia	Oración	Palabia	Oración
Abraham	3	Isaías	19
Adán	2	Jesucristo	14
adulterio	4	Jesús	8
alegría*	7	limpio	20
altar	5	malvados	8
amor	7	mente	20
aniversario*	9	Mesías	9
Antiguo	17	milagro	13
arrepentimiento	6	misioneros	18
avergonza	20	mito	12
bendecido*	20	Moisés	10
bendición	13	nada	14
bienaventurado	20	pacto	3
Calvario	8	Pascua	10
cargo	11	paz	7
celebró	10	pierden	16
cielos	1	plática*	13
conversión	6	profeta	19
corazón	20	prostituta	5
corona	16	pueblo	10
creó	1	puro*	20
crucificaron	8	rabí	11
David	4	recalcaron	6
Dios	1	reino	12
divina	15	religión	15
en control*	11	sacerdote	17
encontraron	5	sacrificio	3
Epístolas	6	salud*	15
Espíritu	7	sangre	3
Eva	2	sanidad	15
evangelio	9	se	20
excepto	14	templo	11
falta*	4	Testamento	17
fantasma*	7	testimonio	13
fe	15	Trinidad	17
fruto	7	viejo*	17
fueron	2	visión	19
gozo	7	vuelven atrás	16

1. 2. DEI D

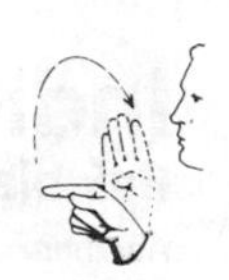

1. **Aquéllos** **que** (quienes) **traspasan** (romper la ley) **las * leyes** **de** **Dios**

D DEI DSI

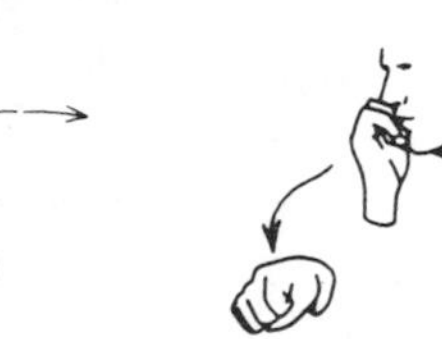

son **malos.** (malvados; E + malo) 2. **Hechos,** **capítulo** ("C" bajando por mano I) **uno,** **versículo**

AMD

once (palma hacia cuerpo) **registra** **la* ascensión** (pararse + ascender) **de** **Jesús.** (señas de clavos)

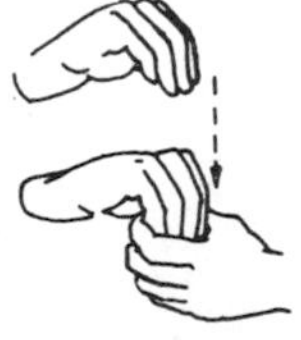

3. **Juan** **habló** (dijeron; hablaron; contaron) **del *** **bautismo** ("A" "A") **en**

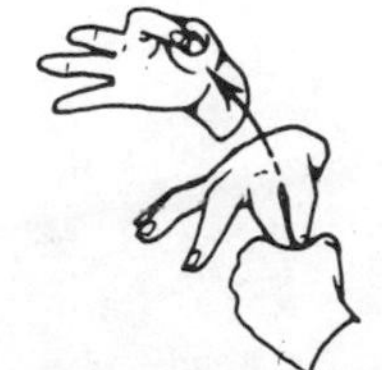

El * Espíritu (Alma; Fantasma) **Santo.** (Sagrado; "S" + limpio) 4. **El *** **diablo** (Satanás) **y**

el* infierno son **omitidos** de **los sermones** **predicados**
demonio + fuego / quitar / lecciones mensajes / "F" + sermón

hoy en día. 5. **¿Crees tú que los * ángeles**
ahora + día / ambas manos

tengan alas? 6. **Ungir con**
1 mano / "A"

aceite y orar por los* enfermos es
pedir / cabeza, estómago

bíblico. 7. **La* Biblia advierte contra**
versículo / libro de Jesús / D le da a I

 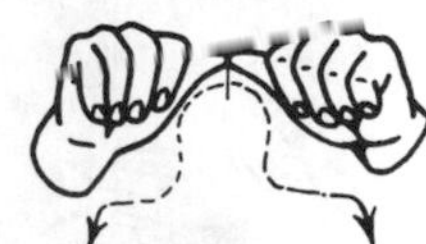  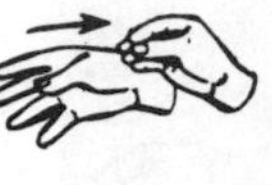  

la* adoración — adorar, amén — AMA AA HC
a imágenes
e
ídolos. — "I"

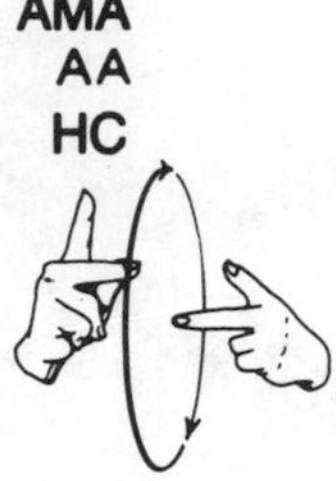   

8. **La* gente** — "P"
desobedeció
los* Diez — (10)
Mandamientos. — "C" + ley

2X D D AMA

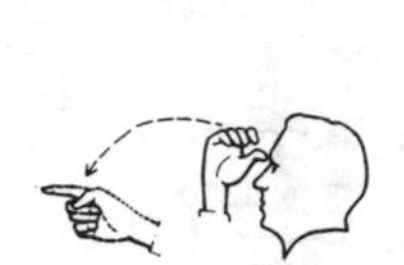   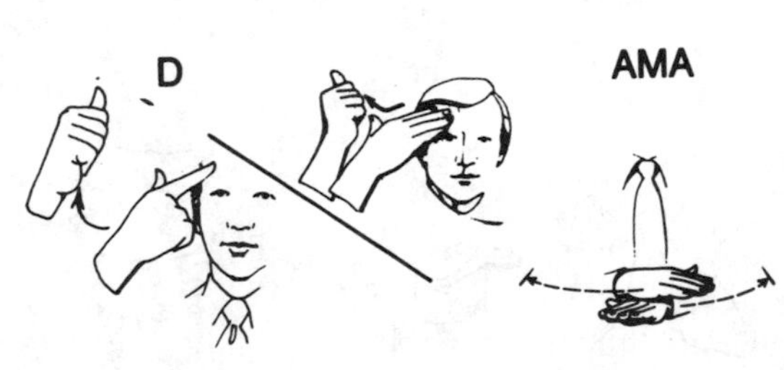

9. **El**
fue
condenado
porque
no

DEI D

  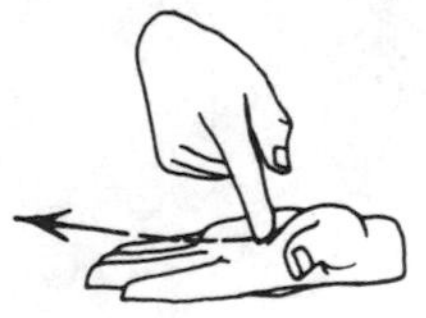 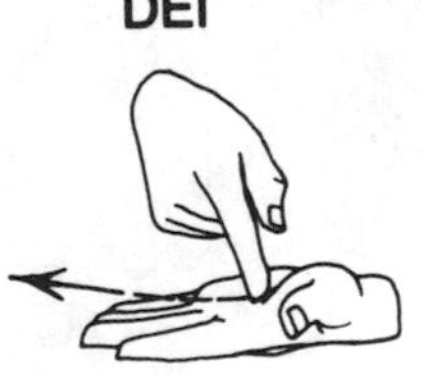 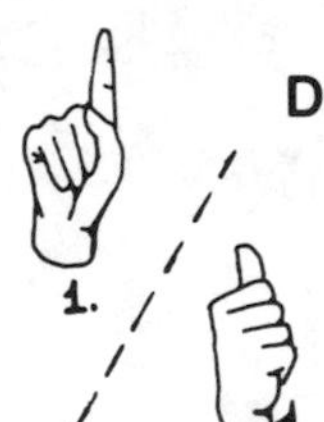 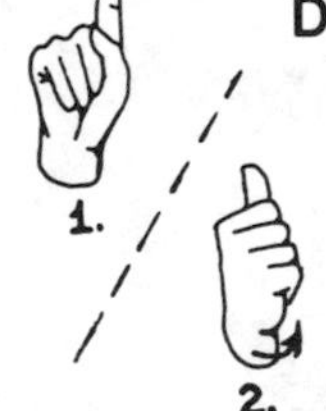  

pagaba — AMA AA LC
los* diezmos.
10. **Nosotros**

DSI DEI

    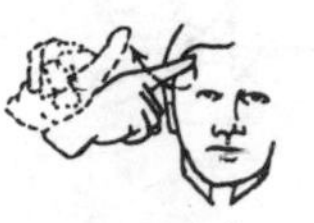

fuimos
a
la* iglesia
presbiteriana — "P"
para

AM

 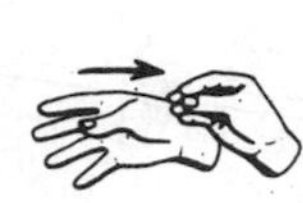   

la* Navidad "C" **y** **en** **la* Semana Santa.** "E" "E"

DEI

  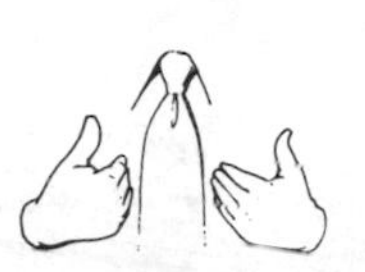   

11. **La* señora** mujer + encajes **menonita** oración amarrarse sombrero **tenía** **un** **esposo** hombre + casado **luterano.** "L"

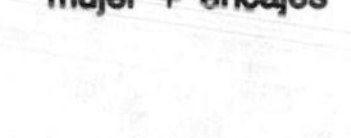

DEI

12. **El* grupo** "G" + clase **protestante** arrodillado **denominacional** denominación **prometió**

liberarlo "D" como salvar **a** **él.**

13. **Las* parábolas** "P" + lección

DEI

DEI

ilustran "I" + mostrar **una** **verdad** "H" honesto **divina.** "D" + limpio

AM
14. La* Santa Cena
vino + pan
fue
instituida
comenzó
empezó
por
Jesús.
señal de clavos
D
15. Jesús
señal de clavos
dijo:
habló
contó
"Sea
hecha
tu
poseer
voluntad
"W" + ley
D
y
no
la mía."
16. Jesús
señal de clavos
liberta
"D" + salvar
de
las tentaciones
codo
y
los demonios.
Satanás + espíritus

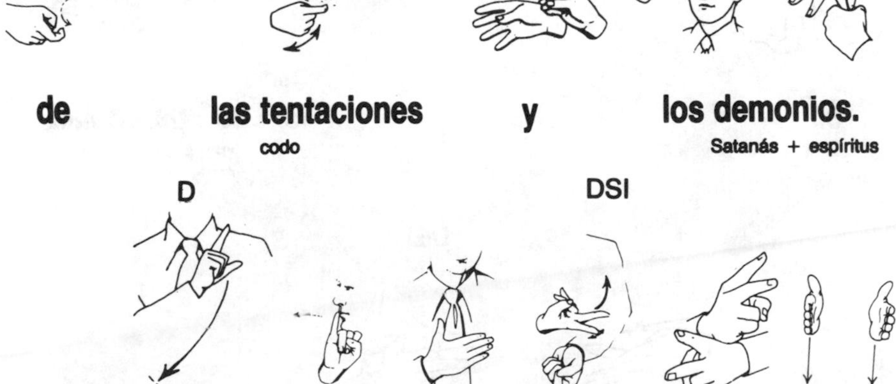
D
DSI
17. El * Señor
"S" + realeza
es
mi
pastor
oveja + guardador
y

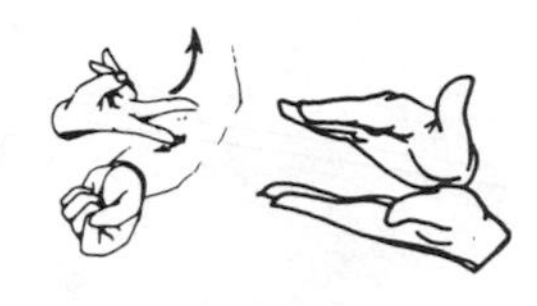  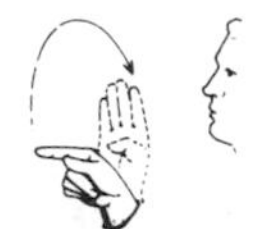 

el* Cordero (oveja + pequeño) **de Dios.**

18. El me

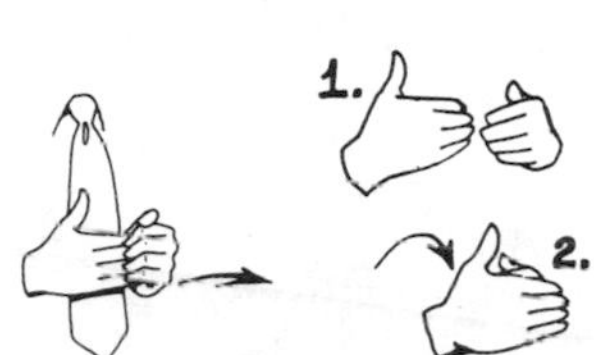

D
MD

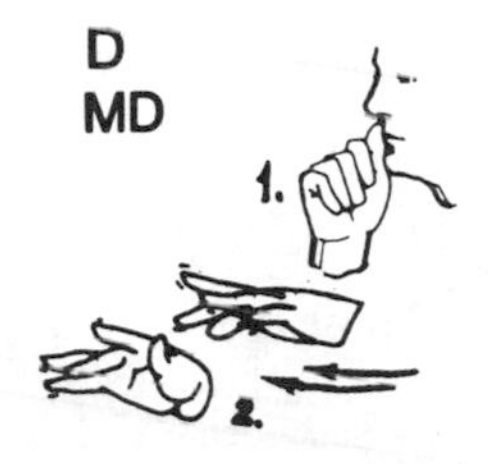  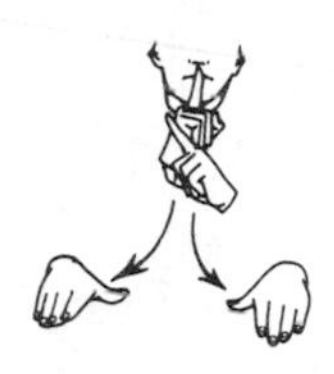

dirige (guia) **al lado de las* aguas** ("A" + fluir) **de reposo.**

AMD

D → F

  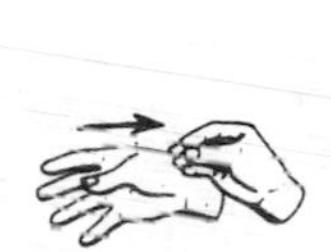 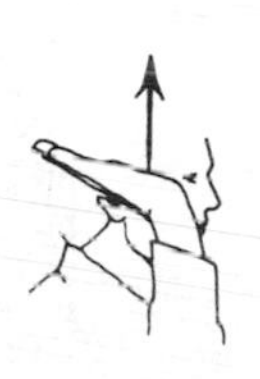  

19. Tu (poseer) **vara** ("O" manos) **y tu cayado** (sosteniendo cayado) **me**

 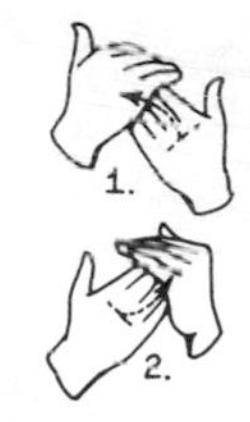   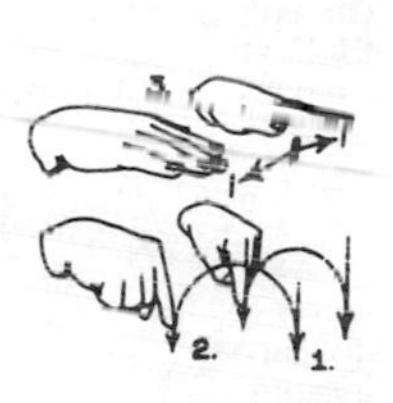

confortarán. (consolarán; D-sobre-I manos juntas)

20. Tú aderazas ("P" "P") **mesa** (patas + encima)

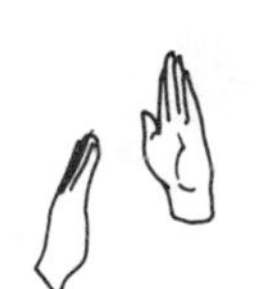 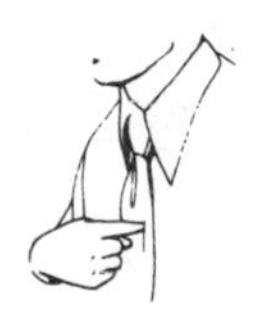   

delante de mí, y la misericordia (sentir + simpatía) **me**

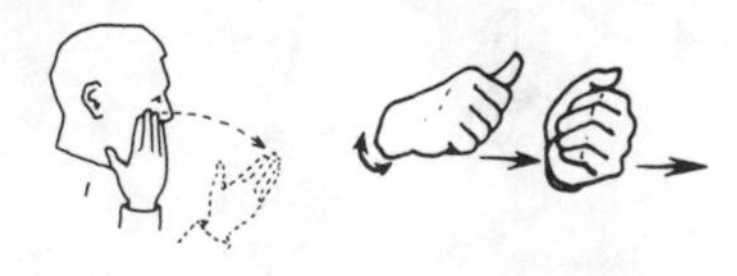

seguirán
D sigue I

cada
D "A" mano
bajando el pulgar I

día

Indice

 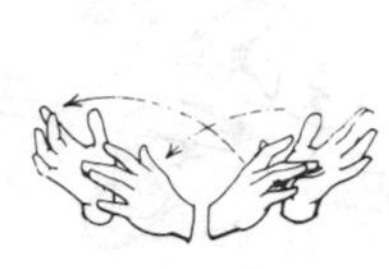 

2X

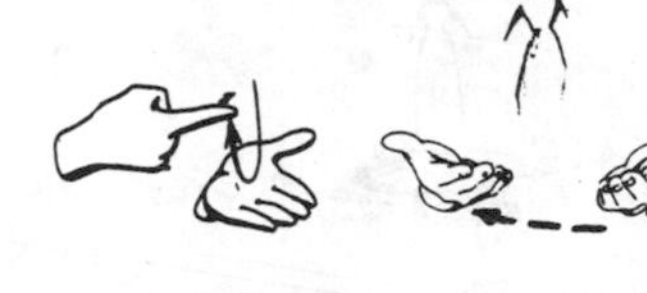 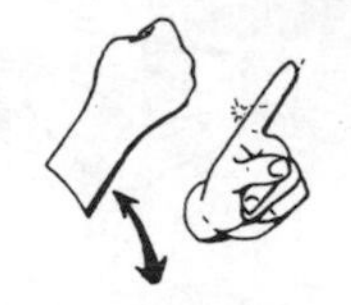

1. **El aceptar a Jesucristo algunas veces trae persecusiones.**

D AMA

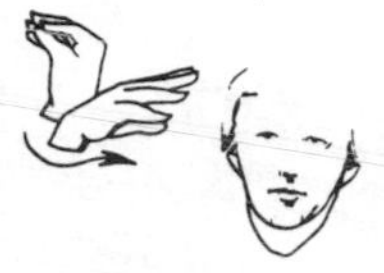    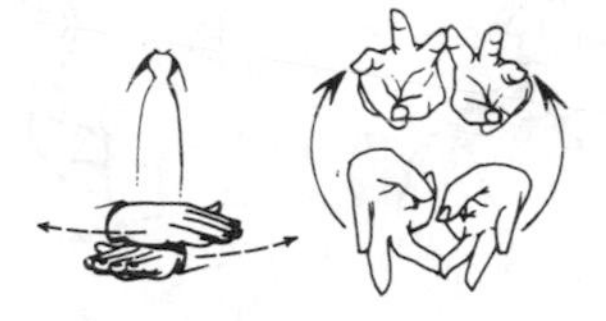

2. **La gracia salvadora es un favor inmerecido.**
segura salvación — no + "W" + importante

AMD
DEI

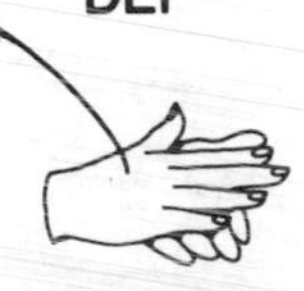   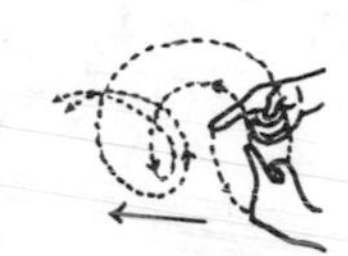  

3. **Gloria, aleluya yo voy de camino**
mover manos mientras sube

   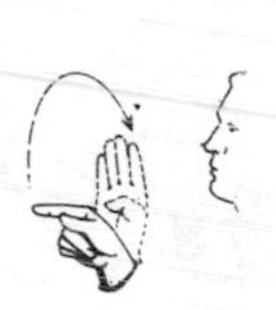

al cielo.

4. **Yo alabo a Dios**
felicidades aplaudir

DSI

  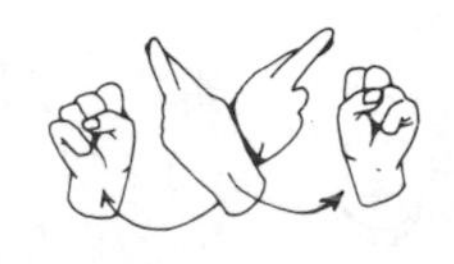   

que nos redimió de esta tierra.
"R" + salvar

5. **Jesús no condenó al * mundo.**
acusar — "M" + año

6. **Los * judíos pasaron a través del * desierto.**
tierra + seca

7. **El * avivamiento tan largo hizo que la * congregación se cansara.**
excitación emocionante — gente + clase — cansado

8. **Jesús pagó**

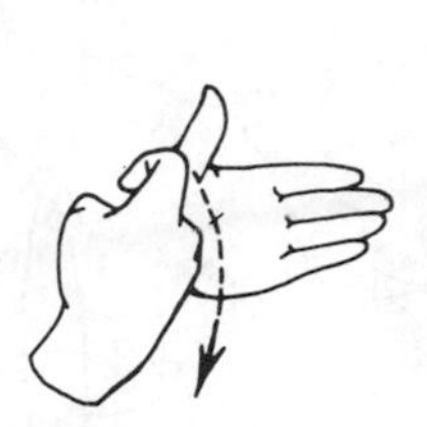
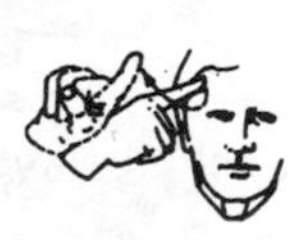

el * supremo precio por la * victoria.
"A" arriba — costó — "V" manos

DSI AA AMA

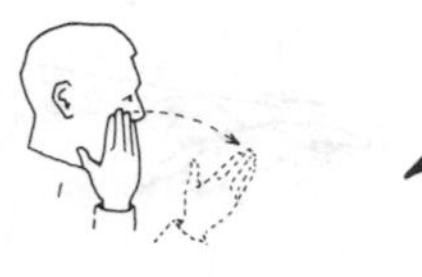

9. **Será** **un** **tiempo** **excitante**
avivamiento
emocionante

2X

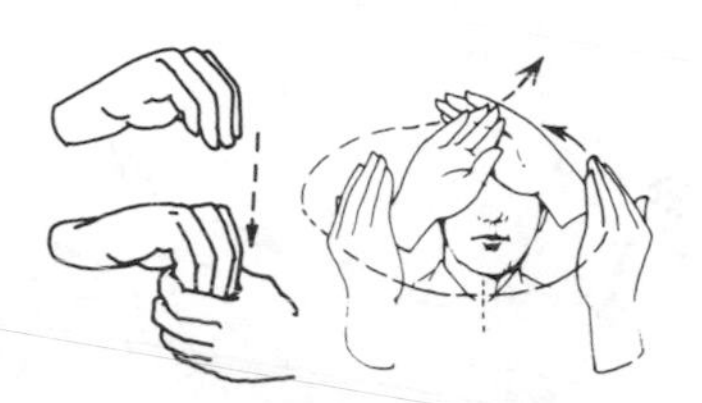

y **maravilloso** **en** **el cielo.**

DEI

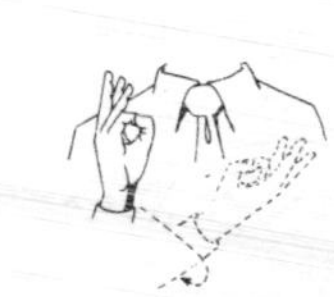

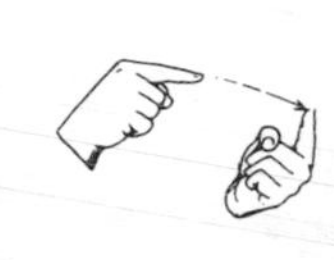
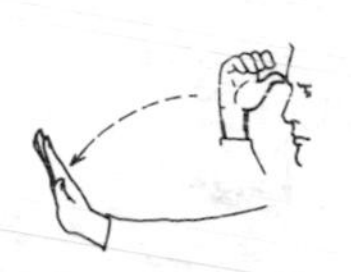

10. **Nosotros** **podemos** **decir** **"amén"** **a** **su**

DSI
2X
DEI

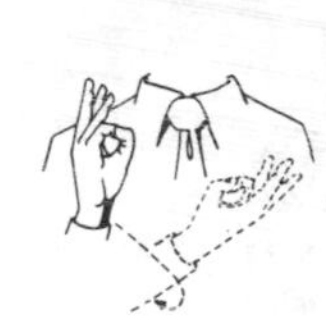
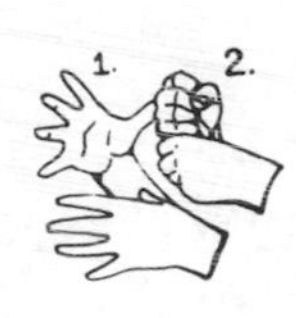
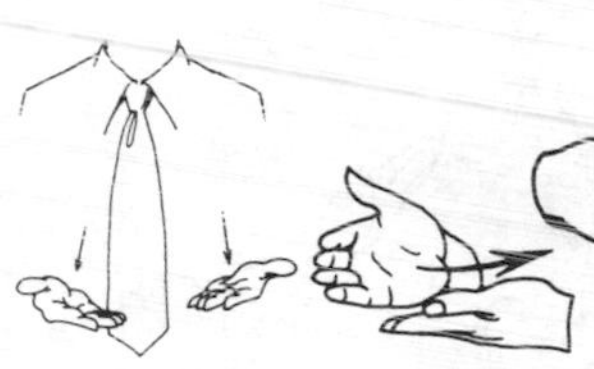

ministerio. 11. **Nosotros** **recibimos** **esta** **ofrenda**
"M" + work recoger + dinero

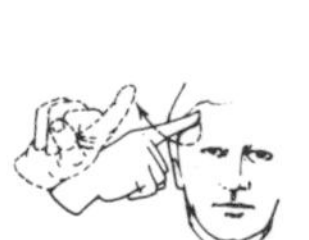

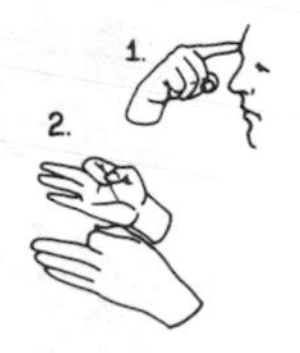

para **misiones** **mundiales.** 12. **Las*** **decisiones**
"M" + año misionero

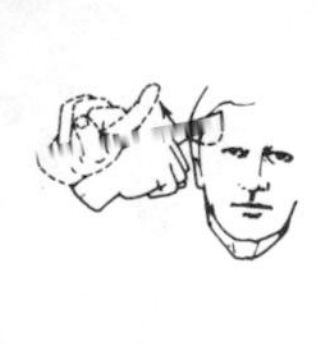

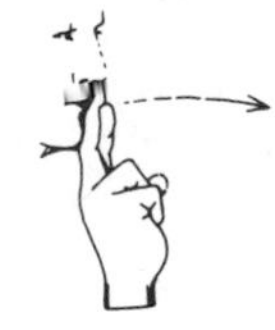
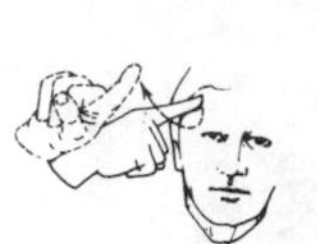

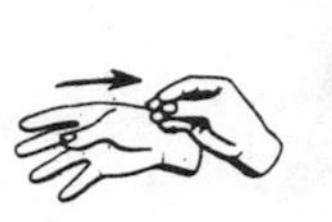
DAR
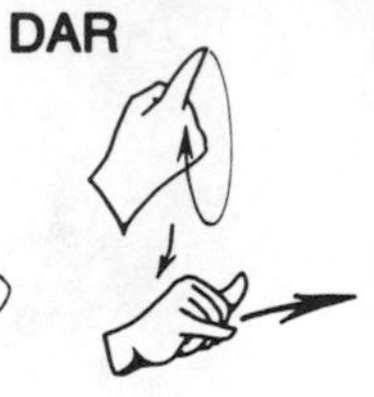

por **Cristo** **son** **para** **tiempo** **y** **eternidad.**
para siempre
eterno

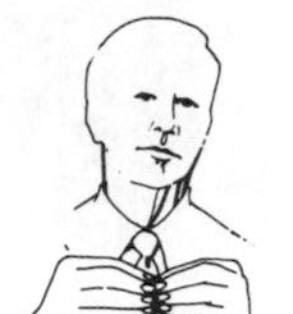
AMA
HC
AA
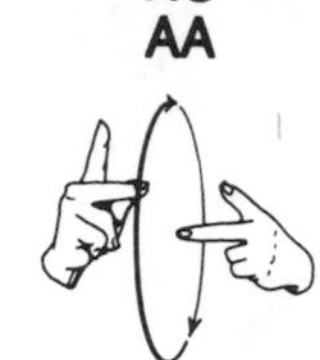

13. **Más** **personas** **necesitan**
tener
deber
necesario
ser **enviadas** **y**

DEI
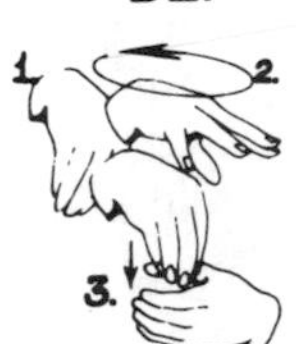

DEI

envueltas. 14. **Jesús** **nació** **entre**

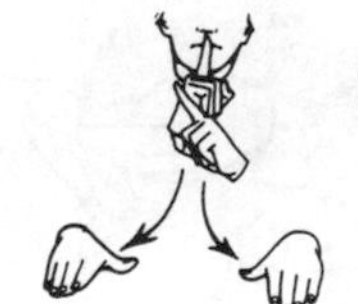
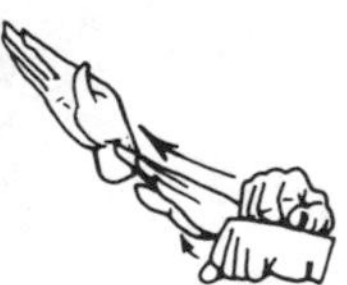

F → D
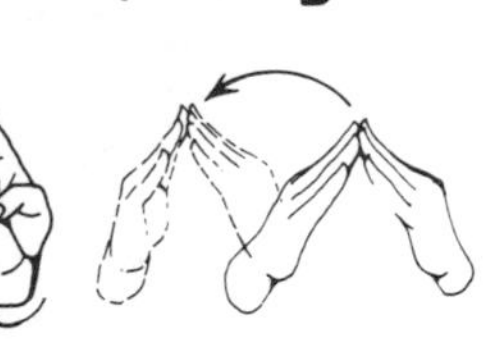

las* tranquilas **montañas** **de** **Belén.**
"B" + ciudad

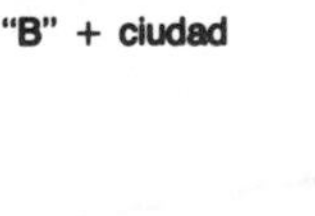

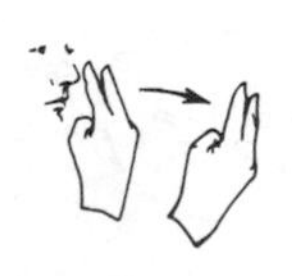
AA

15. **Los*** **pastores**
oveja + mantener + persona
vieron **la*** **estrella**

MD

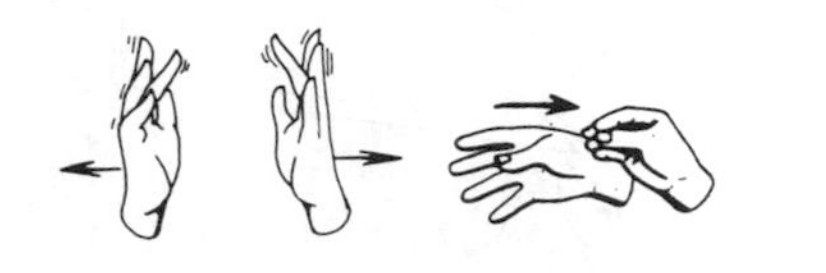

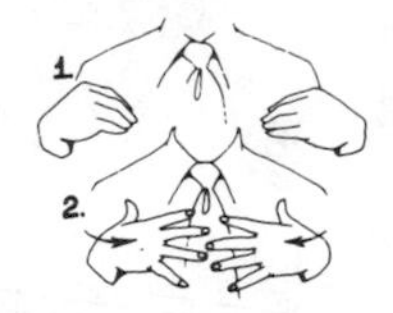

brillando **y** **estaban** **atemorizados.**
temer
miedo
asustado

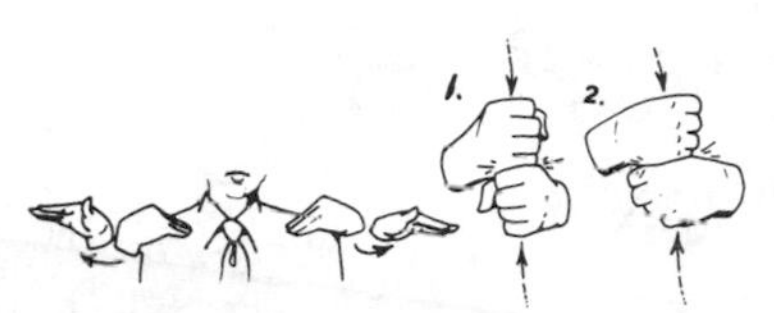

16. **Los* ángeles** **hicieron** **el* anuncio** **del*** **nacimiento**

DSI

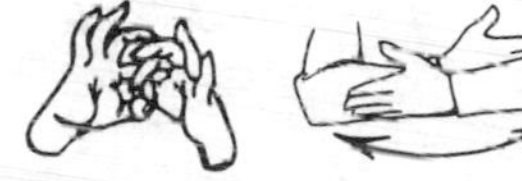

del* **niño** **Jesús.** 17. **Los*** **fieles**
"F" manos

2X

I → C

F → I

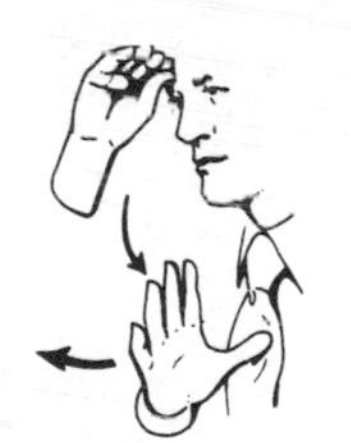
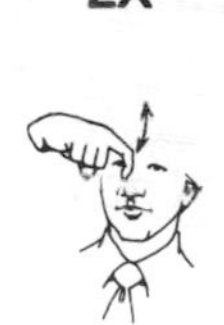
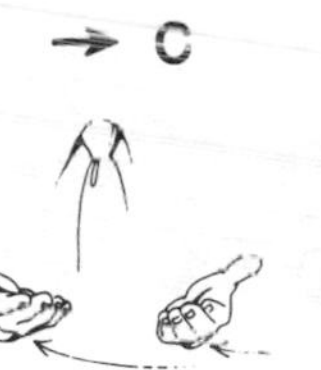
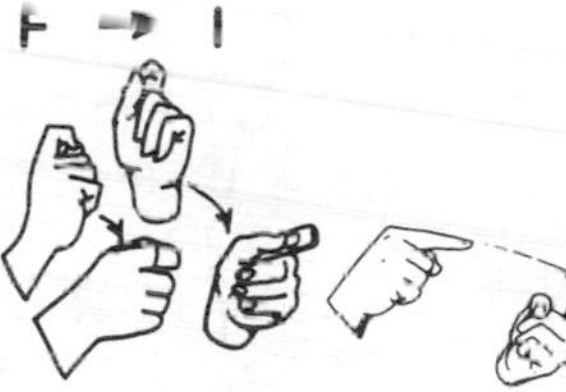

hombres **sabios** **trajeron** **regalos** **al*** **Cristo**

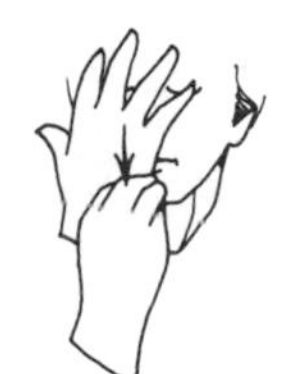

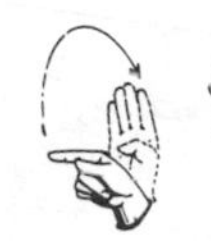

dormido. 18. **Jesús** **es** **Emanuel,**
Dios con nosotros

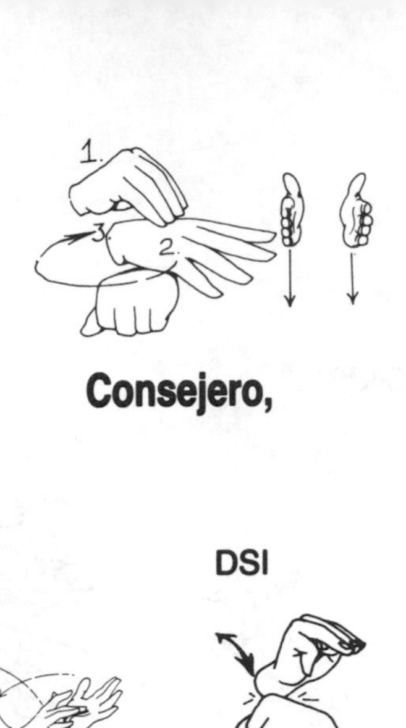

DAR

Consejero, el* eterno Padre.
siempre + todavía

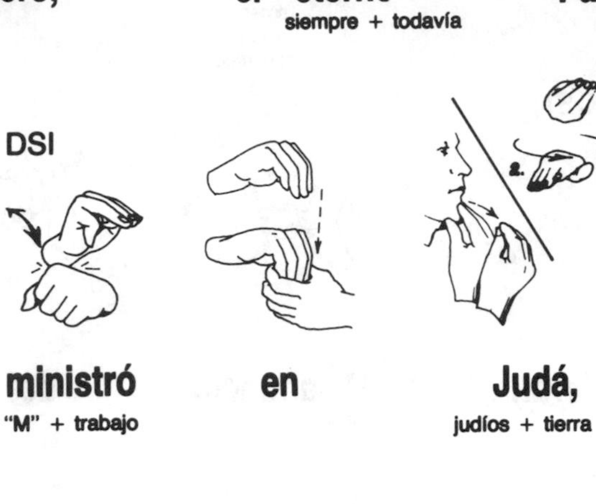

DSI

19. Jesús ministró en Judá, pero
"M" + trabajo judíos + tierra

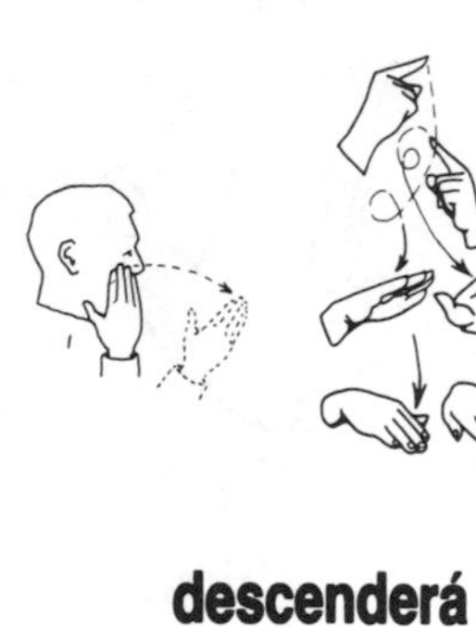

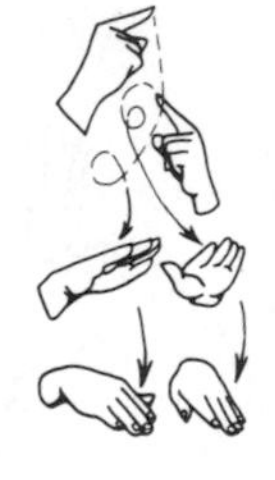

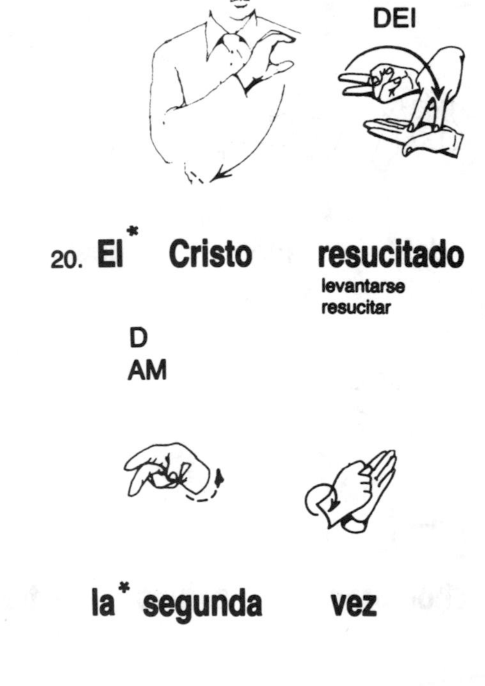

DEI

fue rechazado. 20. El* Cristo resucitado
levantarse
resucitar

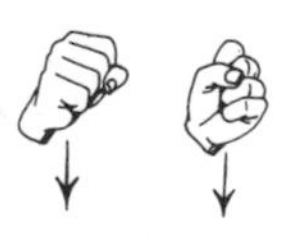

D
AM

descenderá con poder la* segunda vez
hacia abajo fuerte
puede

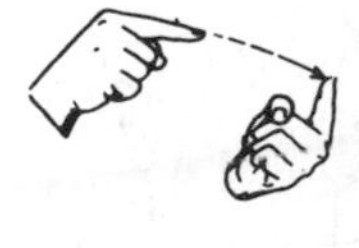

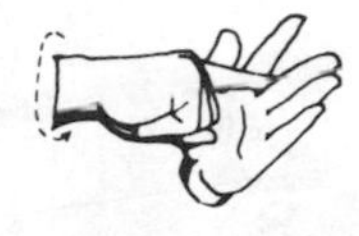

para comenzar el* milenio.
1.000

Indice

Lección 29

DSI

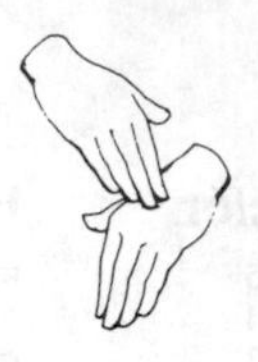
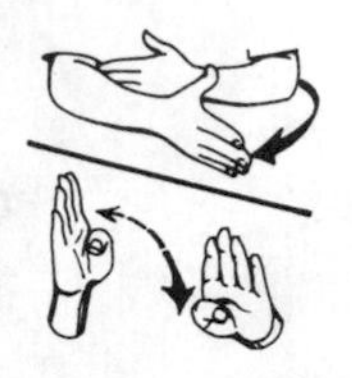
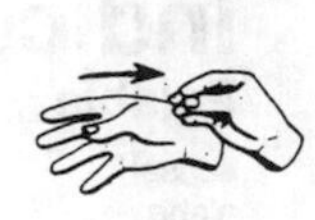

1. **He aquí, yo paro a la* puerta y**

DEI

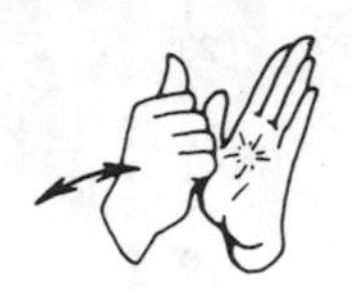
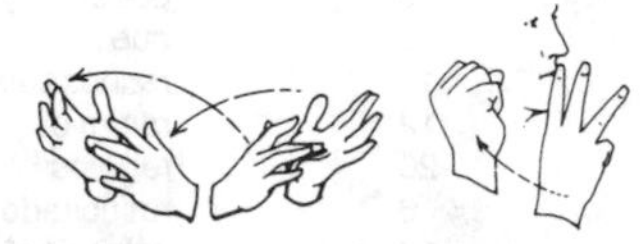

toco. 2. **Jesús fue clavado a**
clavo + dar

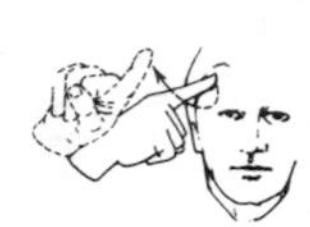
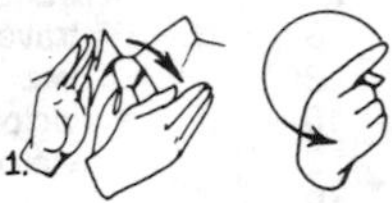

una cruz por nuestros pecados. 3. **Jesús**

2X

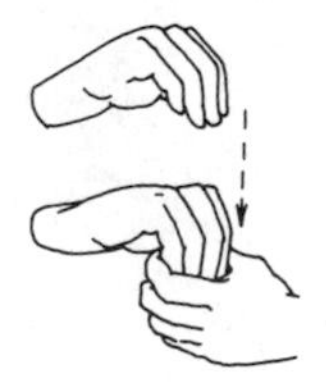
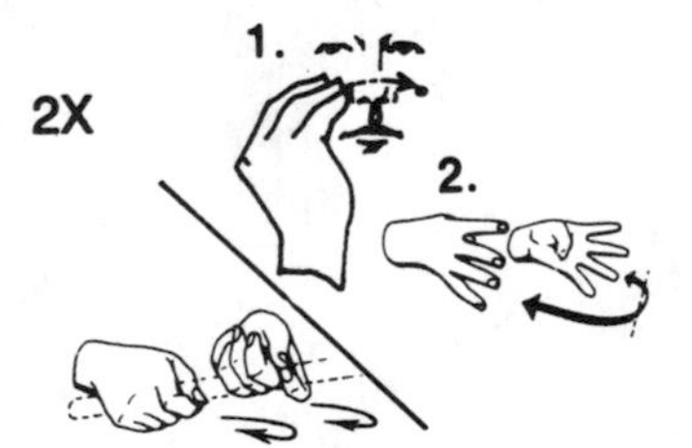

conoció la* aflicción en el* huerto.
conocimiento "A" sobre corazón

DSI

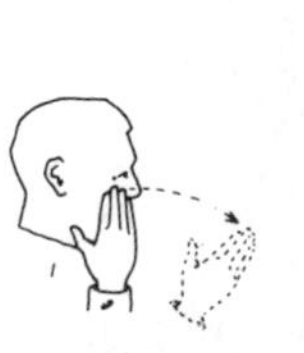

4. **El* conocimiento del* Señor llenará**

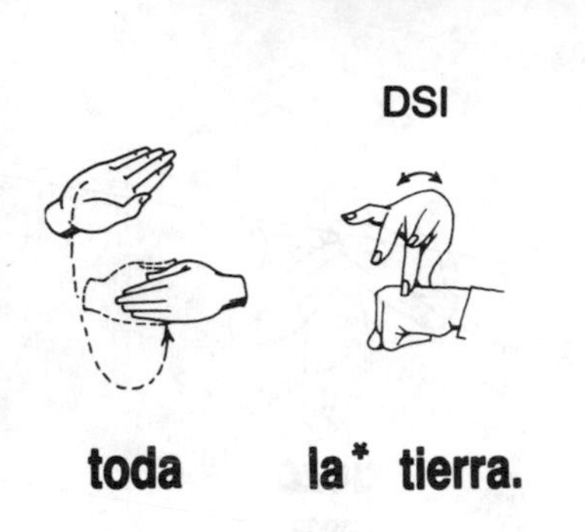

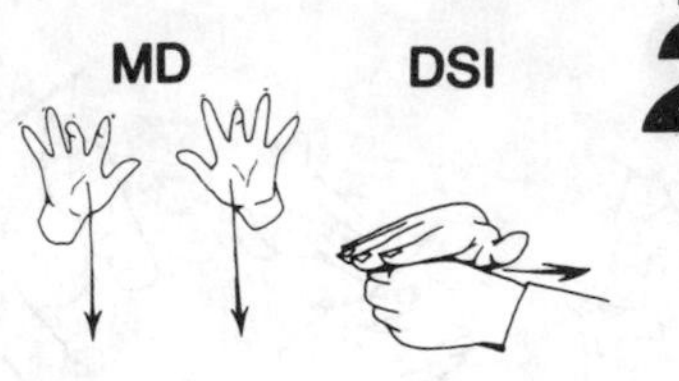

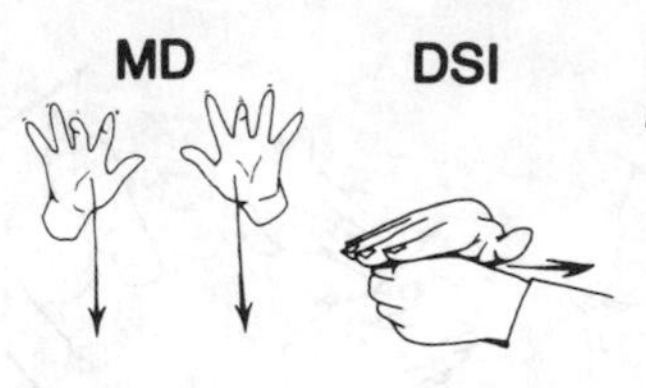

toda la* tierra. 5. La* lluvia llena

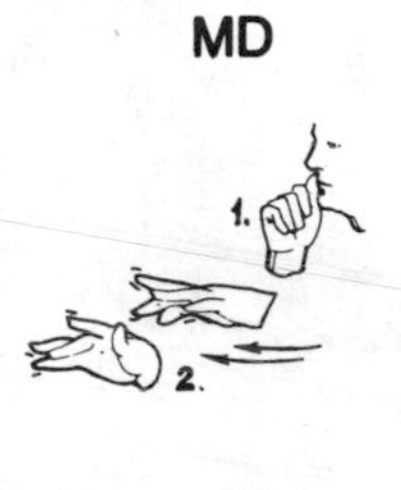

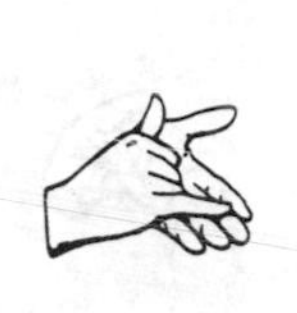
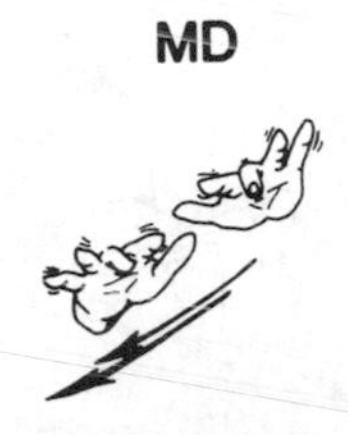

los* ríos que fluyen al* mar.
"A" + fluir
oceano
"A" + mar
olas hacia → D

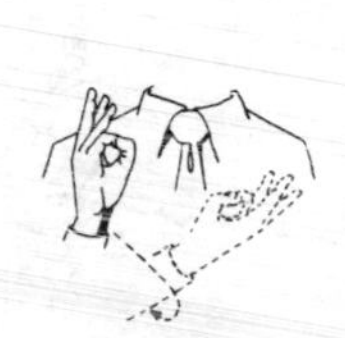

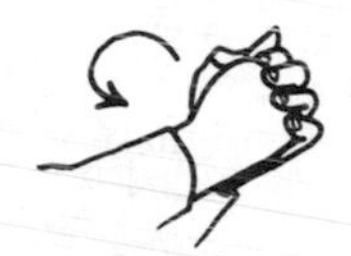

6. Nosotros alabamos y adoramos a nuestro
aplaudir
amén

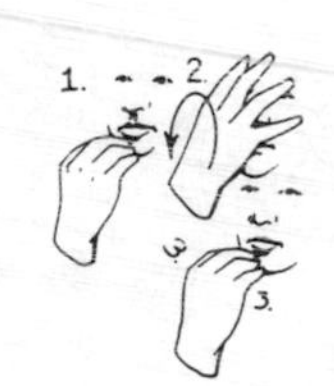

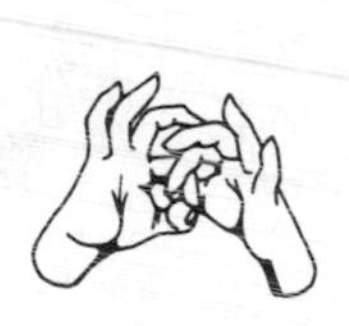

querido Señor. 7. La* belleza del*
"d" manos
"S"
bello
bonito
precioso
hermoso

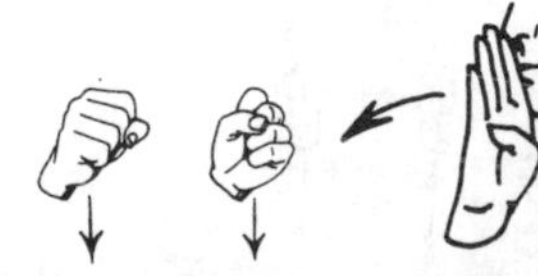
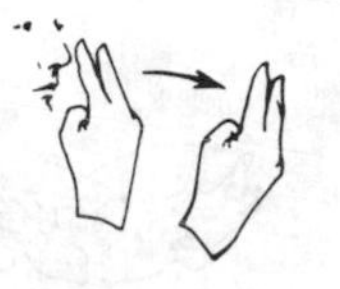

alma puede ser vista en los* ojos.
espíritu
fantasma

8. **Yo canto porque tengo gozo**
canción — alegría, regocijo

de haber oído acerca de Pentecostés.

9. **No hay pecado ni vergüenza**

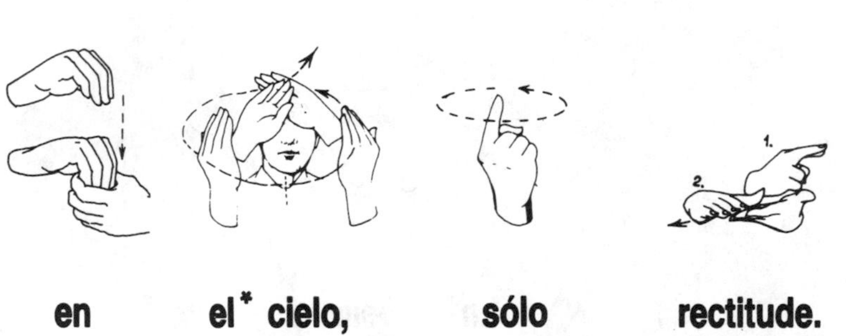

en el* cielo, sólo rectitude.
virtud

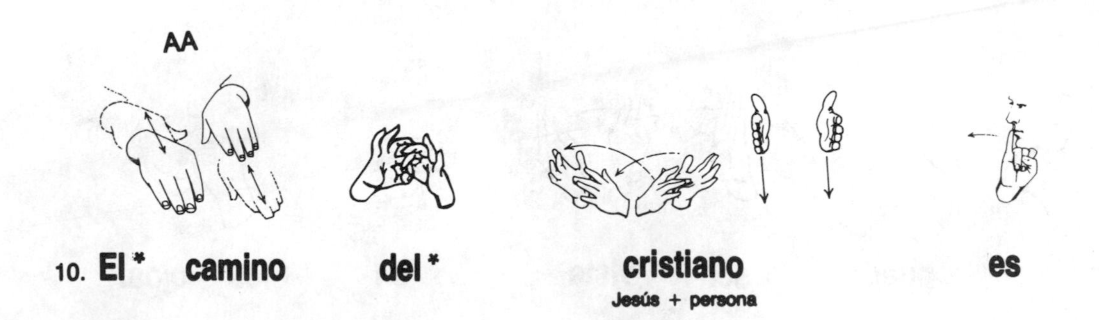

10. **El* camino del* cristiano es**
Jesús + persona

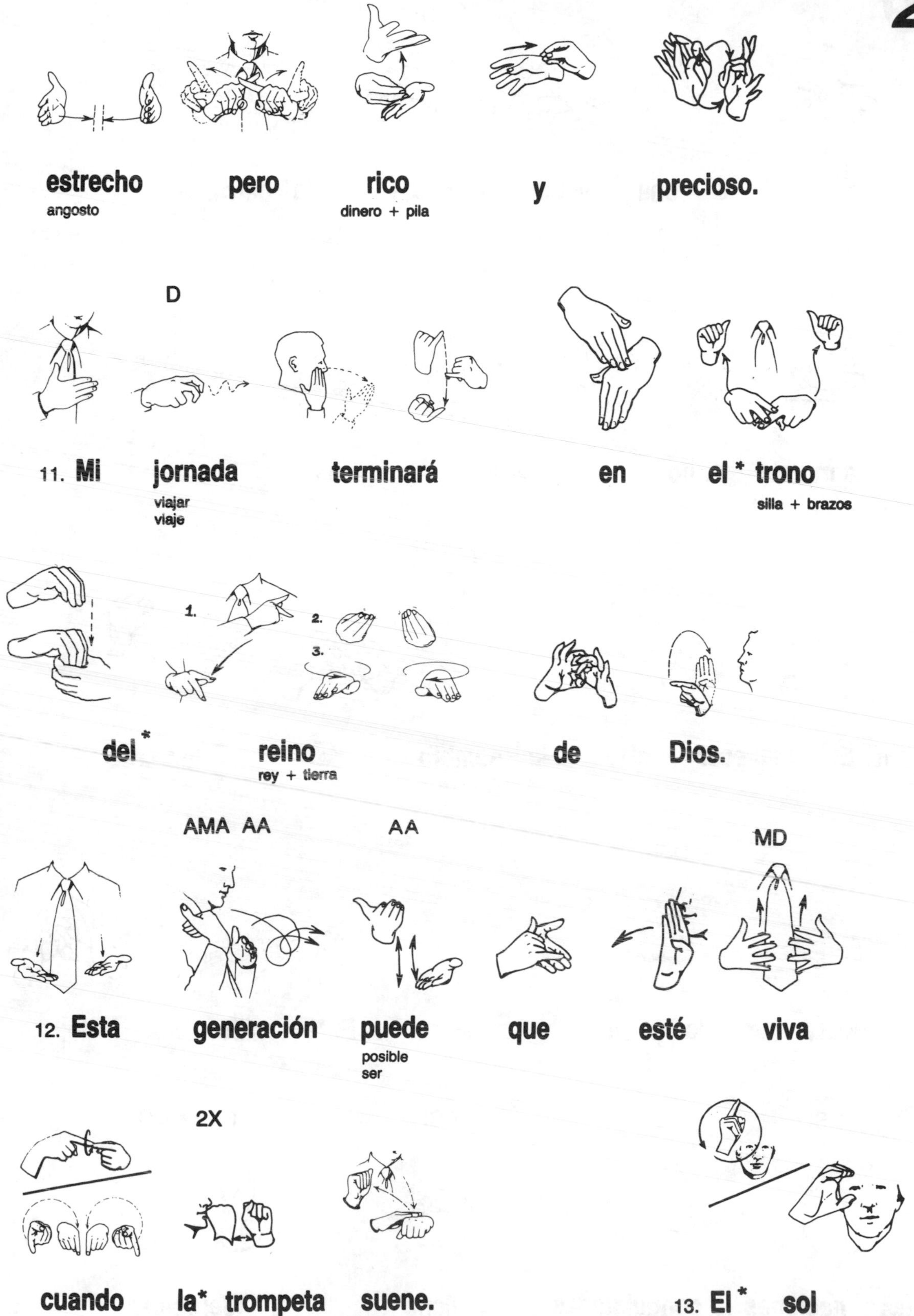
estrecho
angosto
pero
rico
dinero + pila
y
precioso.
D
11. Mi
jornada
viajar
viaje
terminará
en
el * trono
silla + brazos
1.
2.
3.
del *
reino
rey + tierra
de
Dios.
AMA AA
AA
MD
12. Esta
generación
puede
posible
ser
que
esté
viva
2X
cuando
la* trompeta
suene.
13. El * sol

DSI

   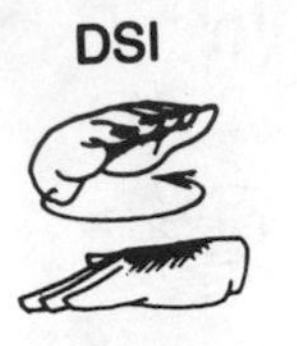 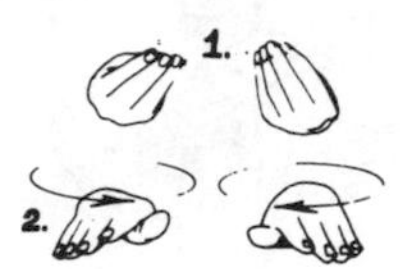

y la* luna sube sobre la* tierra.

 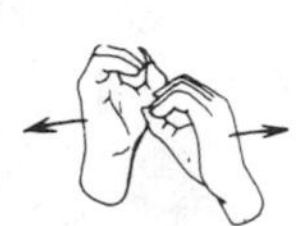 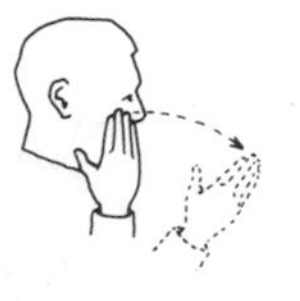  

14. **La muerte no será más.**

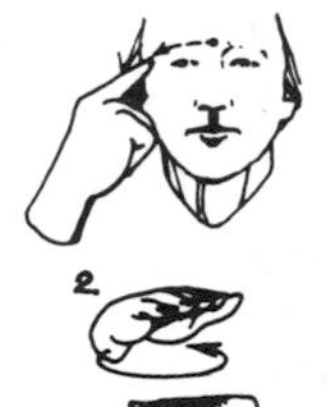 

15. **El* amanecer hizo la* sombra de la* cruz**

negro + sobre

DSI

 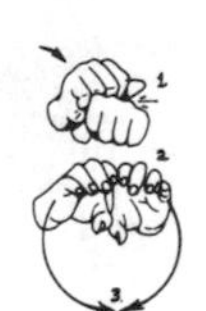

sobre la* roca.

16. **El* ruído de**

DSI DSI F → D

 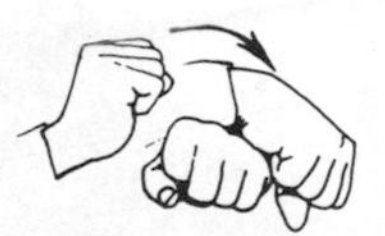   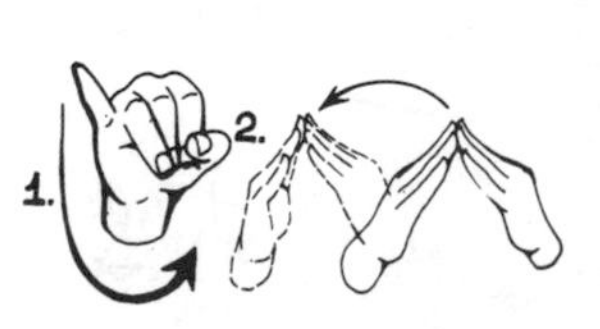

las* naciones conquistadas llenó a Jerusalén.

derrotado J + ciudad

DSI

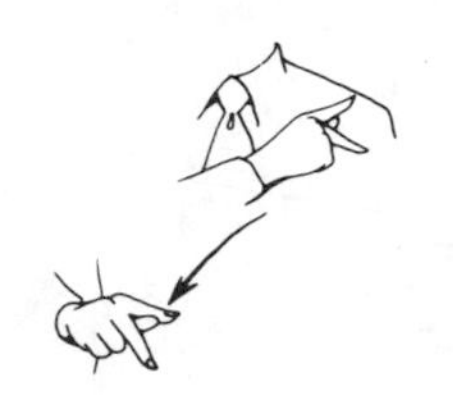    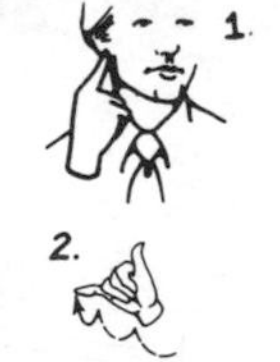 

17. **El* rey** **tocó** **la* corona** **de** **oro** (oreja + amarillo) **y**

sonrió. ("5" manos) 18. **El** **se inclinó** **una**

AM

segunda **vez** **después que** **ellos** **se** **fueron.**

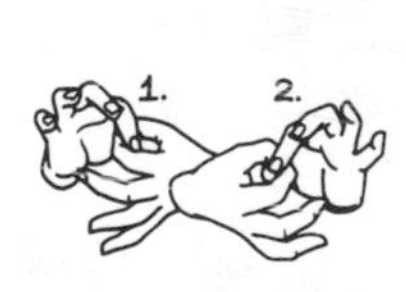 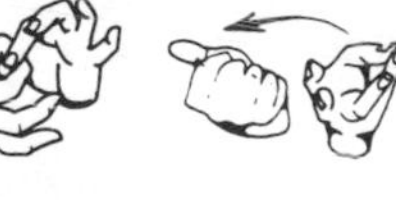 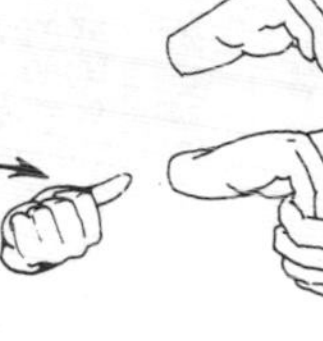  

19. **Las*** **cadenas** (unidos) **desaparecieron** (desvanecieron) **en** **una** **manera**

AMA DSI

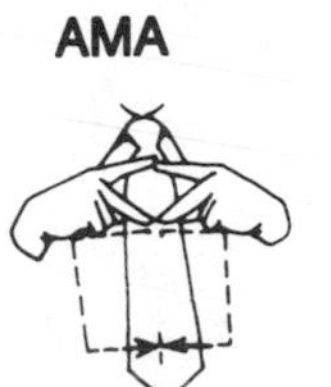  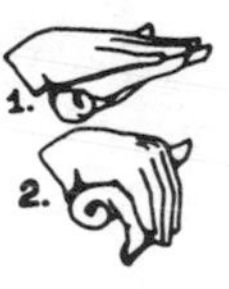

extraña. (extraño, inusual) 20. **Los*** **fariseos,** ("P" cuadrado sobre pecho) **verdaderos** (hacia arriba y fuera de boca) **hipócritas,**

DSI

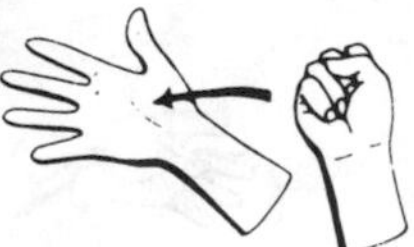

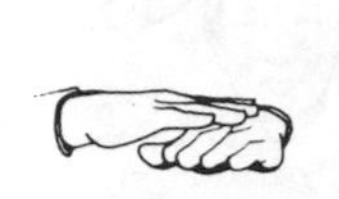

tiraron **piedras** **sobre** **su** **cuerpo.**

Indice

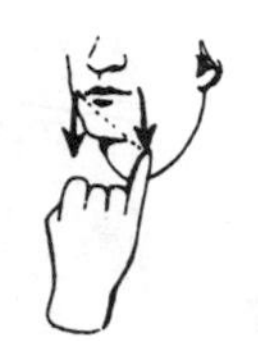
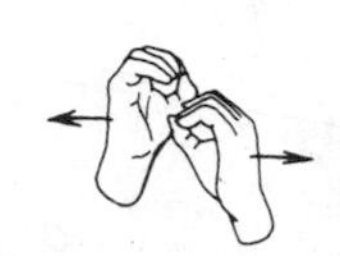

DSI

1. Israel no estaba satisfecha con los* dioses

DSI

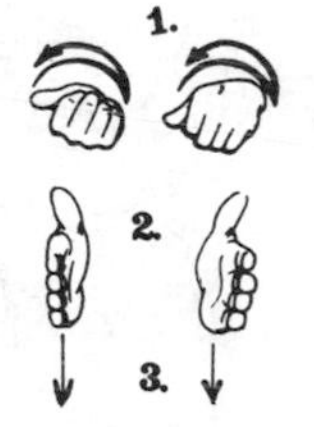

de piedras.

2. El* bautizador añoraba

bautizar + persona

querer
desear

F → I

2X

una respuesta de Jesús.

DSI

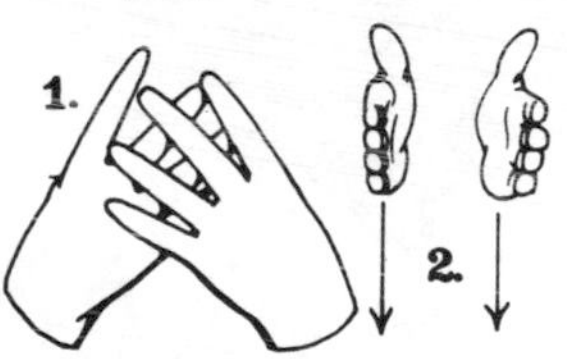

D

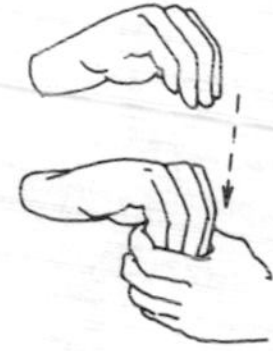

3. El* prisionero buscaba una rotura en

cárcel + persona

buscar
mirar

"S" manos

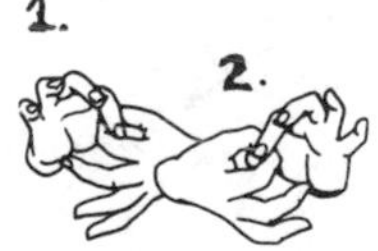
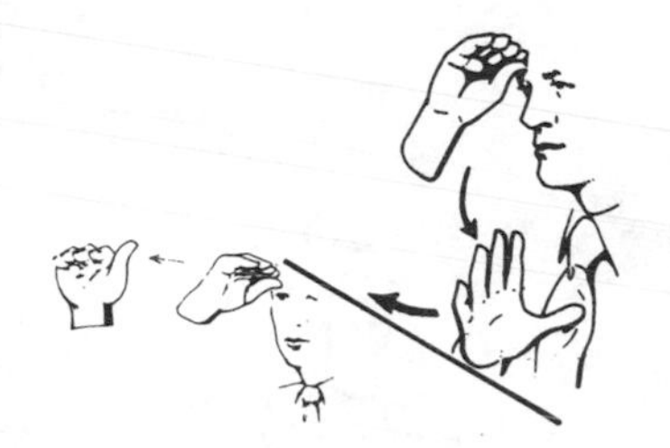

la* cadena.

unidos

4. El* hombre

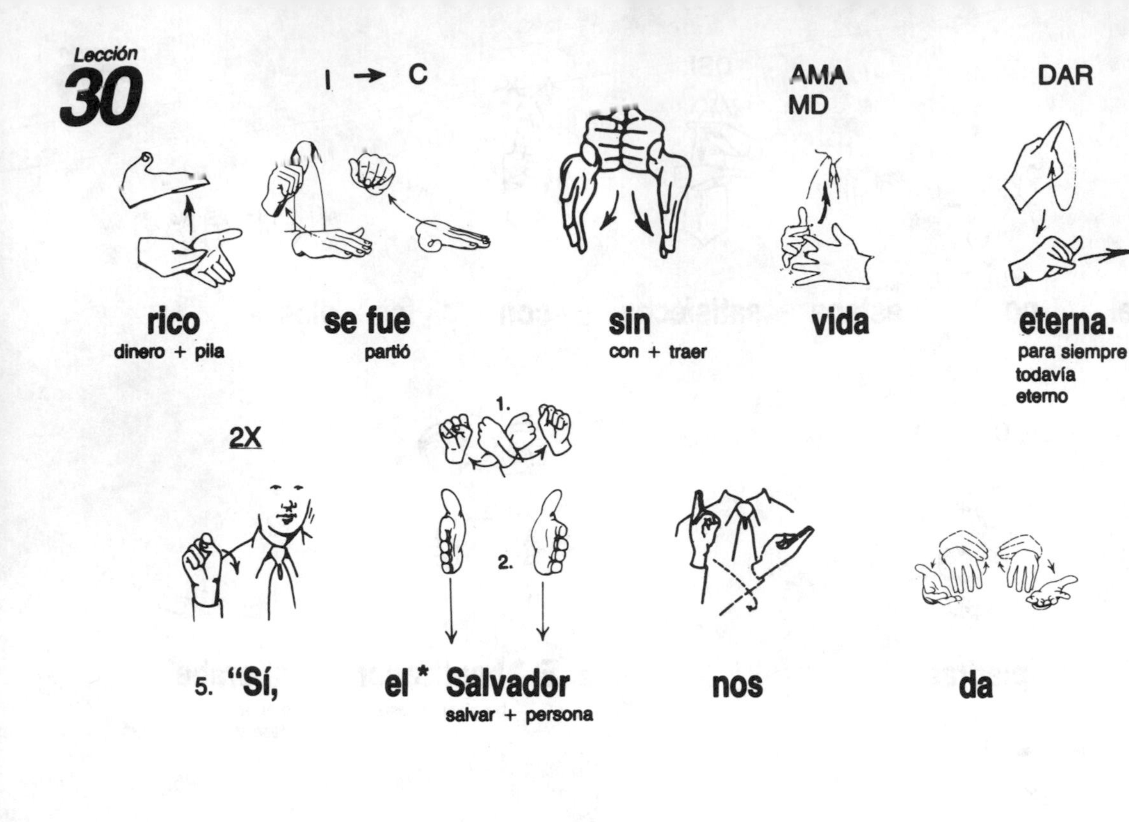

rico dinero + pila **se fue** partió **sin** con + traer **vida** **eterna.** para siempre todavía eterno

5. **"Sí, el * Salvador** salvar + persona **nos da**

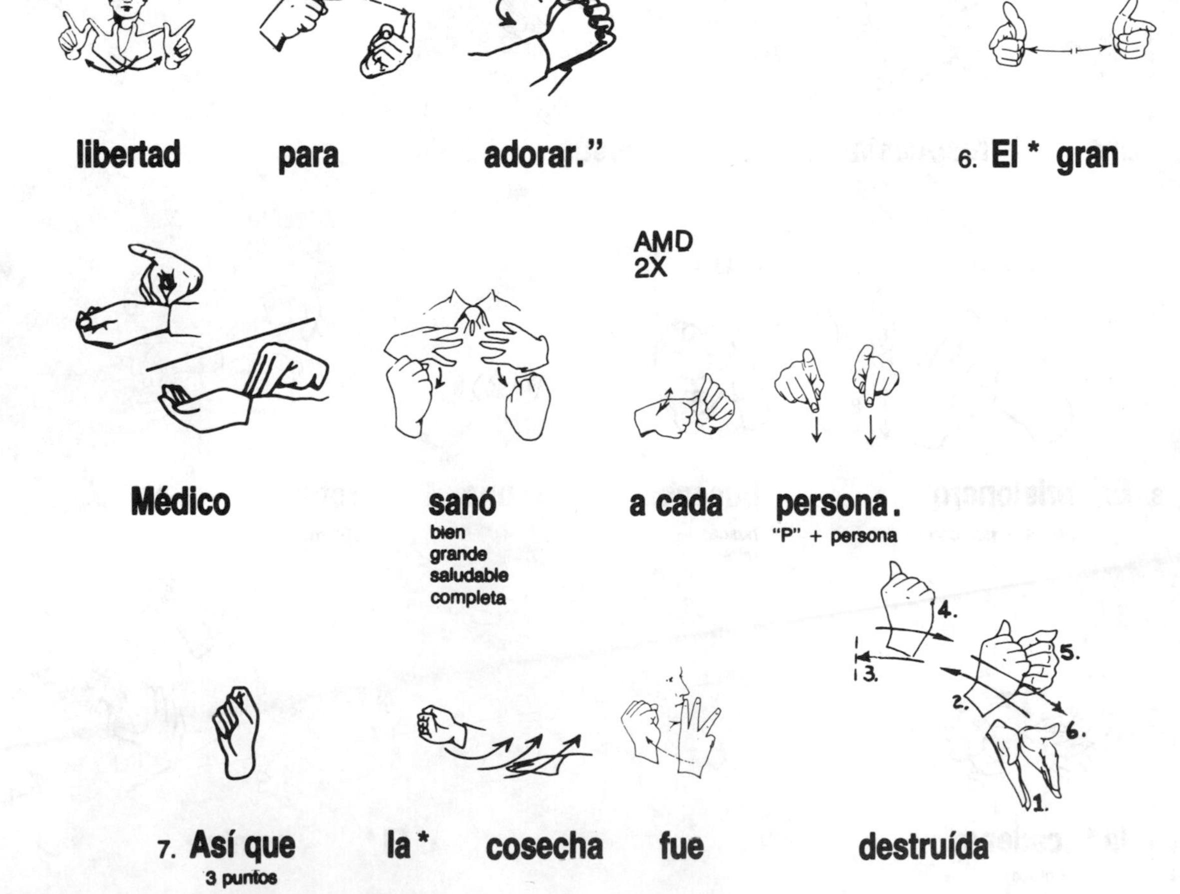

libertad para adorar."

6. **El * gran Médico sanó** bien grande saludable completa **a cada persona.** "P" + persona

7. **Así que** 3 puntos **la * cosecha fue destruída**

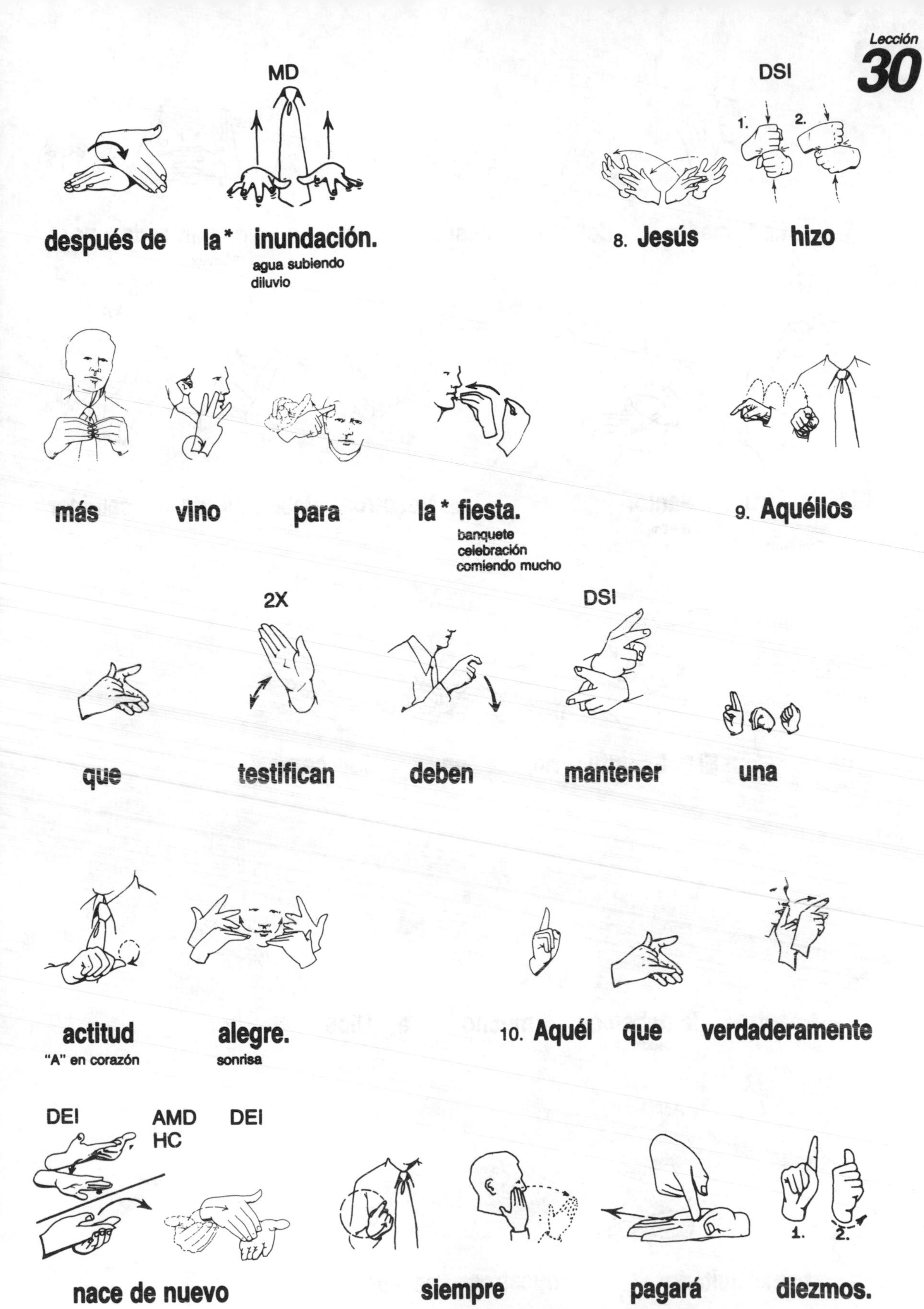
MD
DSI
1.
2.
después de
la*
inundación.
agua subiendo
diluvio
8. Jesús
hizo
más
vino
para
la* fiesta.
banquete
celebración
comiendo mucho
9. Aquéllos
2X
DSI
que
testifican
deben
mantener
una
actitud
"A" en corazón
alegre.
sonrisa
10. Aquél
que
verdaderamente
DEI
AMD
HC
DEI
1.
2.
nace de nuevo
siempre
pagará
diezmos.

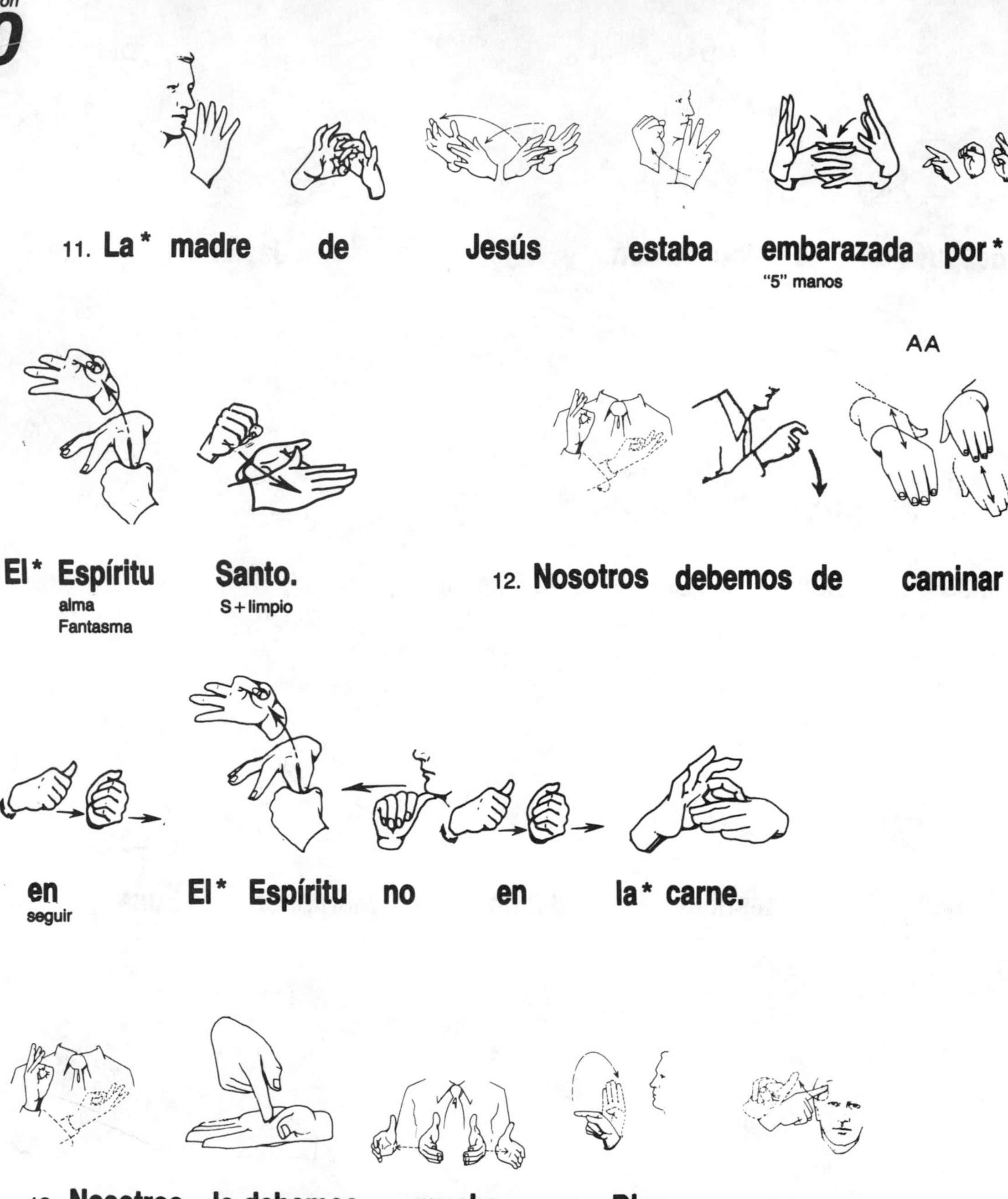

11. **La * madre de Jesús estaba embarazada por ***
"5" manos

AA

El * Espíritu (alma, Fantasma) **Santo.** (S + limpio)

12. **Nosotros debemos de caminar en** (seguir) **El * Espíritu no en la * carne.**

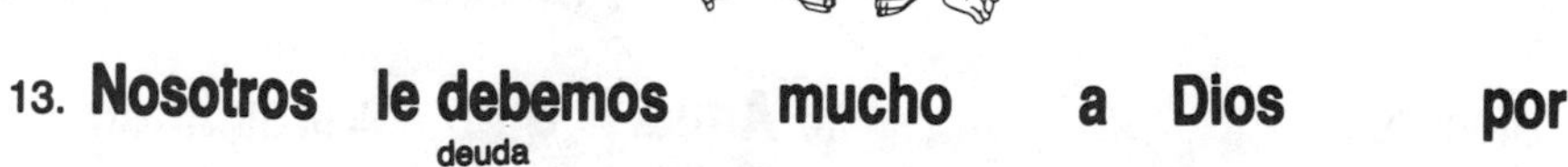

13. **Nosotros le debemos** (deuda) **mucho a Dios por**

AMD

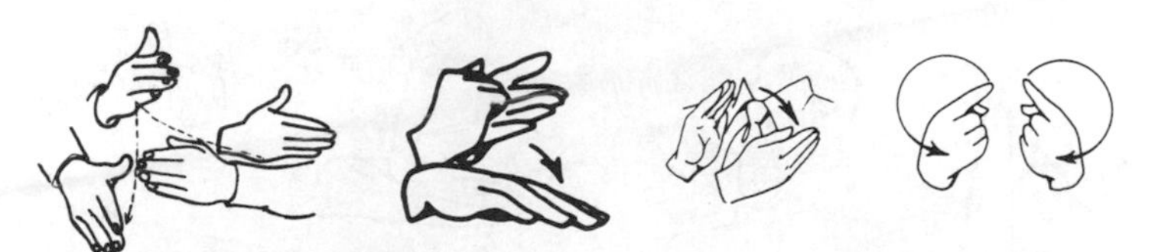

haber quitado nuestros pecados.

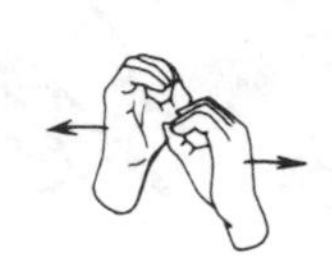
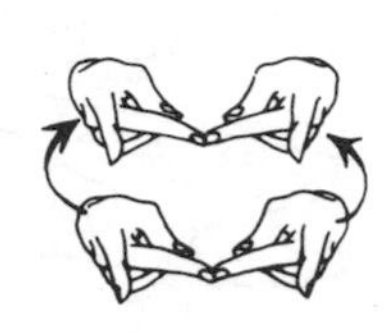
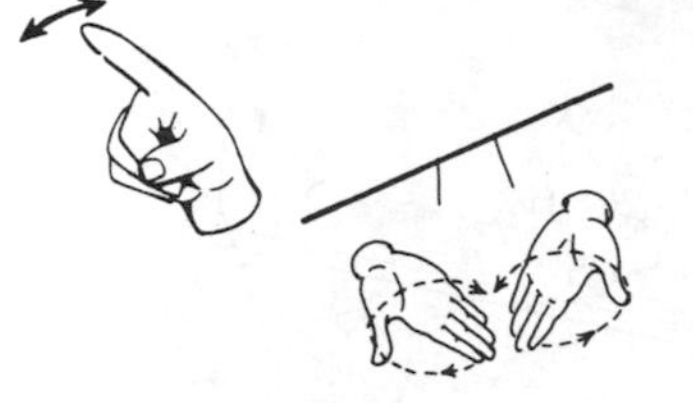

14. **No había ningún** **lugar** **donde** **sepultar**
enterrar
"A" + tumba

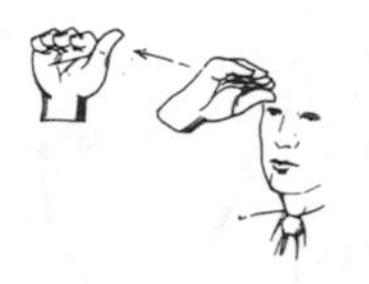

a Jesús. 15. **El*** **hombre**

2X
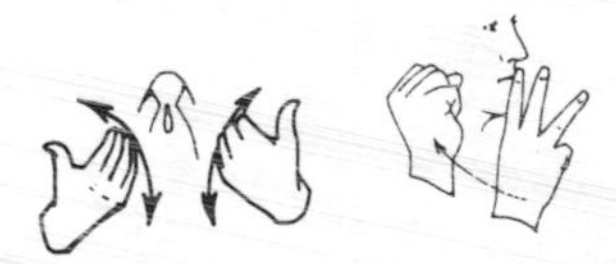

LC
AA
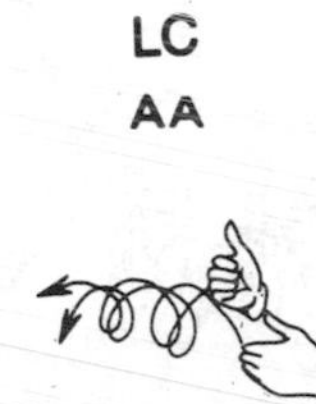

joven **estaba** **disgustado** **después de** **haber** **rodado**
jóvenes — enojado

por **la*** **montaña.** 16. **Las*** **huestes**
clase

de **ángeles** **cantaron** **en el cielo.**
canción — cielo

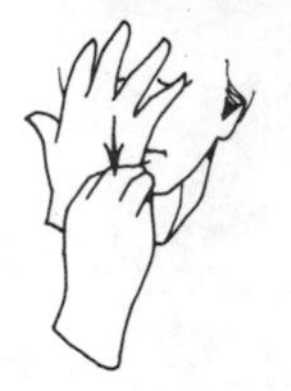

17. **Jesús** **estaba** **dormido** (dormir) **en** **esa** **clase** ("K" + mundo)

2X

2. 1.

de **paja.**

18. **Jesús** **de** **Nazaret** ("N" + ciudad)

se unió (unidos juntos) **a ellos** **después de** **la* resurrección.** (levantarse)

MD

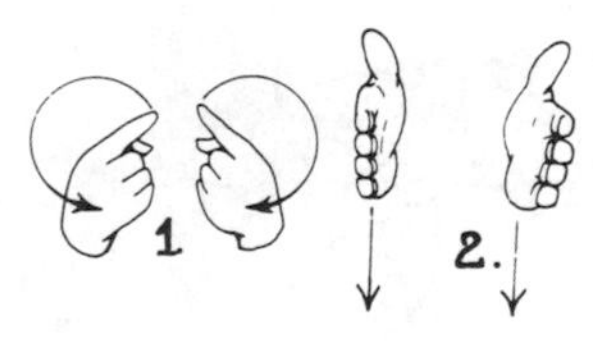
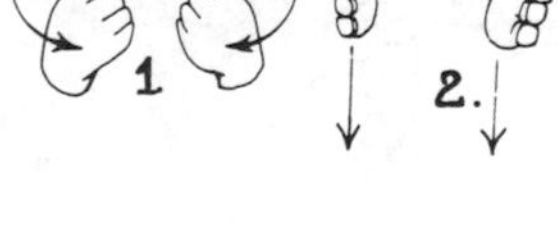

19. **Los* pecadores** **que se** **sumergen** (sumergirse) **bajo** (debajo) **la* sangre**

DEI

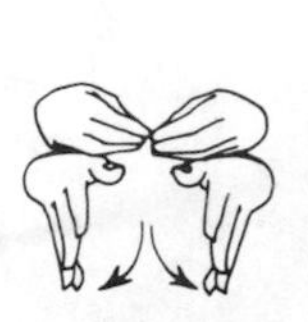
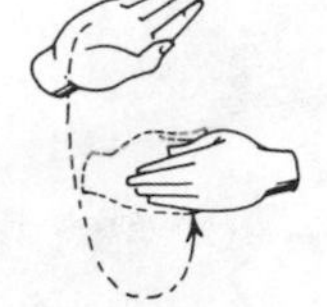
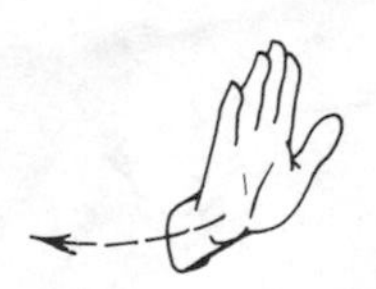
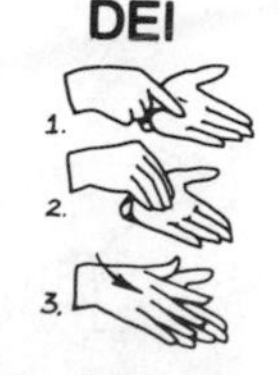

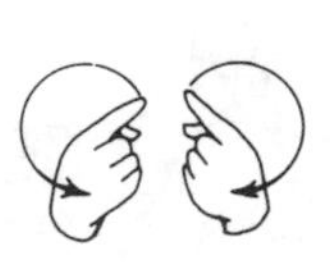

pierden **toda** **sus** **manchas** **de** **pecado.**

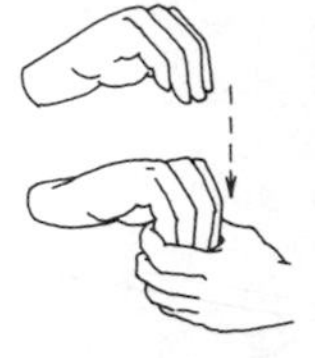
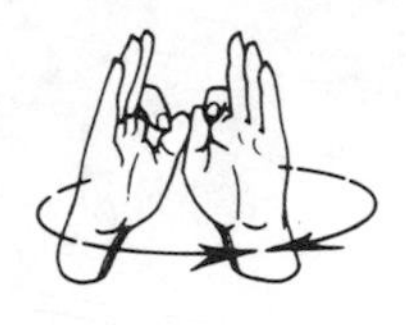

20. **Nosotros somos adoptados en la * familia de**

asumidas — "F" + grupo

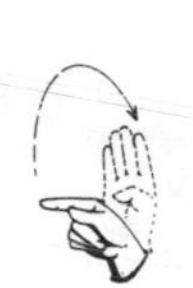
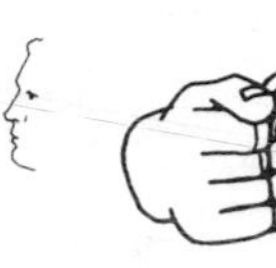

Dios con El.

Jesús

Indice

Apéndice

Números

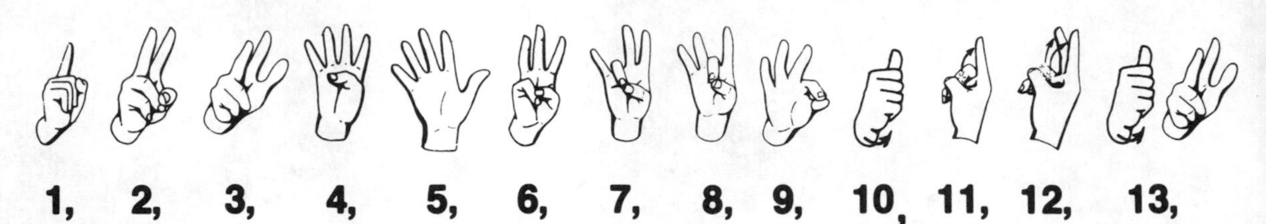
1, 2, 3, 4, 5, 6, 7, 8, 9, 10, 11, 12, 13,

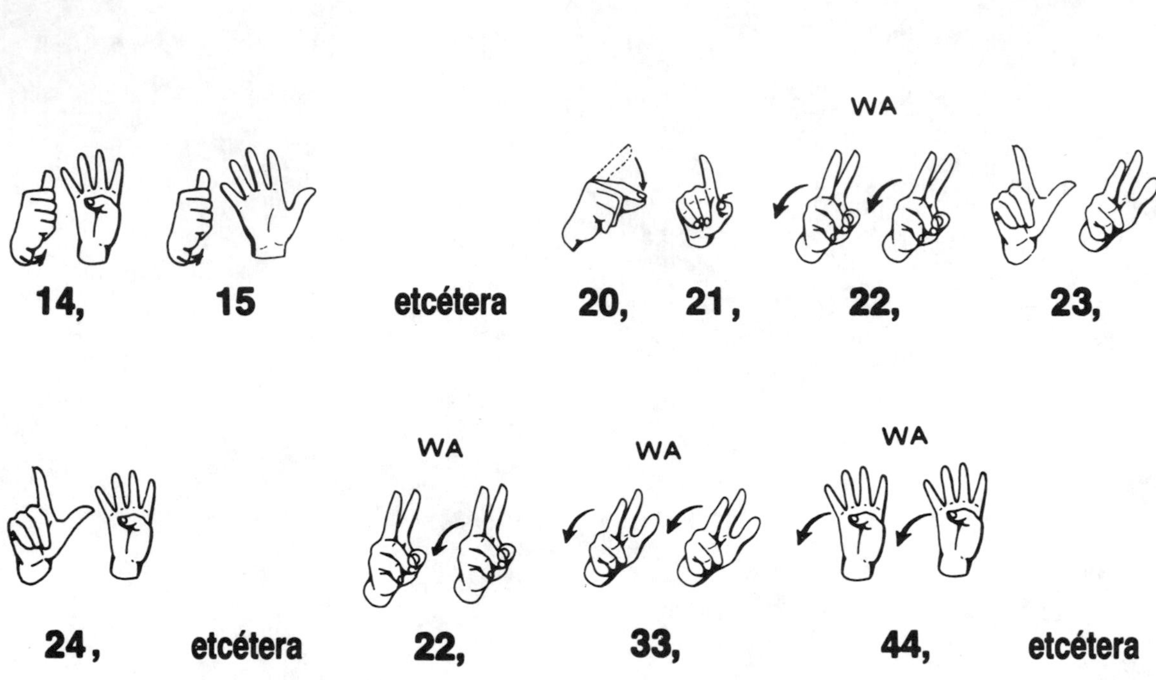
WA
14, 15 etcétera 20, 21, 22, 23,
WA
WA
WA
24, etcétera 22, 33, 44, etcétera

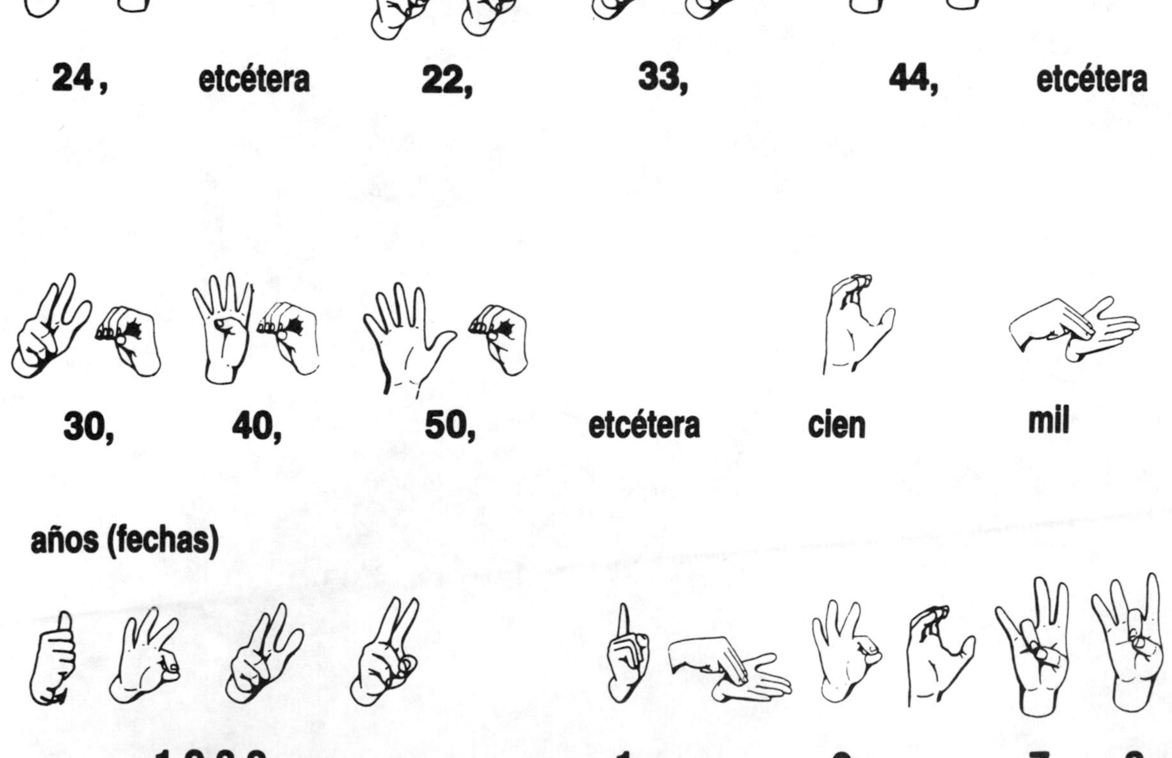
30, 40, 50, etcétera cien mil
años (fechas)
1 9 3 2
1, 9 7 8

Números

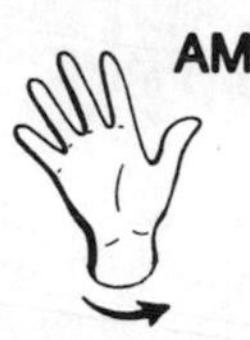

1º **2º** **3º** **4º** **5º** **así hasta el noveno**

Fracciones

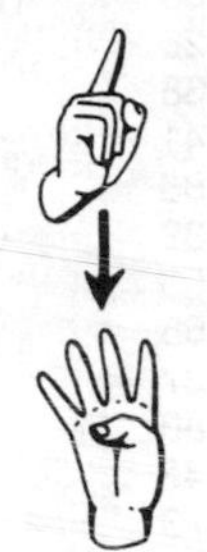

¼

½

¾

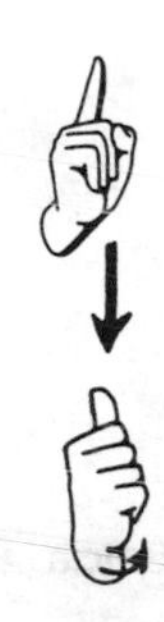

1/10

D

F

G

N

Q